俄汉翻译

基础教程（第二版）

教师用书

◆ 杨仕章

上海外国语大学教材基金资助项目

EHAN FANYI JICHU JIAOCHENG

JIAOSHI YONGSHU

中国教育出版传媒集团

高等教育出版社·北京

图书在版编目（CIP）数据

俄汉翻译基础教程（第二版）教师用书 / 杨仕章著
. -- 北京：高等教育出版社，2023.3
ISBN 978-7-04-059677-9

Ⅰ. ①俄… Ⅱ. ①杨… Ⅲ. ①俄语－翻译－高等学校
－教学参考资料 Ⅳ. ①H355.9

中国国家版本馆CIP数据核字(2023)第006628号

策划编辑	孙　悦	责任编辑	孙　悦	封面设计	姜　磊	版式设计	孙　伟
责任校对	张博学	责任印制	耿　轩		

出版发行	高等教育出版社	网　　址　http://www.hep.edu.cn
社　　址	北京市西城区德外大街4号	http://www.hep.com.cn
邮政编码	100120	网上订购　http://www.hepmall.com.cn
印　　刷	河北信瑞彩印刷有限公司	http://www.hepmall.com
开　　本	889mm×1194mm　1/16	http://www.hepmall.cn
印　　张	17.75	
字　　数	373千字	版　　次　2023年3月第1版
购书热线	010-58581118	印　　次　2023年3月第1次印刷
咨询电话	400-810-0598	定　　价　48.00元

修订版前言

很高兴能有机会修订《俄汉翻译基础教程》。

在思考修订方案过程中，适逢《普通高等学校教材管理办法》《普通高等学校本科俄语专业教学指南》等新规出台。这些文件为本教材修订工作指明了方向，厘清了思路。

本次修订的一大变化是将教材分成了"学生用书"和"教师用书"。

本书是"教师用书"，当中每讲在结构上与"学生用书"完全相同。内容上，"本讲导言"有助于教师引入本讲的学习主题。"课前思考"中的问题，用于引发学生思考并作尝试回答，本书对这些问题作了解答，供授课教师参考。在每讲的主干部分，即"技法学习"中，本书针对译例作了必要的原文释疑和较为详细的译法分析，可供教师课堂讲解之用。"本讲结语"是对该讲的小结，提纲挈领，重点突出。

每讲中的翻译练习，既可以用作课后练习，也可以用于课堂练习，若有条件实现翻转课堂，还可以用作课前练习和课堂分析。学练并重，不可偏废，力求以知驭行，知行合一。本书提供了练习的参考答案，必要时，还对答案进行了解释说明。

本教材定位于基础笔译能力的培养，因此选例以句子翻译为主。实际授课时，教师可根据本校实际情况，以决定是否进行适当拓展。修订后的教材仍然以语言单位为纲，依次介绍词汇、词组、成语、句子、句组等语言单位的翻译方法与技巧，但翻译是一个综合问题，因此实际授课时，教师在讲解各讲主要内容的同时，也要针对学生练习中出现的其他问题，作出分析与回应。

修订后的教材共有 16 讲（32 学时）。如果课程设置为 34 学时或 36 学时，可将本书中内容较多的章节分成 2 次讲解。

教材面世之日，便是修订完善开始之时。欢迎老师和同学们继续多提宝贵意见。

杨仕章

目 录

绪论

↰ 本讲导言

在介绍各种翻译方法和技巧之前，有必要了解一下有关翻译的一些概念和说法。在这一讲里，我们将简要介绍翻译的定义、翻译的种类、翻译的过程、翻译的策略、翻译的标准、译者的素养等方面的知识。

💡 课前思考

1. 对于翻译，大家都不陌生，那什么是翻译呢？试用简洁的语言概括一下。

   解答：翻译是将原文的意思用另一种语言准确而完整地表达出来。重点要抓住三个关键词：一是语言转换，二是准确，三是完整。

2. 有人说，翻译无标准，各有各的译法。你怎么看这个问题？

   解答：对于评价哪个译文更好，或许没有统一的标准，但对于判别译文的对与错，标准不仅有，而且还很明确。

3. 根据自己的体会与观察，你觉得要做一名合格的翻译，需要具备哪些素养？

   解答：一是通晓源语及其相关文化，二是善于驾驭译语，三是具有或学习掌握与所译材料有关的各类知识（百科知识+专业知识）。

📖 理论学习

一、翻译的定义

翻译是语言使用方面的一个特殊问题。随着国际交往日益频繁，翻译的作用也越来越重要。那么，什么是翻译呢？

《中国大百科全书》上说，翻译是"把已说出或写出的话的意思用另一种语言表达出来的活动"。

《中国翻译词典》是这样给翻译下定义的："翻译是语言活动的一个重要组成部分，是指把一种语言或语言变体的内容变为另一种语言或语言变体的过程或结果，或者说把用一种语言材料构成的文本用另一种语言准确而完整地再现出来。"这里的"语言变体"是一个术语，指的是由具备相同社会特征的人在相同的社会环境中所普遍使用的某种语言表现形式。比如，一种语言的各种方言就是这种语言的各种变体。

上面两个定义，前一个通俗易懂，后一个严密完整，都清晰地揭示了翻译的本质。

二、翻译的种类

翻译的种类有很多，从不同角度出发，会有不同的划分结果。

根据翻译活动主体的不同，翻译可分为人工翻译（человéческий перевóд）、机器翻译（машѝнный перевóд）和计算机辅助翻译（автоматизѝрованный перевóд）。人工翻译是传统的翻译形式，由人来完成。机器翻译是指由计算机来完成的翻译，是自动翻译（автоматѝческий перевóд）。在目前的科技条件下，计算机还无法完全替代人完成翻译工作。更为实用的做法是人机合作，将机器翻译技术与人脑思维结合起来，这就是计算机辅助翻译。与机器翻译不同的是，在计算机辅助翻译中，人参与翻译的全过程，计算机只是起辅助作用。计算机辅助翻译可以提高翻译效率和翻译质量。

根据原文和译文的言语形式，翻译可分为书面翻译（又称笔译，пѝсьменный перевóд）和口头翻译（简称口译，ýстный перевóд）。其中口译还可以进一步划分为同声传译（简称同传，синхрóнный перевóд）和交替传译（简称交传，послéдовательный перевóд）。

根据所译文本的体裁修辞特点，翻译又可分为文艺翻译（худóжественный перевóд）和信息翻译（информатѝвный перевóд）。文艺翻译也称文学翻译（литератýрный перевóд），是指文艺作品的翻译。文艺作品与其他言语产物的最大区别在于它具有文艺美学功能或诗学功能。任何一部文学作品，其主要目的都在于创造艺形象，达到特定的美学效果。所以，文艺翻译的主要任务是用译语创造出能对译语读者产生文艺美学效果的言语产物。信息翻译也称专业翻译（специáльный перевóд），是指非文艺作品的翻译，这些作品涉及社会政治、科学技术、公文事务等，主要功能不是对接受者施加文艺美学影响，而是传达某些信息。

根据译语是否是译者母语（以汉语为例），翻译还可分为外汉翻译、汉外翻译和外外翻译。外汉翻译是将外语翻译成汉语，如俄译汉、英译汉、法译汉等。汉外翻译是将汉语翻译成外语，如汉译俄、汉译英、汉译法等。外外翻译不涉及母语，是将一门外语译成另一门外语，如德译法、英译俄等。显然，对于母语是汉语的译者来说，外外翻译最难，汉外翻译次之，外汉翻译最易。

三、翻译的过程

翻译过程是指译者从理解原文到产出译文所经历的活动。完整的翻译过程包括四个阶段：准备阶段、理解阶段、表达阶段和校对阶段。

（一）准备阶段

在准备阶段，译者要针对所译文本的内容进行相关准备。如果所译文本是文艺作品，那就可能需要了解作家的经历、性格、风格等，了解作品创作的时代背景等。要是所译文本是非文艺作品，有时候有必要了解相关的专业知识，不懂的地方还要先学习，然后才可以去翻译。

一般来讲，相对于笔译而言，人们往往会更加有意识地进行口译的准备工作。而在笔译中，相对于文艺翻译而言，人们更加注重信息翻译（特别是科技翻译）的准备工作。比方说，作为一名翻译，明天你要参加一个有关球磨机销售的商业谈判。或许你从来没听说过"球磨机"这个词，那么你今天就会主动上网查找有关球磨机的各种知识，查找球磨机及其组成部分的俄语说法并将这些单词牢牢记住，以便明天能更好地完成翻译任务。可是，要是书面翻译有关球磨机的材料，你就未必会这么积极地提前做上述这番准备工作了，你的做法很可能是边翻译边查找。至于同样是笔译，你在翻译一篇小说时，提前做准备工作的意识，可能比翻译球磨机材料要淡一些。实际上，无论口译还是笔译、文艺翻译还是信息翻译，提前做好相关的准备工作，对提高译文质量都是非常重要的。

（二）理解阶段

理解是表达的前提和基础。准备阶段的工作通常也是为理解作铺垫的，是为具体词句的理解提供背景或知识，所以也可以归入广义上的理解阶段。理解是翻译至关重要的一个环节。理解出了偏差，译文质量就无法得到保障。简单来说，理解就是确定原文的意思。在理解阶段，首先要解决的是语言本身的问题，如生词、习惯表达法、语法关系等。这需要查阅相关的词典和工具书。当然，有些语言问题单靠辞书是解决不了的。遇到这种情况，应当积极利用上下文甚至作品之外的文化背景知识。

在理解过程中，逻辑分析是非常重要的手段，能解决很多问题。例如：

1) Запах челове́ческих и лошади́ных следо́в, пни, сло́женные дрова́ и тёмная **унаво́женная** доро́га пуга́ли её [волчи́ху][1]. (А. Чехов, *Белолобый*)

[译文一] ※人或马走过留下的气味、树桩、被摞起来的木柴、施过肥的漆黑的道路都会吓到她。[2]

[译文二] 人的脚印和马的蹄痕的气味，树桩，堆成垛的木柴，落上畜粪的、黑暗的大道，都使她害怕。（汝龙　译）

【原文释疑】

пни: пень 的复数形式，树墩，树桩。волчи́ха: 母狼。

【译法分析】上例中，унаво́женный 是动词 унаво́зить 的被动形动词。унаво́зить 有两个义项，一是"удо́брить наво́зом"，即"施上厩肥"；另一个是"загрязни́ть наво́зом"，即"（粪便）弄脏"。译文一选择了前一个义项，把 унаво́женная доро́га 理解为"施过肥的道路"，不符合实际，因为人们通常是不会给道路施肥的。译文二选择了后一个义项"落上畜粪的大道"，更加符合现实情形。

语言问题主要涉及词、句的意思，并没有包括形象性问题和篇章构成的问题。有些文本（如文学作品）除了信息功能之外，还具有审美功能。这个功能就是通过创造性地运用语言而产生形象性。在理解过程中，还必须注意"语言是如何创造美的"，体会原文中的各种美：语音美、词汇美、句法美、篇章美等。

篇章的构成也是理解阶段不可忽视的问题。译者应当理解原文是如何构建的：词和词是按照什么顺序排列成句的（这与句子的信息重点有关），句子与句子是如何衔接并组成

---

① 本书俄文例句中，方括号内是添加的词语，以明确人称代词的指代对象，或补足原文省略的词语。

② 本书中，译文前如标有 ※，表示该译文存在商榷或失当之处。

更大的句法单位——超句统一体（сверхфразовое единство）的，超句统一体的内部是如何起承转合的，以及超句统一体与超句统一体之间又是如何实现连贯的，等等。

三 表达阶段

深入准确的理解是优秀译文产生的必要条件，但不是充分条件。翻译的目标是克服语言障碍，实现信息沟通。因此，如何表达是翻译最终的落脚点。表达就是利用恰当的语言手段，再现原文的各种信息。要想获得上佳的译文，必须字斟句酌，反复推敲。

在表达时，同样需要遵守汉语写作上的基本要求，比如用词要贴切，词语搭配要合理，表达要清晰流畅，不能模棱两可，更要避免歧义，等等。例如：

2) Одновреме́нно с э́тими а́вторами **появи́лись** и перево́ды произведе́ний так называ́емых "возвращённых писа́телей".

［译文一］※与这些作者同时面世的还有被称之为"回归作家"的作品的译文。

［译文二］与这些作家同时出现的还有一些所谓"回归作家"作品的译本。

【译法分析】译文一中，появи́лись 被翻译成"面世"。"面世"这个词是指"新产品、新著作与消费者、读者见面"。"译文"面世是可以的，但是"作者"面世就讲不通了，所以应当选择一个既能与"译文"搭配，又能与"作者"搭配的词才行。

3) Ей **все́ю душо́й** бы́ло жа́лко Анну в то вре́мя, как она́ говори́ла с ней; но тепе́рь она́ не могла́ себя́ заста́вить ду́мать о ней. (Л. Толстой, *Анна Каренина*)

［译文一］※在和安娜谈话的时候，她全心全意地可怜她；可现在，她没法让自己去考虑她了。

［译文二］安娜跟她谈话时，她打心眼里同情她；这会儿，她却无法强迫自己去想她了。（李忠清、余一中 译）

【译法分析】上例中，все́ю душо́й 是固定短语，现在一般写成 всей душо́й，意思是"и́скренне, горячо́, всем существо́м"，即"衷心地、由衷地、热诚地"。译文一用"全心全意"来翻译，而"全心全意"是指"用全部的精力"，与"可怜"一词搭配不当。译文二不拘泥于词典中的汉语表达，用"打心眼里（同情）"来翻译，符合汉语的搭配习惯。

4) **Пра́вдами и непра́вдами** Арту́р вы́брался из Азербайджа́на и вско́ре уже́ снима́л кварти́ру в одно́м из подмоско́вных городо́в, живя́ по **подло́жным докуме́нтам**.

［译文一］※阿尔图尔千方百计地从阿塞拜疆逃出来，不久在莫斯科附近城市里租了一间房子，<u>靠伪造证件</u>生活。

［译文二］阿尔图尔千方百计地逃离阿塞拜疆，不久便在莫斯科附近的一个城市里租了套房子，<u>靠假证件</u>生活。

【原文释疑】

пра́вдами и непра́вдами：同 все́ми пра́вдами и непра́вдами，固定短语，意思是"любы́ми сре́дствами"，即"千方百计地、不择手段地"。

【译法分析】подло́жный 的意思是"явля́ющийся подло́гом, подде́льный, фальши́вый"，即"假的、假造的、伪造的"，所以 подло́жные докуме́нты 可以理解成"伪造的证件"。译文一可能是为了更加简练，将"伪造的证件"中的"的"字省略了，结果在无意中造成了歧义。在"靠伪造证件生活"这个短语中，"伪造"也可以理解成一个动词。这样，意思就变成阿尔图尔（Арту́р）靠制造假证件生活了。译文二将 подло́жные докуме́нты 译作"假证件"，就没有任何歧义了。

需要指出的是，在表达阶段常常需要进行再理解，即再做一些理解上的工作，以完善先前的理解。

㈣ 校对阶段

校对是翻译过程中最后一个阶段。具体做法是对照原文，逐词逐句检查译文，查看是否有脱漏、误译和笔误。例如：

5) — Я ду́маю, что вы́слать его́ [иностра́нца] за грани́цу — всё равно́ что наказа́ть **щу́ку**, пусти́в её в во́ду, — сказа́л Ле́вин. (Л. Толстой, *Анна Каренина*)

［译文一］※"我想，把他驱逐出境——反正等于罚一条<u>狗</u>，把它放到水里，"列文说。

［译文二］"我认为，把他驱逐出境，无异于惩罚<u>狗鱼</u>时把狗鱼放到河里。"列文说。（李忠清、余一中 译）

【原文释疑】

вы́слать：驱逐（出境）；赶出，逐出。

【译法分析】上例中，列文这番话是针对一个在俄国被判处有罪的外国人的。他认为，要是把这个外国人驱逐出境是不对的。译文一令人生疑：把狗放到水里，对狗来说应该算一种惩罚吧，怎么等同于惩罚一个外国人时把他驱逐出境呢？对照一下原文，就会发现，原来这儿是一个笔误，因为谁也不会把 щу́ка（狗鱼）理解成"狗"的。上面这个译文在表达"狗鱼"时，漏写了"鱼"字。

在逐词逐句校对之后，再通读全文（最好能朗读），检查译文是否通顺连贯，有无佶屈聱牙之处，是否有"翻译腔"，有无表达累赘、含混甚至歧义之处。一旦发现问题，就要及时修正或进行润色。例如：

6) **В ночь с воскресе́нья на понеде́льник** в своём предвы́борном шта́бе на Кра́сной пло́щади Пу́тин встре́тился с представи́телями росси́йской и зарубе́жной пре́ссы.

［译文一］※在从周日到周一间的夜间，普京在自己位于红场的竞选总部里会见了国内外媒体的代表。

［译文二］周日夜间，普京在位于红场的竞选总部里会见了俄罗斯国内外媒体的代表。

【原文释疑】

предвы́борный：选举前的；竞选的。пре́сса：［集］报界，新闻界。

【译法分析】上例中，译文一将 в ночь с воскресе́нья на понеде́льник 逐词翻译成"在从周日到周一间的夜间"，意思虽然没有错，但是表达上不太符合汉语的习惯，定语部分有点累赘。这样的译文在校对时就需要进行修正。俄语中，в ночь с А на Б 或 в ночь на Б 这种结构很常见（其中 А 表示日期或星期几，Б 表示 А 的下一天），翻译成汉语，或者译作"А 的夜间"，或者译作"Б 的凌晨"。

校对工作不可或缺。图省事，不校对，有时会在译文中留下一些低级错误。例如：

7) Из-за употребле́ния недоброка́чественной воды́ ежего́дно на плане́те боле́ют бо́лее 500 миллио́нов челове́к, из кото́рых о́коло 10 миллио́нов умира́ют.

［译文一］※世界上每年有 5 亿多人因使用不清洁的水而生病，其中有大约 10 亿人死亡。

［译文二］由于饮用劣质水，世界上每年患病的人口超过 5 亿，其中约有 1000 万人死去。

【原文释疑】

недоброка́чественный：质量不好的。

【译法分析】单看译文一，通顺倒是通顺，不过问题也十分明显，不需要对照原文就可发现：生病的人才 5 亿多，怎么其中死亡的人却是大约 10 亿？这是怎么一个"其中"啊？对照一下原文就可以发现，将 500 миллио́нов 译作"5 亿"是正确的，但是将 10 миллио́нов 翻译成"10 亿"则是一个错误，应译为 1000 万，这样就符合逻辑了。上面那个错误译文，如果经过校对，相信会得到改正的。

小贴士

俄罗斯文学翻译家草婴先生在谈到翻译过程时，曾经指出："我翻译一部作品一般要经过三个步骤：第一步是熟悉原作，也就是反复阅读原作，读懂原作，考虑怎样较好地表达原意，通过几次阅读，使人物形象在头脑里逐渐清晰起来。第二步是动笔翻译，也就是忠实地逐字逐句把原著译成中文。第三步是先仔细读译文，看有没有脱漏、误解的地方，逐一加以更正；然后再从中文角度来审阅译稿，务使中文流畅易读，有时也请演员朋友帮我朗读译稿，改正拗口的地方；在交编辑审读后，再根据编辑所提的意见，认真考虑，作必要的修改。在校样出来后，我也坚持要自己至少通读一遍。这就是翻译的过程和主要环节。"①

四、翻译的基本策略

翻译的基本策略有两对：直译与意译，归化与异化。

（一）直译与意译

直译与意译，自古有之。我国翻译史上很早就产生了直译、意译之争，而在 20 世纪 20 年代至 80 年代，直译与意译再次引发了激烈争论，争论的结果倾向于兼容并包。简单来说，直译与意译的焦点是如何在语言层面处理形式和意义的关系。

所谓直译，是指既能保存原文意义、形象和语法结构，又能达成译文明白通顺的翻译策略。换句话说，就是在流畅表达原文意思的同时，保留原作的语言形式，包括用词、句子结构、修辞手段等。

所谓意译，是指为了准确表达原文意思而摆脱原文语言形式束缚的翻译策略。有时候，外语表达方式无法用汉语照直表达，或者照直表达成汉语后不符合汉语习惯，这时就需要运用意译这种翻译策略。

---

① 草婴：《我与俄罗斯文学——翻译生涯六十年》，文汇出版社，2003 年，第 167 页。

　　直译和意译是客观存在的两种翻译策略，彼此互补，相得益彰。实际翻译中，不能只用直译法或只用意译法，而是要根据实际情况，灵活运用这两种策略：能直译的就直译，不能直译的就意译。"一部好的译作总是既有直译又有意译的：凡能直译处坚持直译，必须意译处则放手意译。"①总的来说，应当坚持直译为主，意译为辅，直、意结合，灵活运用的原则。

　　意译的对象可能是一个词语，可能是一个词组，也可能是一个句子。例如：

8) Похо́дка Алексе́я Алекса́ндровича, воро́чавшая всем **та́зом** и тупы́ми нога́ми, осо́бенно оскорбля́ла Вро́нского. (Л. Толстой, *Анна Каренина*)

阿历克赛·亚历山德罗维奇扭动着胯部、迈动笨拙的双腿的步态尤其使弗龙斯基感到难过。（李忠清、余一中　译）

【原文释疑】

　　тупо́й：笨拙的。

【译法分析】上例中，таз 是解剖学术语，意思是"часть скеле́та челове́ка и живо́тных — ко́стный по́яс, опира́ющийся на ни́жние (у живо́тных — на за́дние) коне́чности и слу́жащий опо́рой для позвоно́чника"，指"骨盆"。воро́чавший 是 воро́чать（转动）的形动词。如果把 воро́чавшая та́зом 直译成"扭动骨盆"，显得有些生硬。上面这个译文将 таз 意译为"胯部"，基本意思不变，"扭动胯部"比"扭动骨盆"明显更符合汉语的表达习惯。

9) Алексе́й Алекса́ндрович не пошевели́лся и **не измени́л прямо́го направле́ния взгля́да.** (Л. Толстой, *Анна Каренина*)

［译文一］※阿历克赛·亚力克山德洛维奇一动不动，也没有改变他目光朝前直视的方向。

［译文二］卡列宁一动不动，眼睛仍旧瞪着前方。（草婴　译）

【译法分析】上例中，对于原文 не измени́л прямо́го направле́ния взгля́да，译文一采取了直译的方式："没有改变他目光朝前直视的方向"；译文二使用了意译方式："眼睛仍旧瞪着前方"。两个译法都传达了原文的意思，但是相比较而言，译文一的表达略显生硬，译文二的表达更加简洁通顺。另外，译文二中的卡列宁指的就是 Алексе́й Алекса́ндрович，卡列宁（Каре́нин）是他的姓。

---

① 王佐良：《翻译：思考与试笔》，外语教学与研究出版社，1989 年，第 12 页。

10) Очеви́дно, наро́чно фельетони́ст по́нял всю кни́гу так, как невозмо́жно бы́ло поня́ть её. (Л. Толстой, *Анна Каренина*)

批评家显然完全曲解了这部著作。（周扬、谢素台　译）

【原文释疑】

фельетони́ст：（讽刺）小品文作者，杂文作者；文艺评论作者。

【译法分析】上例全句如果照字面翻译成"显然，小品文的作者故意按照不可能那么理解这本书的方式来理解全书"，就很累赘了。仔细琢磨一下，这句话的意思是"显然，小品文的作者故意曲解了整本书"。上面这个译文就是采取意译法，摆脱了原文语言形式的束缚，准确而简练地表达了原文的意思。

小贴士

> 对于直译和意译，我国翻译家兼理论家刘重德先生认为："不论是片面主张直译的观点，还是片面主张意译的观点，都是不完全符合两种有关语言的实际情况的，因为翻译一篇文章或一本书，句句直译行不通，句句意译也不必要。正确的态度是：对那些结构近似、取譬相当的句子，一般说来，就应采用直译法；对那些结构和取譬都大相悬殊的句子，就不妨采用意译法；对那些部分相同、部分不相同的句子，则最好把两种方法结合起来。"[①]

无论直译还是意译，都有个限度。过了限度，直译便成了"死译"，意译便成了"胡译"。

死译是指仅仅传达词、词组或句子的形式成分或语义成分，结果损害了意思或结构信息的翻译。不顾汉语表达习惯，一味地保留原文的语法结构或语法形式，有时也会造成死译。例如，把"Больно́й лежи́т на спине́."中的 лежи́т на спине́ 翻译成"躺在背上"就是死译，正确的翻译应当是"仰面躺着"或者"仰卧"。又如：

11) Мы ещё не спа́ли, лишь притворя́лись, что спим, когда́ в ко́мнату вошла́ ма́ма. **Мы лежа́ли тихо́нько и смотре́ли сквозь ресни́цы.**

［译文一］※妈妈走进房间的时候，我们还没睡着，只是装作睡着了。我们静静地躺着，透过眼睫毛往外看。

---

① 林煌天主编：《中国翻译词典》，湖北教育出版社，1997 年，第 944 页。

［译文二］我们还没睡着，只是在妈妈进屋时装作睡着了。我们一动不动地躺着，<u>眯着眼往外看</u>。

【译法分析】译文一将 смотре́ли сквозь ресни́цы 处理成"透过眼睫毛往外看"。这是照搬原文、逐词死译的做法，没有考虑到汉语的表达习惯。汉语更习惯说"眯着眼看"，所以译文二的表达更恰当一些。

胡译是意译的极端形式，指随意联想、胡乱引申的翻译。例如：

12) Архите́ктор ... стреми́лся как мо́жно скоре́е сде́лать ка́ждого спосо́бного ю́ношу **надёжным** помо́щником.

［译文一］※建筑师……努力尽快使每个有能力的小伙子成为他们<u>所期待的</u>助手。

［译文二］建筑师……竭力将每个有才华的青年尽快培养成一名<u>可靠的</u>助手。

【译法分析】上例中，对于 надёжный 这个词，译文一将它同 наде́жда（希望、期望）或者 наде́яться（希望、盼望、指望）联系起来，认为是"所期待的"，这是随意联想的结果，有悖于原文意思。надёжный 的词典解释是"тако́й, на кото́рого мо́жно положи́ться, внуша́ющий по́лное дове́рие"（可靠的、靠得住的）；"вполне́ отвеча́ющий своему́ назначе́нию, кре́пкий, про́чный"（结实的）；"обеспе́чивающий достиже́ние це́ли; ве́рный"（可靠的）。上例中，надёжный 的确切含义应该是第一个解释。译文二把 надёжный 翻译成"可靠的"，这才是合理的表达。

死译和胡译都是翻译中的错误做法，应当努力加以克服和避免。

(三) 归化与异化

归化与异化是翻译中另一对基本策略。如果说直译与意译主要关注源语的形式和意义，那么归化与异化则主要同原作中的文化问题有关。

归化是指用带有译语民族文化色彩的语言手段来翻译带有源语民族文化色彩的语言手段。以俄译汉为例，就是使用带有汉民族文化色彩的汉语语言手段，翻译俄语中带有俄罗斯民族文化色彩的语言手段。例如：

13) Вско́ре по́сле манифе́ста семна́дцатого октября́ заду́мана была́ больша́я демонстра́ция от Тверско́й заста́вы к Калу́жской. Это бы́ло начина́ние в ду́хе посло́вицы "**у семи́ ня́нек дитя́ без гла́зу**". (Б. Пастерна́к, *До́ктор Жива́го*)

十月十七日公告发布以后，很快就考虑举行一次从特维尔门到卡鲁日门的示威游行。这次正像俗话所说："<u>一个人担水吃，两个人抬水吃，三个人没有水吃。</u>"

【原文释疑】

манифéст：（最高当局向公众发布的）公告、文告；宣言（政党或团体对纲领性问题的说明）。застáва：〈史〉（17～19 世纪俄国设在城门口的）关卡，卡子。тверскóй：地名 Тверь（特维尔）的形容词。калýжский：地名 Калýга（卡卢加）的形容词。начинáние：〈文语〉创举，开创。

【译法分析】谚语有着丰富的文化内涵。"у семи́ ня́нек дитя́ без гла́зу"这则谚语的本义是"有七个保姆的孩子没人管"。上面这个译文把它处理成"一个人担水吃，两个人抬水吃，三个人没有水吃"，这自然让人联想到"一个和尚挑水吃，两个和尚抬水吃，三个和尚没水吃"。这样一来，俄语那则谚语所包含的形象和文化信息就完全丢失了，取而代之的是带有汉语文化色彩的语言手段。这就是归化的结果。

归化法如果运用得当，可以卸载原文中的文化负荷，使译文更加易懂，更有感染力。例如：

14) Все че́тверо [не́мцев] легли́: пя́тый, пры́ткий са́мый, уж **на том све́те чи́слился**. (Б. Васильев, *А зори здесь тихие...*)

四个人通通躺倒：那第五个，最机伶的一个，<u>已经到地府去报到了</u>。（施钟 译）

【原文释疑】

пры́ткий：〈口语〉手疾眼快的，麻利的。чи́слиться：属于……编制内的，在……编制内挂个名。

【译法分析】тот свет 是固定短语，意思是"по религио́зным представле́ниям: потусторо́ннее, загро́бное существова́ние челове́ка в противополо́жность земно́му"。汉语"地府"的词典解释是："人世之外，另有世界，设有百官，专管鬼魂死人的，称为地府，又称阴间"。俄语 тот свет 是宗教概念，汉语"地府"是迷信说法，并且俄汉两个民族各自的想象也完全不同。不过，上面这个译文采取归化法，把 тот свет 处理成"地府"，并把 на том све́те чи́слился 翻译成"到地府去报到了"，通俗易懂，也表达了对德国鬼子的蔑视态度。

异化是与归化相对的一种翻译策略，是指将源语中带有民族文化色彩的语言手段，在不违背译语表达规范的前提下，按照字面意思用译语表达出来，必要时可加注进行解释。异化可以充分传达原作的各种文化信息，使译文具有异国情调，有利于文化交流和沟通。

托尔斯泰的小说《复活》中有这样一段情节：农民经常把他们的小牛甚至奶牛故意赶到主人的草场上，有两个女人家的奶牛在草场上被抓住，牵到主人家来。管家要求她们每个人赔 30 戈比，或者做两天工来抵偿。下面是她们和管家的对话：

15) — Сила моя́ не берёт, **что же ты крест с ше́и та́щишь?** — говори́л оди́н озло́бленный ба́бий го́лос.

— Да ведь то́лько забежа́ла, — говори́л друго́й го́лос. — Отда́й, говорю́. А то что же му́чаешь и скоти́ну и ребя́т без молока́.

— Заплати́ и́ли отрабо́тай, — отвеча́л споко́йный го́лос прика́зчика. (Л. Толстой, *Воскресение*)

"我本来就没一点力气了，你干什么还要扯掉我脖子上的十字架①？"一个女人用气愤的声音说道。

"其实它只跑进去一忽儿，"另一个声音说。"我说，你把它还给我吧。你干什么折磨那条牲口，而且害得我的孩子没牛奶吃？"

"你们得赔钱，要不然你们就做工来抵偿，"管家平静的声音回答说。（①意思是："你为什么还要逼着我死？"基督教徒经常戴着十字架，直到死的时候才脱下来。）（汝龙　译）

【原文释疑】

озло́бленный：充满愤恨的。забежа́ть：〈口语〉（顺路）走进，走到……；走到……待一会。отрабо́тать：（*что* 或无补语）做工偿还。прика́зчик：管家。

【译法分析】上例中，第一个女人说的"что же ты крест с ше́и та́щишь?"显然并不是字面意思，因为这段话的上下文表明，прика́зчик（管家）是 улыба́ющийся（微笑的），声音是споко́йный（平静的），根本没有动手，更谈不上扯别人脖子上的十字架。上面这个译文将这句话按照字面翻译成"你干什么还要扯掉我脖子上的十字架?"，并作了注解。原来，这句话的言外之意是"你为什么还要逼着我死?"，原因就是基督徒通常到死的时候才脱下十字架。可以看出，上面这个译文没有将原文直接意译成"你为什么还要逼着我死?"，而是努力传达了原文的文化色彩。这就是异化策略的运用。

可见，要想传达原作的文化风貌，就需要采取异化策略；如需减少原作的文化负荷，以方便读者理解，可适当采取归化策略。需要注意的是，在俄译汉过程中，如果采取异化策略，必须确保译文能为汉语读者所理解；如果采取归化策略，应当避免使用带有鲜明汉文化色彩的表达方式，如"班门弄斧""驾鹤西去""事后诸葛亮""说曹操，曹操到"等，以防止归化过头。

值得一提的是，虽然在 20 世纪大部分时间里，归化法在我国翻译活动中占有明显的优势，但是自改革开放以来，异化法越来越受到重视，并且被越来越多的译者视为主要的翻译策略。

总而言之，在当今的翻译实践中，对于直译与意译、归化与异化这两对翻译策略，译者应当坚持直译为主、意译为辅，异化为主、归化为辅的原则。

五、翻译的标准

翻译标准是衡量译文合格与否的尺度。关于翻译的标准，国内外都有很多说法。国内有严复在 1898 年提出的"信、达、雅"，傅雷在 1951 年提出的"神似"说，钱钟书在 1964 年提出的"化境"说，等等。这里主要介绍严复的"信达雅"。

严复在《〈天演论〉译例言》中明确指出："译事三难：信、达、雅。求其信，已大难矣！顾信矣不达，虽译犹不译也，则达尚焉。""《易》曰：'修辞立诚。'子曰：'辞达而已。'又曰：'言之无文，行之不远。'三者乃文章正轨，亦即为译事楷模。故信达而外，求其尔雅。"严复的"信达雅"简明扼要，层次分明，对我国翻译实践产生了深远的影响，至今仍有人将它奉为圭臬。

严复所说的"信"，强调的是对原文内容的忠实；"达"强调的是译文通顺易懂；"雅"是用"汉以前字法句法"，即古雅文体来翻译。"雅"是严复当年为了让士大夫们能接受他介绍的西方思想而对译文所作的"包装"，用心良苦，不过对于当今翻译而言，已经不再适用。许多学者赞成赋予"雅"字新的内容，即把它解释为"保存原作的修辞特点"或者"保存原作风格"。也就是说，翻译不能一律都要"雅"，而是要根据原文的修辞特点和风格特点，该"雅"就"雅"，该"俗"就"俗"；该"豪放"的就"豪放"，该"婉约"的就"婉约"。这样一来，"信达雅"便获得新的活力，仍然具有一定的指导作用。

国外翻译学界在讨论翻译标准时，提及最多的是等值标准和等效标准。

等值标准要求译文在与原文思想艺术内容保持等值的前提下，尽量实现作品言语形式上的等值。例如，俄罗斯翻译理论家科米萨罗夫（В. Н. Комиссáров）认为，"翻译可以定义为借以在译语中创造出与原作在交际上等值的文本的语言中介形式，而译作的交际等值指的是它在功能、内容和结构上与原作一致"。当然，对于篇幅相对较长的文本，由于语言的民族、文化特点，翻译中实现绝对等值往往是不可能的，译者的任务是努力实现最大限度的等值。

等效标准从交际效果出发，注重译文对接受者产生的效果，强调"反应对等"和"等效"。换句话说，就是译文读者的反应，即译文产生的效果，与原文读者的反应，即原文产生的效果，两者应当基本一致。美国翻译理论家尤金·奈达（Eugene Nida）认为，"所谓翻译，就是指从语义到文体（风格）在译语中用最切近而自然的对等语再现源语的信息"。他提出的功能对等（functional equivalence，функциона́льная эквивале́нтность）概念，指的就是译文对译文读者或听众所起的作用，与原文对原文读者或听众所起的作用基本上相同。

总的来说，译文在意思上要忠实原文，在表达上要通顺自然，符合译语表达习惯，并在此基础上，努力再现原作的修辞特点和风格特点。风格和原文愈接近，译文就愈好。不过，风格包括的因素有很多，如在文学作品中，有民族风格、时代风格、语言风格、作家个人风格等，翻译中要想做到完全一致往往很难。译者首先要努力实现译文的忠实和通顺，然后再不断追求风格上的一致。

六、译者的基本素养

要做好翻译工作，首先要有认真负责的态度和严谨细致的精神，努力做到一丝不苟，精益求精，不要满足于"差不多就行"，更要克服马虎作风，切忌想当然。例如：

16) Не реша́ются как **жи́зненно** ва́жные, так и плёвые вопро́сы.

[译文一] ※生活中的重要问题和无足轻重的小问题都未得到解决。

[译文二] 没有得到解决的既有非常重要的问题，也有无关紧要的问题。

【原文释疑】

плёвый：〈俗〉无足轻重的。

【译法分析】译文一认为，жи́зненно 的词根是 жизнь，所以意思应该是"生活中的"。这是望文生义的结果，是译者想当然的推断。这种做法并不可取。实际上，жи́зненно 在这里的意思是"迫切地"，жи́зненно ва́жный 指"非常重要的"。

在知识和能力方面，译者需要具备下面三个基本素养。

第一，要具备扎实的俄语功底，有丰富的俄语词汇量，掌握系统的俄语语法知识，阅读过大量的俄语原著，对俄语有一定的感悟力。理解是翻译的基础，扎实的俄语功底是准确理解原文的关键。可以说，对原文的理解有多深，译文的质量才可能有多高。如果俄语功底不够扎实，不能准确理解原文的意思，那么译文的质量就难以得到保障。实际上，对于原文同一句话，翻译时的理解比一般阅读时的理解要更加细致。所以，即便是很简单的句子，看上去似乎没什么问题，一旦动笔翻译，问题可能就会出现。例如：

17) Зо́я опуска́ет подборо́док в **ладо́ни** и перево́дит невесёлые, потемне́вшие глаза́ с Шу́ры на меня́. (Л. Космодемьянская, *Повесть о Зое и Шуре*)

上面这句话很简单，阅读时一眼就可以带过。然而在翻译的时候，ладо́ни 一词引起了争议。有些同学认为，ладо́нь（手掌）是阴性名词，这里的 ладо́ни 与前置词 в 搭配，所以应该是 ладо́нь 的单数第六格形式。换句话说，Зо́я（卓娅）是用一只手掌托 подборо́док（下巴，下巴颏儿）的。另一些同学则认为，这里的 ладо́ни 虽然与前置词 в 搭配，但也可以是 ладо́нь 的复数第四格形式。这样一来，Зо́я 应该用了两只手掌。谁对谁错呢？难道原文本身就有歧义吗？

要确定这里的 ладо́ни 到底是单数第六格还是复数第四格，关键要看动词 опуска́ть 的用法。原来，опуска́ть 的接格关系是"кого́-что куда́"。可见，上句中的 в ладо́ни 应该表示 куда́ 的含义，所以 ладо́ни 是复数四格，不是单数六格。也就是说，Зо́я 用的是两只手掌。

第二，要具备深厚的汉语功底，有较强的汉语表达能力。翻译不是写作。写作是表达自己的思想，遇到表达困难时，可以换一个说法，实在不行，甚至可以改变原来的想法。翻译是表达别人的思想，内容不可改动，只能在表达上下功夫，所以对译者的汉语表达能力有很高的要求。一味地复制俄语的句子结构，每个词都照搬词典上的解释，是难以做好翻译工作的。比如例句 17，通过以上分析，意思已经明确了。接下来该如何用汉语表达呢？

18) Зо́я опуска́ет подборо́док в ладо́ни... (Л. Космодемьянская, *Повесть о Зое и Шуре*)

［译文一］※卓娅把下巴放到两个手掌上……

［译文二］卓娅两手托着下颚……（尤侠 译）

【译法分析】译文一的意思虽然没什么错，但是"把下巴放到手掌上"这样的说法，显然是照搬原文句法结构的结果，比较生硬，不符合汉语表达习惯。译文二没有拘泥于 опуска́ть 的词典释义"放下"，而是根据汉语的表达习惯，灵活地改变了表达方式，将"把下巴放到手掌上"转变为"手托着下颚"。

第三，要通晓源语文化、译语文化以及广博的百科知识。语言与文化密不可分，翻译中如果只注重语言意义的传达，忽略了语言背后潜在的文化内涵，译文往往会不到位。例如：

19) — Мариáнна у меня́ ещё очкóв не нóсит, — вмешáлась Сипя́гина, — и **с воротничкáми и с рукáвчиками покá ещё не рассталась**... (И. Тургенев, *Новь*)

［译文一］※"我的玛丽安娜还没有戴上眼镜，"西皮亚金娜插了进来，"而且暂时还没有抛弃衣领和衣袖……"

［译文二］"我的玛丽安娜还不戴眼镜，"西皮亚金夫人插嘴说，"一时还丢不下领套和套袖①……"（①当时的女学生制服衣领上有领套，袖子上有套袖。这里是说玛丽安娜还是学生的年龄。）（冀刚 译）

【译法分析】上例所在的小说中，卡洛梅采夫（Калломéйцев）因为玛丽安娜（Мариáнна）一头漂亮的长鬈发被剪短而感到可惜，认为这样影响了她的美丽。西皮亚金娜（Сипя́гина）则认为无所谓，因为玛丽安娜"с воротничкáми и с рукáвчиками покá ещё не рассталась"。译文一只是传达了字面意思，即"暂时还没有抛弃衣领和衣袖"，并没有加以解释。这会让读者感到费解：难道穿这样的衣服能增添玛丽安娜的魅力吗？看了译文二我们才知道，答案并非如此。原来，"当时的女学生制服衣领上有领套，袖子上有套袖"。西皮亚金娜的这句话暗示玛丽安娜还像个学生，没有正式进入社交界，所以不漂亮也没关系。可见，不把语言之外的文化背景揭示出来，不利于读者准确把握译文的意思。

翻译中，译者不可能对所有文化信息都有清晰的了解，遇到不解之处是正常现象。关键是要通过查找、咨询来解决所遇到的问题，否则会因为文化不解而造成文化误译。例如：

20) Тóлько что она́ [Бэ́ла] испилá воды́, как ей стáло лéгче, а минýты чéрез три онá скончáлась. **Приложи́ли зéркало к губáм — глáдко!** (М. Лермонтов, *Герой нашего времени*)

［译文一］※她刚刚呷了口水，就松快了点，可是过了三分钟，她就断气了。我们把一面镜子放到她的唇上——祝她一路平安！

［译文二］她喝过水，立刻觉得好过一些，可是过了三分钟光景就死了。我们把一面镜子放在她的嘴唇上，镜子没有上雾！（草婴 译）

【原文释疑】

испи́ть：(*чегó* 或无补语)〈俗〉喝些，喝点。

【译法分析】上例中，原文讲述的是贝拉（Бэ́ла）死去时的场景。之所以要把镜子放到贝拉的唇边，是为了观察镜面上是否有呼出的气息，以判断她是否还有呼吸。译文一没有理解 приложи́ли зе́ркало к губа́м 这个举动的目的，所以把гла́дко 翻译为"祝她一路平安"了，并不准确。译文二的理解是正确的。

有时候，原文中的文化信息比较隐蔽，如果不了解或者忽略相关的背景知识，有可能出现理解偏差或表达不当。例如：

21) Си́льно пострада́ло зда́ние **восьмиле́тней шко́лы** в дере́вне Бурко́во, для его́ восстановле́ния потре́буется капита́льный ремо́нт.

［译文一］※布尔科沃村建校八年的中学已遭严重损坏，需要进行大修。

［译文二］布尔科沃村八年制学校的校舍已严重受损，需要大修。

【原文释疑】

　　Бурко́во：布尔科沃（村名）。

【译法分析】восьмиле́тний 一词的意思是"продолжа́ющийся во́семь лет"或"во́зрастом в во́семь лет"，即"八年的、持续八年的"或"八岁的"。据此，译文一把восьмиле́тняя шко́ла 处理成"建校八年的中学"。看上去似乎没问题，实际上并不妥当，是文化背景知识的缺乏而造成的一种误解。上例出自苏联时期的一则公务报告（служе́бное донесе́ние）。在苏联的教育体制中，шко́ла 按受教育程度可分为四类：初等、不完全中等、中等和高等。восьмиле́тняя шко́ла 属于不完全中等教育，是"непо́лная сре́дняя общеобразова́тельная трудова́я политехни́ческая шко́ла в СССР"（苏联不完全中等普通教育劳动综合技术学校），是"в 1959～1984 общеобразова́тельная шко́ла в СССР, дава́вшая непо́лное сре́днее образова́ние"（苏联在 1959～1984 年间提供不完全中等教育的普通教育学校），指"八年制学校"。зда́ние восьмиле́тней шко́лы 的意思是"八年制学校的校舍"。

22) В Ясной Поля́не, в ста́ром лесу́, **нахо́дится** моги́ла писа́теля [Льва Толсто́го].

［译文一］※在亚斯那亚·波良纳的古老森林里，矗立着作家的墓。

［译文二］在亚斯纳亚波利亚纳，古老的森林里坐落着作家之墓。

【译法分析】上例中的 писа́тель 指的是 Лев Толсто́й。原句讲的是列夫·托尔斯泰墓的位置。译文一将 нахо́дится 翻译成了"矗立"。"矗立"的意思是"高耸地立着"或"耸立"，形容坟墓原本就不够恰当，形容列夫·托尔斯泰墓就更不妥当了。我们知道，托尔斯泰墓只是一个长方形的土丘，两米来长，半米来宽，高度还不到两尺，上面长满了绿草，外围有一圈很低的栅栏，没有墓碑，没有雕像，甚至没有任何标志，非常不起眼。译文一可能忽略了这一点，结果用了"矗立"这个词，不很恰当。当然，译文一也可能是想表达一种心理感受：坟墓虽然并不起眼，但是在作者的心目中却是宏伟、高大的。不过，原句中 нахо́дится 是一个修辞中性词，没有修辞色彩，全句的内容也只是客观叙述，没有什么感情色彩，翻译时也不必添加额外的感情色彩。因此，可以像译文二那样，将"矗立"改为中性词"坐落"。

除了要通晓源语文化，译者还必须通晓译语文化。就俄译汉来说，译者应当熟知汉语文化。在处理俄语原作中的文化因素时，只有清楚地了解汉语文化背景，了解汉语读者的文化心理和文化接受力，才能采取合适的方法将它翻译出来。例如：

23) Он [Лёвин] ... пото́м слы́шал, как солда́т укла́дывался спать с друго́й стороны́ сара́я с **племя́нником**, ма́леньким сы́ном хозя́ина. (Л. Толстой, *Анна Каренина*)

［译文一］※他……然后听见那兵士同侄儿——房东的小儿子在仓房另一头安顿下来睡觉。

［译文二］他……随后又听见那个兵士同他外甥——房东的小儿子——在仓库另外一头安顿下来睡觉。（周扬、谢素台 译）

【原文释疑】

укла́дываться：不是 уложи́ться（收拾好行李）而是 уле́чься 的未完成体，意思是"躺下"。сара́й：板棚。

【译法分析】племя́нник 的意思是"сын бра́та и́ли сестры́"。汉民族文化中的亲属称谓比俄民族文化要复杂得多，俄语 племя́нник 在汉文化中可以指"侄儿""外甥""内侄""表侄"。单就上例这句话本身而言，无法判断该把 племя́нник 译作"侄儿"还是"外甥"。不过，上例所在的上下文表明，句中的兵士（солда́т）是房东（хозя́ин）妻子的弟弟，换句话说，就是房东的小舅子。这样看来，根据汉民族的称谓习惯，房东的儿子就是兵士的外甥了。所以这里的 племя́нник 不能像译文一那样译成"侄儿"，而要像译文二那样译作"外甥"。

24) До́ма она́ наки́нулась с упрёками на сы́на, не в таки́х, мол, она́ лета́х, чтобы её конопа́тый болва́н вихра́стый с ко́ника хлысто́м учи́л по **за́ду**. (Б. Пастернак,

Доктор Живаго)

［译文一］回到家里，她责骂起儿子，说她这么大年纪，还要挨人家的鞭子。（**力冈、冀刚　译**）

［译文二］到了家里，她把儿子狠狠骂了一通，说什么她这把年纪了，还要挨那骑兵的鬼东西的鞭子。（**顾亚铃、白春仁　译**）

【原文释疑】

нак—и́нуться：〈口语〉（气忿地或寻衅地）突然冲着……，忽然对着……而来（常与表示遭难、辱骂、诘问一类词连用）。лета́：［复］年龄、年岁、年纪。в лета́х：固定短语，意思是"上了岁数（指中年以上）"。мол：〈语气，用作插入语〉据说，他说，她说，他们说（转述别人的话或想法）；我说（过），就说是我说的（转述自己以前说过的话）。这里是前一个意思当中的"她说"。конопа́тый：〈俗〉有麻子的；有雀斑的。вихра́стый：〈口语〉头发蓬乱竖立的。ко́ник：〈俗〉等于конёк，即конь（马）的指小表爱形式。注意看清楚，不要与ко́нник（骑兵，骑手；赛马运动员）弄混淆。хлыст：马鞭，皮鞭。

【译法分析】每个民族都有自己的文化禁忌，汉文化也不例外。日常社会生活中的禁忌大多涉及人体器官、生理现象以及性行为等。这些语词通常是不能出现在书面语当中的，而在有教养的人那里，它们也不能在口语中出现。说了或写了这类不洁、不雅的语词，就会被视为不文明。所以上面的两个译文都略译了зад（臀部、屁股）。这也是考虑到汉语读者阅读品位的做法，合情合理，并无大碍。

除了通晓源语文化和译语文化外，译者还应当尽可能多地了解百科知识，因为翻译会涉及五花八门的领域，需要各种各样的知识。知识面过窄，有时会闹笑话，犯错误。如果要做一名专业翻译，还必须掌握相关专业知识。

最后，译者最好还能懂点翻译理论，了解翻译过程，掌握各种翻译策略，知晓各种翻译方法与技巧，将实践中一些朦胧的、不自觉的做法转变为自觉的、有意识的行为。

本讲结语

　　这一讲简单介绍了有关翻译的一些基本问题。其中，翻译过程、翻译策略、翻译标准等方面是我们在翻译实践中应当始终注意的问题。

人名的翻译

📤 本讲导言

　　在第一讲里，我们介绍了翻译中的一些概念和理论。从这一讲开始，我们正式步入翻译方法与技巧的学习之门。首先要学习的是词汇的翻译。俄语中的词汇可以分成单义词和多义词两种。具有两个或两个以上意义的词叫作多义词，只有一个意义的词叫作单义词。单义词主要同专有名词、民族特有事物、术语、数字等有关，翻译时有着很强的规范性，不能随意创造，所以要掌握它们的翻译规则与方法。我们先从专有名词的翻译开始。专有名词有许多种，如人名、地名、组织机构名称、报刊杂志名称等。这一讲主要介绍人名的翻译。

💡 课前思考

1. 你有俄语名字吗？你知道自己的俄语名（如 Алексе́й）和小称（如 Алёша）翻译成汉语的规范形式吗？试着翻译一下吧。

   解答：Алексе́й：阿列克谢。Алёша：阿廖沙。其他俄语人名可查阅《俄语姓名译名手册》（商务印书馆，2021 年版）。

2. 读一读下面这个俄语句子和它的 5 个译文。

   Ту́ровцын сиде́л с кру́жкой питья́ на высо́ком дива́не в билья́рдной.

   a) 土罗甫春坐在弹子房的高背沙发上，手里端着一大杯酒。

   b) 屠洛甫岑端着杯饮料坐在弹子房里高高的长沙发上。

   c) 杜罗夫津端着一大杯酒，坐在弹子房里高高的沙发上。

d) <u>屠罗夫金</u>坐在弹子房里一张高背沙发上，手里端着一杯酒。

e) <u>图罗夫岑</u>端着一大杯酒，坐在弹子房的高沙发上。

上面这个例子中，питьё：饮料；〈旧〉酒；билья́рдная：台球室，弹子房。至于 Ту́ровцын 这个俄罗斯人的姓（фами́лия），被翻译成了 5 种形式。试比较这 5 个译名在用字上有什么不同，然后选择一个你最喜欢的译法。

解答：从译名规范的角度说，译文 e 是正确的译法。详细的解释可参看"技法学习"中的例 20。

3. 读一读下面这个俄语句子：

Ли Бо принадлежи́т к числу́ са́мых почита́емых поэ́тов в исто́рии кита́йской литерату́ры.

可以看出，上面这句话中的 Ли Бо 肯定是个中国人。可是到底是哪一位呢？该翻译成什么呢？"李波""李博"还是其他？

解答：根据句意，Ли Бо 既不是"李波"，也不是"李博"，而是"李白"。详细的解释可参看"技法学习"中的例 59。

📖 技法学习

大家都知道，用俄语拼写出来的人名，不一定都是俄罗斯人，非俄罗斯人的名字也可以用俄语拼写出来。这一点对人名翻译很重要，因为俄罗斯人名与非俄罗斯人名在翻译原则和方法上有很大区别。实践中，我们首先要根据上下文，确定所遇到的人名是指俄罗斯人还是非俄罗斯人，然后按照它们各自的翻译要求进行翻译。

一、俄罗斯人名的翻译

俄罗斯人名一般是由名（и́мя）、父称（о́тчество）和姓（фами́лия）三部分组成。

㈠ 名的翻译

名的数量有限，一般有固定的翻译形式。（可参阅《俄语姓名译名手册》，商务印书馆，2021 年版。）

1) Пётр   彼得

2) Серге́й   谢尔盖

3) Влади́мир   弗拉基米尔

4) Никола́й   尼古拉

5) Алексе́й   阿列克谢

【译法分析】在文学作品中，Алексе́й 这个名曾被翻译成"阿历克赛""阿列克赛"等不同形式。

6) Па́вел   帕维尔

小贴士

Па́вел 一般译作"帕维尔"。如果皇帝用了这个名字，那么通常要译成"保罗"。例如，俄国沙皇 Па́вел I（Па́вел Петро́вич Рома́нов，1754～1801）译作"保罗一世"，希腊有个国王也叫 Па́вел I（1901～1964），同样译作"保罗一世"。尼·奥斯特洛夫斯基（Н. Остро́вский）的小说《钢铁是怎样炼成的》（Как закаля́лась сталь）中，主人公保尔·柯察金（Корча́гин）在中国广为人知。其实，"保尔"也是由 Па́вел 翻译而来。这是特例，只适用于这个文学形象，其他 Па́вел 都不能叫"保尔"。

类似的情况还有男名 Евге́ний。这个名字如果用在俄罗斯人身上，则译为"叶夫根尼"；如果用在法国人身上，则要译成"欧仁"，如法国革命家、《国际歌》的词作者 Потье́（法语 Pottier，鲍狄埃），他的名字 Эже́н（法语 Eugène）也可写作 Евге́ний。同样，女名 Евге́ния 用于俄罗斯人，译作"叶夫根尼娅"；用于法国人，译作"欧仁妮"（一译"欧也妮"，如巴尔扎克小说《欧也妮·葛朗台》中的同名女主人公 Евге́ния Гранде́）。

7) Ири́на   伊琳娜

8) Мари́я   玛丽亚

9) Та́ня   塔尼娅

小贴士

Táня 是 Татья́на（塔季扬娜）的小名，通常译作"塔尼娅"。需要注意的是，苏联国内战争时有一位女英雄，名字也是 Táня（Татья́на Григо́рьевна С突ло́маха，1892~1918），她的英勇行为深深打动了苏联卫国战争期间的另一位女英雄——Зо́я（卓娅），以至于 Зо́я 在被法西斯分子俘获后，也自称 Táня。无论是前一个真 Táня，还是后一个化名 Táня，国内都有固定的译法，即"丹娘"。甚至苏联拍摄的讲述 Зо́я 一生故事的影片《Зо́я》（1944），国内也翻译成了《丹娘》。不过，"丹娘"这个译法一般只与这两位女英雄有关，其他 Táня 通常要按照规范，译作"塔尼娅"。

（二）父称的翻译

父称是俄罗斯人名较为特殊的一部分，表示该人是谁的子女。父称由该人父亲的名借助后缀 -ович，-евич，-ич（用于男子），-овна，-евна，-инична 或 -ична（用于女子）构成。翻译时，作为词干的名，通常按照名的译法，后缀部分按俄汉译音表（见附录❷）音译处理。女子父称中的"-вна"通常固定译作"芙娜"。例如：

10) **Андре́евич**　　　　安德烈耶维奇

11) **Серге́евич**　　　　谢尔盖耶维奇

12) **Никола́евна**　　　尼古拉耶芙娜

如果父称中作为词干的名是辅音字母结尾，那么它与后面的元音字母便构成音节。这个音节在翻译时需要注意。例如：

13) **Влади́мирович**　　　弗拉基米罗维奇

14) **Константи́нович**　　康斯坦丁诺维奇

15) **Ива́новна**　　　　　伊万诺芙娜

有些名构成父称后，在形式上变化较大（如音节脱落），这时，父称可能完全按照译音表处理。例如：

16) **Па́влович**　　　　帕夫洛维奇（不译"帕维尔洛维奇"）

注意：要正确识别父称中的词干部分，不能简单音译处理。例如，**Петро́вна** 不能译成"**佩特**罗芙娜"，而应译作"**彼得**罗芙娜"。

三 姓的翻译

我们所知道的一些俄罗斯名人，如诗人普希金、作家托尔斯泰、音乐家柴可夫斯基、画家列宾，其实都是他们的姓。可见，姓的翻译非常重要。

首先，要注意一些固定的译法。有些著名人物，他们的姓已经有固定的翻译形式，这些形式虽然与现今的译音规范不相吻合，但是已经约定俗成，不可更改，所以遇到时，要遵循已有的译法。例如：

17) А. П. Че́хов (1860 ~ 1904)　　　　契诃夫（不译"切霍夫"）

18) Ф. М. Достое́вский (1821 ~ 1881)　　陀思妥耶夫斯基（不译"多斯托耶夫斯基"）

除了那些固有的译法外，俄罗斯人名中的姓通常利用音译的方法，按译音表的使用规则来处理。例如：

19) Гу́сев　　　　　　　　　　古谢夫

20) Ту́ровцын　　　　　　　　图罗夫岑

【译法分析】Ту́ровцын 按照译音规范，应当译作"图罗夫岑"。因历史原因，这个姓曾被译作"土罗甫春""屠洛甫岑""杜罗夫津"或"屠罗夫金"，虽然与 Ту́ровцын 的发音也比较相近，但是用字不符合现今的规范要求。

21) Ка́рпов　　　　　　　　　卡尔波夫

22) Тихоми́ров　　　　　　　季霍米罗夫

【译法分析】姓当中的 о 无论是否带重音，都要按字母本身对应的汉字去翻译。上例中的"-хо-"虽然不是重读音节，发"ха"的音，然而翻译成汉语时，不能译作"哈"，而要译作"霍"。

23) Са́дчиков　　　　　　　　萨奇科夫

【译法分析】在俄汉译音表中，有的复合音只译成一个字，不必拆成单个字母来处理，上例中的"дч"就是如此，它只需要译成"奇"，而不必译成"德奇"。

实践中遇到姓时，不妨先查《俄语姓名译名手册》，查不到了再根据俄汉译音表来处理。这样不仅可以节省时间，还可以避免不必要的失误。例如，Фёдоров 当中的"фё-"，按译音表应当译作"菲奥"，而正确的译法应当是"费奥多罗夫"。

四 几点说明

第一，注意人名中的字母 е。

俄语在书写时，ё 常常写成 е，所以翻译时要注意辨别清楚，并按实际发音进行处理。

24) Грачёв　　　　　　　　　格拉乔夫

25) Федо́тов　　　　　　　　费多托夫

第二，注意男女译名用字上的区别。

在翻译女性名字时，要使用能体现女性特点的汉字，即选用译音表中括号里的字。通常情况下，只要译名中有一个字能体现女性特点就行了。后面有了，前面就不必再用了。

26) Исинба́ева　　　　　　　伊辛巴耶娃

【译法分析】Еле́на Исинба́ева 是俄罗斯著名的女子撑杆跳高运动员，被誉为"撑杆跳女皇"。她的姓应该怎么翻译呢？在俄汉译音表上，ба 对应的汉字有两个："巴（芭）"，ва 对应的汉字也有两个："瓦（娃）"。根据规则，在翻译 Исинба́ева 时，应当把 ва 译成"娃"，但是 ба 不必译成"芭"，而要译成"巴"。

第三，注意字母 н 的双拼。

所谓 н 的双拼，是指 н 既作前一个音节的结尾，又作后一个音节的开头。简单来说，就是 н 被用了两次。н 的双拼主要有以下两种情形：

情形一：一些以 н 结尾的常用词干（如 Ива́н），当它们的后面加上以元音开头的后缀（多半是-ов）时，н 需要按双拼来处理。

27) Ивано́в　　　　　　　　伊万诺夫

28) Степа́нов　　　　　　　斯捷潘诺夫

情形二：以 на 结尾的姓，н 前是元音时，н 一般作双拼处理。例如：

29) Лукина́　　　　　　　　卢金娜

30) Са́фина　　　　　　　　萨芬娜

第四，注意字母 в, ф, е, л, р 的位置与译法。

字母 в, ф, е, л, р 作为独立音节时，处在姓名中不同的位置，有不同的翻译形式。

в 或 ф 在姓名的开头，后面是辅音，译为"弗"，在其他位置则译为"夫"；е 在姓名的开头译为"叶"，在其他位置则译为"耶"。

31) Вро́нский　　　　　　　弗龙斯基

32) База́ров　　　　　　　　巴扎罗夫

33) **Фра́**дкин	弗拉德金
34) Ши**фр**и́н	希夫林
35) **Е**фи́мов	叶菲莫夫
36) Горде́**е**в	戈尔杰耶夫

л 或 р 在姓名的开头，后面是辅音，译为"勒"，在其他位置则译为"尔"。

37) **Л**бов	勒博夫
38) В**о́**лков	沃尔科夫
39) **Р**жа́нов	勒扎诺夫
40) Ко**р**су́нский	科尔孙斯基

第五，注意正确使用译名中的标点符号。

俄罗斯人名中的名、父称和姓之间是用空格来隔开的，翻译成汉语时，需要利用间隔号"·"（点在中间）来将它们隔开。例如：

41) Юрий Андре́евич	尤里·安德烈耶维奇
42) Ива́н Суса́нин	伊万·苏萨宁

至于复姓中的连字符，翻译时则需要保留。例如：

43) Голени́щев-Куту́зов	戈列尼谢夫－库图佐夫

如果遇到名、父称是缩写的形式，不能仅按缩写后的首字母本身音译，而必须查出原名，再取原名译名的第一个汉字，其间仍使用间隔号隔开。当然，也可以保留俄语字母，但是间隔的符号是俄语的句号（点在下面），而不是汉语的间隔号（点在中间）。例如：

44) Д. Лихачёв　　　　　德·利哈乔夫

【译法分析】俄罗斯著名文化学家利哈乔夫的名是 Дми́трий（德米特里），所以在翻译缩写形式"Д."时，要取 Дми́трий 的译名"德米特里"中第一个汉字"德·"。需要注意的是，不能仅按首字母本身的译音来翻译，否则有可能出错。例如，同样是"Д."，可能是"德·"（Дми́трий），也可能是 Дени́с（丹尼斯）的"丹·"，还可能是 Да́рья（达里娅）的"达·"。不仅辅音字母如此，首字母若是元音字母，同样不能按照字母本身的译音来处理。

45) А. Че́хов　　　　　安·契诃夫

【译法分析】上例中，名的缩写形式，即首字母"А."，不能简单地按照译音表处理成"阿·"。我们知道，俄罗斯作家契诃夫的名是 Анто́н（安东），所以这里的"А."应当译成"安·"。当然，"А."可以是 Анато́лий（阿纳托利）或 Алексе́й（阿列克谢）的"阿·"，也可以是 Алекса́ндр（亚历山大）的"亚·"。

46) **В. Г.** Бели́нский　　　　　　**В. Г.** 别林斯基

【译法分析】俄罗斯文学评论家别林斯基（1811～1848）的名和父称是 Виссарио́н Григо́рьевич（维萨里昂·格里戈里耶维奇），所以缩写形式的两个首字母"В. Г."，译成汉语应是"维·格·"。或者像上面那样，保留原文的形式。需要指出的是，对于名和父称的缩写形式（首字母），有时需要转写成拉丁字母，以方便读者阅读。比如上面的"В. Г."，如果转写成拉丁字母，则是"V.G."。俄语字母与拉丁字母之间的转写方式，可参阅附录❶。

小贴士

看清人名的构成。在实际翻译中，人名往往并不起眼，有时会被看错。例如，有人把 Ири́на Прива́лова 翻译成了"伊琳娜·普里瓦洛芙娜"。这并不准确，因为 Прива́лова 是姓，不是父称，译者把它看成了 Приваловна 了，正确的译法应该是"伊琳娜·普里瓦洛娃"。又比如，有人把 Васили́са Ио́новна 译作"瓦西里萨·伊万诺芙娜"，其错误是把 Ио́новна 错看成 Ива́новна 了，正确的译法应当是"瓦西里萨·约诺芙娜"。

二、非俄罗斯人名的翻译

翻译用俄语拼写的非俄罗斯人名时，无论是名还是姓，都必须遵循名从主人的原则，按照原词来翻译，不可简单地按照俄汉译音表来处理。例如，英国有一位著名的剧作家，叫 Уи́льям Шекспи́р，翻译成汉语，不能照搬俄汉译音表译成"乌伊利亚姆·舍克斯皮尔"，而要把它还原成英语形式 William Shakespeare，再按英汉翻译规则和要求来翻译。原来，这个剧作家是威廉·莎士比亚。这就是名从主人的原则。说起来容易做起来难，因为翻译实践中可能会碰到不同国家的人，有英美的、法国的、德国的，也有日本的、朝鲜的、越南的，涉及的语言也各不相同。我们不可能懂所有语言，所以翻译中遇到非俄罗斯人名时，应当查阅相关资料和工具书，或者向懂具体某种语言的专家请教。

47) 古希腊哲学家 Сокра́т   苏格拉底

48) 古希腊哲学家 Плато́н   柏拉图

49) 古希腊哲学家 Аристо́тель   亚里士多德

　　苏格拉底是柏拉图的老师，柏拉图是亚里士多德的老师，他们并称古希腊三大哲学家。

50) 古希腊数学家 Пифаго́р   毕达哥拉斯

51) 古罗马统帅 Це́зарь   恺撒

52) 古罗马演说家 Цицеро́н   西塞罗

53) 古罗马诗人 Гора́ций   贺拉斯

54) 法国启蒙思想家 Монтескьё   孟德斯鸠

55) 法国启蒙思想家 Руссо́   卢梭

56) 德国哲学家 Ге́гель   黑格尔

57) 德国作曲家 Бетхо́вен   贝多芬

58) 中国古代思想家 Конфу́ций   孔子

59) 中国唐代诗人 Ли Бо   李白

【译法分析】李白的俄语译名固定为 Ли Бо，所以将 Ли Бо 翻译成汉语时，如果确认是指唐代著名诗人，就必须译成"李白"，不能音译成"李波""李博"等其他形式。

⚠ 本讲结语

　　在翻译人名时，一定要勤查多问，不要以为一张译音表就可以解决所有的问题。遇到陌生的人名时，最好先查一查权威的百科全书及译名手册。在找不到固定译名之后，才可以借助译音表并遵循译音规则来翻译。

📝 翻译练习参考答案

1. 查《俄语姓名译名手册》，将下列人名翻译成汉语。

1) Ви́ктор   维克托

2) Григо́рий   格里戈里

　3) Степа́н　　　　　　　　　　斯捷潘

　4) Алекса́ндр　　　　　　　　　亚历山大

　5) Ната́лия　　　　　　　　　　纳塔利娅

　6) Людми́ла　　　　　　　　　　柳德米拉

　7) Ва́ня　　　　　　　　　　　万尼亚

说明：Ва́ня 是 Ива́н（伊万）的小名。在《俄语姓名译名手册》中，俄罗斯人的小名与昵称不在正文中，而是在附录中。

　8) То́ля　　　　　　　　　　　托利亚

说明：То́ля 是 Анато́лий（阿纳托利）的小名。

　9) На́дя　　　　　　　　　　　娜佳

说明：На́дя 是 Наде́жда（娜杰日达）的小名。

　10) Лю́ба　　　　　　　　　　柳芭

Лю́ба 是 Любо́вь（柳博芙）的小名。

2.　将下列父称翻译成汉语。

　1) Алексе́евич　　　　　　　　阿列克谢耶维奇

　2) Алекса́ндрович　　　　　　亚历山德罗维奇

　3) Васи́льевич　　　　　　　　瓦西里耶维奇

　4) Луки́ч　　　　　　　　　　卢基奇

　5) Анто́новна　　　　　　　　安东诺芙娜

　6) Бори́совна　　　　　　　　鲍里索芙娜

3.　将下列著名人物的姓翻译成汉语。

　1) 作家 М. Го́рький　　　　　高尔基（不译"戈里基"）

　2) 生理学家 И. Па́влов　　　　巴甫洛夫（不译"帕夫洛夫"）

　3) 科学家 М. Ломоно́сов　　　罗蒙诺索夫（不译"洛莫诺索夫"）

　4) 化学家 Д. Менделе́ев　　　门捷列夫（不译"缅杰列耶夫"）

4.　将下列常见的姓翻译成汉语。

　1) Соколо́в　　　　　　　　　索科洛夫

　2) Смирно́в　　　　　　　　　斯米尔诺夫

　3) Попо́в　　　　　　　　　　波波夫

　4) Кузнецо́в　　　　　　　　库兹涅佐夫

5) Дми́триев   德米特里耶夫

5. **将下列人名翻译成汉语，注意黑体字部分的处理。**

1) Шмелёв   什梅廖夫

2) **Ша́хова**   沙霍娃

3) Анто́нов   安东诺夫

4) Ники́тина   尼基京娜

5) **В**ла́сов   弗拉索夫

6) **Ф**роло́в   弗罗洛夫

7) **Е**фре́мов   叶夫列莫夫

8) Балу́ев   巴卢耶夫

9) Го**р**буно́в   戈尔布诺夫

10) Алла Пугачёва   阿拉·普加乔娃

11) Ни́на Алексе́евна   尼娜·阿列克谢耶芙娜

12) Скопи́н-Шу́йский   斯科平－舒伊斯基

13) **А.** Пу́шкин   亚·普希金或 A.普希金

14) **М.** Ле́рмонтов   米·莱蒙托夫或 M.莱蒙托夫

6. **将下列非俄罗斯人名翻译成汉语。**

1) 希腊神话人物 Промете́й   普罗米修斯

2) 美国物理学家 Альбе́рт Эйнште́йн   阿尔伯特·爱因斯坦

3) 美国歌手 Майкл Дже́ксон   迈克尔·杰克逊

4) 法国作家 Гюго́   雨果

5) 奥地利作曲家 Мо́царт   莫扎特

6) 奥地利作曲家 Штра́ус   施特劳斯

7) 德国作家 Гёте   歌德

8) 德国哲学家 Ле́йбниц   莱布尼茨

9) 中国作家 Лу Синь   鲁迅

        说明：鲁迅的俄语译名固定为 Лу Синь。

10) 中国明代航海家 Чжэн Хэ   郑和

11) 中国现代画家 Сюй Бэйху́н   徐悲鸿

地名与其他专有名词的翻译

↱ 本讲导言

　　除了人名外，专有名词还包含地名以及其他专名，如组织机构名称、书报杂志名称、文艺作品名称、舰船航天器名称等。

☼ 课前思考

> 1. 俄罗斯有一座城市，名叫 Новосибúрск，以前译作"诺沃西比尔斯克"，现在译作"新西伯利亚"。试比较一下，这两个译名在翻译方法上有什么不同？
>
> 解答："诺沃西比尔斯克"是音译法，"新西伯利亚"是音意兼译法。详可见"技法学习"中的例 17。
>
> 2. 选择正确的译文，并说明原因。
>
> Тут мóжно посетúть многочúсленные мéстные музéи, теáтры úли знаменúтый **сóчинский** цирк.
>
> 在这里,可以参观众多的地方博物馆,去剧院或者去看著名的_____马戏。
>
> a) 索契　　　　　b) 索钦　　　　　c) 索钦斯克　　　　　d) 索钦斯基
>
> 解答：正确的译文是 a，因为 сóчинский 是地名形容词，地名本身是 Сóчи（索契）。详可参阅"技法学习"中第三节（带"-ский"的地名形容词的翻译）。
>
> 3. 将下面两句中所有正确的译法选出来。
>
> 1) В **Кúевском зоопáрке** погúбла убóрщица, оказáвшаяся в вольéре с тúгром.
>
> 在_____里，一名清扫女工在虎笼中丧生。
>
> a) 基辅动物园　　　　　b) 基辅的动物园　　　　　c) 基辅一家动物园

2) Медве́ди **петербу́ргского зоопа́рка** отка́зываются от зи́мней спя́чки из-за тёплой пого́ды.

由于天气暖和，＿＿＿＿＿＿里的熊拒绝冬眠。

a) 彼得堡动物园　　　　b) 彼得堡的动物园　　　　c) 彼得堡一家动物园

解答：前一句的正确译法是 a。后一句的译法 a、b、c 都可以。详细的解释可参看"技法学习"中第四节"其他专有名词的翻译"开头三个自然段。

4. 你一定知道克格勃吧。其实，"克格勃"（КГБ）就是"国家安全委员会"（Комите́т госуда́рственной безопа́сности）。想一想，这两个不同的汉语译名是通过什么方法得来的呢？

解答："克格勃"是对 КГБ 进行音译的结果，而"国家安全委员会"则是 Комите́т госуда́рственной безопа́сности 的意译形式。详见"技法学习"中的例 42。

5. 俄罗斯著名作家 А. Солжени́цын（索尔仁尼琴）有一部小说叫《Ра́ковый ко́рпус》，有人把它译作《虾壳》。查一查词典，看看这样翻译有没有根据。

解答：这样翻译不妥，是望文生义的结果。根据小说内容，应当翻译为"癌症楼"或"癌病房"，具体的解释可见"技法学习"中例 46。

技法学习

一、俄罗斯地名的翻译

同人名一样，用俄语拼写出来的地名，可能是俄罗斯地名，也可能是非俄罗斯地名。翻译时，需要根据上下文来确定是否是俄罗斯地名，再根据各自的翻译原则和方法进行翻译。

在翻译俄罗斯地名时，首先需要注意约定俗成的问题。对于那些已有通用译名的，即使译音不准确，一般也应当沿用，不可随意创新，以免造成混乱。例如：

1) Москва́　　　　莫斯科（不译"莫斯克瓦"）

2) Челя́бинск　　　车里雅宾斯克（不译"切利亚宾斯克"）

3) Во́лга　　　　伏尔加（河）（不译"沃尔加"）

4) Камча́тка　　　堪察加（半岛）（不译"卡姆恰特卡"）

地名的翻译方法，大体上有三种。

一 音译法

音译法就是按照原词的音节，把它译成中文的汉字。在大多数情况下，地名的翻译可采取音译法，按照译音表的使用规则来处理。

5) Самáра   萨马拉

6) Шивéлуч   希韦卢奇（火山）

在按译音表翻译地名时，同样要注意 e 与 ё 的译音区别以及其他一些拼写规则（如 p 与 л 的位置），注意几个固定词尾的固定译法："-град" 译作 "格勒"，"-поль" 译作 "波尔"，"-город" 译作 "哥罗德"。

7) Орёл   奥廖尔

8) Ржев   勒热夫

9) Курск   库尔斯克

10) Калинингрáд   加里宁格勒

11) Чи́стополь   奇斯托波尔

12) Бéлгород   别尔哥罗德

小贴士

有个地名与 Бéлгород 拼写比较相似，这就是 Белгрáд。这两个地名的字面意思都是"白城"。不过，Бéлгород 是俄罗斯城市，译作"别尔哥罗德"；而 Белгрáд 是塞尔维亚共和国首都，译作"贝尔格莱德"。不要把这两个地方弄混了。

二 意译法

有些地名意义明确，同该地的某些情况有一定的联系或者具有某种象征意义。在这种情况下，可以进行意译。完全采取意译法的地名并不太多。例如：

13) Нóвая Земля́   新地（岛）

【译法分析】Нóвая Земля́ 是由形容词加普通名词构成的地名。нóвая 的意思是"新的"，земля́ 的意思是"土地"。这样，Нóвая Земля́ 就被简洁地翻译成"新地"。新地岛是目前俄罗斯唯一的核试验场。

需要注意的是，有的地名虽然意义明确，但是规范的译名仍然是通过音译法实现的，如 Кисловóдск 不译作"酸水城"，而译作"基斯洛沃茨克"。

（三）音意兼译法

音意兼译法适用于两种情形。

情形一：由形容词和名词构成的词组或者由形容词词干和名词构成的复合词，其中表示特征的形容词或形容词部分意译，其余部分音译。

14) Ни́жний Но́вгород　　　　　下诺夫哥罗德

15) Вели́кие Лу́ки　　　　　　大卢基

16) Северодви́нск　　　　　　北德文斯克

17) Новосиби́рск　　　　　　新西伯利亚

【译法分析】Новосиби́рск 以前按音译法译作"诺沃西比尔斯克"，现在按音意兼译法译作"新西伯利亚"。

情形二：以著名的山、河、湖、海、城市为词根，前面带有表示方位的前缀（за-、пред-、при-、под-等）所构成的地名，其中前缀部分要意译，其余部分要音译。

18) Заура́лье　　　　　　外乌拉尔

【译法分析】Заура́лье 是一个合成词，翻译时，前缀"за-"有含义，表示"在……之外""在……之后"，需要意译；词根"Ура́л"本身就是地名，没有含义，需要音译。经过简练化处理，Заура́лье 便译成了"外乌拉尔"。所谓"外"，是以莫斯科为参照点，离莫斯科远的那边为"外"（也称"后"），而离莫斯科近的那边则为"内"（也称"前"）。

19) Предкавка́зье　　　　　北高加索

【译法分析】前缀"пред-"表示"在……之前"的意思，Кавка́з 指高加索。Предкавка́зье 与 Закавка́зье（外高加索、南高加索）相对，指"前高加索"。所谓"前"，就是离莫斯科近的这一侧，高加索位于莫斯科的南面，所以"前高加索"指的就是"北高加索"。苏联解体前，外高加索（南高加索）和北高加索都属于苏联领土。苏联解体后，只有北高加索属于俄罗斯。

20) Прибайка́лье　　　　　贝加尔湖沿岸地区

【译法分析】Прибайка́лье 的词根是 Байка́л（贝加尔湖），前缀"при-"的意思是"沿……地带"，所以 Прибайка́лье 可以按音意兼译法，翻译成"贝加尔湖沿岸地区"。

21) Подмоско́вье　　　　　莫斯科郊区

【译法分析】Подмоско́вье 包含前缀"под-"和词根 Москва́，前缀"под-"表示"在……附近"，可以意译，而 Москва́ 则需要音译。这样一来，Подмоско́вье 便被译成了"莫斯科郊区"。

小贴士

大大小小的地名集中体现在通信地址当中。俄语通信地址的写法通常是：国家名称①，邮政编码，州（边疆区、自治区、共和国）名称，居民点（城市、村镇等）名称，街道，门牌号，住宅号。以下是 ЗАО «Рýсский Бисквѝт»（"俄罗斯饼干"封闭式股份公司）的地址：

Россѝя, 162622, Вологóдская обл., г. Черповéц, ул. К. Мáркса, 25.

俄罗斯，162622，沃洛格达州切列波韦茨市卡尔·马克思街 25 号

二、非俄罗斯地名的翻译

非俄罗斯地名的翻译，要遵循名从主人的原则，不能简单按照俄语的发音来处理。

22) Швéция　　　　　　　　瑞典

易与 Швейцáрия（瑞士）混淆。

23) Австрáлия　　　　　　　澳大利亚

易与 Австрия（奥地利）混淆。

24) Тайнѝнь　　　　　　　　西宁

这是越南一个省的名称，不是中国青海省的省会。

25) Шаньсѝ　　　　　　　　山西

【译法分析】俄语没有汉语拼音的四个声调，所以"山西"和"陕西"拼写成俄语，本来应该都是 Шаньсѝ，不过，俄语 Шаньсѝ 表示"山西"，Шэньсѝ 才是"陕西"。

26) Сéктор Гáза　　　　　　加沙地带

【译法分析】Гáза 本身就是一个地名（加沙），不是 газ（油门）的单数二格形式。尽管 сéктор гáза 是指"油门杆"（注意，两个单词都是小写字母开头），但是以大写字母开头的 Сéктор Гáза 是地名，应当译作"加沙地带"，不能译为"油门杆"。

27) Сеýл　　　　　　　　　首尔

---

① 国家名称用于国际通信，也可以位于邮政编码之后。

小贴士

俄语拼写出来的同一个地名，有可能指代不同的地方，翻译时要根据上下文作出准确判断。例如，Алжи́р 既可以指北非国家"阿尔及利亚"，也可以指该国的首都"阿尔及尔"。

Эльба 既指意大利的厄尔巴岛（1814 年 5 月 4 日，拿破仑被放逐到这个地中海小岛上，波旁王朝复辟），也指德国和捷克的易北河（1945 年 4 月 25 日，苏联红军与美军在德国中部易北河畔的小城托尔高会师，这就是二战中著名的易北河会师，从此，反法西斯德国的东、西两条战线实现了联结）。

Порт-Артур 与 Порт-Арту́р 虽然重音不同，但是它们在文本中出现时，一般都不标重音，拼写完全相同。Порт-Артур 指美国城市阿瑟港，Порт-Арту́р 是 Люйшу́нь 的旧称，指我国旅顺。1904 ~ 1905 年日俄战争（Ру́сско-япо́нская война́）中的关键之战就是旅顺要塞争夺战，旅顺口防御（Оборо́на Порт-Арту́ра）对军事学术的发展也起了重要作用。

三、带 "-ский" 的地名形容词的翻译

由地名变成的形容词，其词尾一般都是"-ский"。带"-ский"的地名形容词既涉及俄罗斯地名，也涉及非俄罗斯地名，它们的构成通常有 3 种情况。

其一，地名原形 + ский。

28)	петербу́ргский (*от* Петербу́рг)	彼得堡的
29)	ки́евский (*от* Ки́ев)	基辅的
30)	ло́ндонский (*от* Ло́ндон)	伦敦的

其二，地名词尾音变后 + ский。

31)	калу́жский (*от* Калу́га)	卡卢加的

【译法分析】калу́жский 中的 ж 是由 Калу́га 中的 г 音变而来。

32)	че́шский (*от* Че́хия)	捷克的

【译法分析】че́шский 中的 ш 是由 Че́хия 中的 х 音变而来。

其三，以-ск 结尾的地名原形 + ий。

33)	ку́рский (*от* Курск)	库尔斯克的

34) мѝнский (*от* Минск)　　　　　明斯克的

此外，还有的地名形容词是以"-инский"结尾的。例如：

35) сóчинский (*от* Сóчи)　　　　　索契的

36) ялтинский (*от* Ялта)　　　　　雅尔塔的

37) бакѝнский (*от* Бакý)　　　　　巴库的

需要注意的是，有些带"-ский"的形容词是由人名变化而来，翻译时同样需要辨别人名原形，例如，третьякóвский（*от* Третьякóв，特列季亚科夫），сокрáтовский（*от* Сокрáт，苏格拉底）。

对于带"-ский"的形容词，无论是由地名还是人名变化而来，翻译时都要辨别清楚原形，以免出现错译。

小贴士

有些小地名虽然在词典上可能查不到，但是也不能轻视，因为这些地方可能发生过重要的历史事件，并因此闻名于世。翻译时，无论遇到的是地名本身，还是地名的形容词形式，都要小心对待，切不可想当然地来翻译。

例如，Лóкерби 只是苏格兰的一个小镇，以前没有几个人知道，自从 1988 年 12 月 21 日在它的上空发生了一场空难，这个小镇开始广为人知，这个小镇就是洛克比（Lockerbie），它几乎成了空难的代名词。洛克比空难（Авиакатастрóфа над Лóкерби）被认为是"9·11 恐怖袭击事件"之前最严重的恐怖活动。可见，Лóкерби 虽然地方不大，但非常有名，要是马马虎虎地把它翻译成"洛克尔比"，那就会闹笑话了。

再看一个地名形容词 эль-аламéйнский。怎么翻译呢？"埃利阿拉缅的"还是"埃利阿拉缅斯克的"？都不对。遇到地名的形容词形式显然更麻烦一些，因为首先要确定地名的原形。эль-аламéйнский 的原形是 Эль-Аламéйн（阿拉曼）。阿拉曼是埃及北部的一个小城，地方不大，但是历史上发生过大事——阿拉曼战役（Эль-Аламéйнская операция，1942 年 10 月 23 日 ~ 11 月 4 日）。这是第二次世界大战中的一次著名战役，是北非战局的转折点，是法西斯军队在北非覆灭的开端。

四、其他专有名词的翻译

　　组织机构、机关团体、报刊杂志、武器装备等专有名词，主要由普通名词构成，并且很多名称都是词组形式，表意性很强。翻译时，首先要正确识别专有名词，不能把它与普通的词组混淆起来。例如，Ки́евский зоопа́рк 和 петербу́ргский зоопа́рк 这两个短语都是由地名形容词加 зоопа́рк 构成。所不同的地方是前一个短语中的地名形容词，第一个字母 К 是大写的，而后一个短语中的地名形容词，第一个字母 п 是小写的。这说明什么问题呢？

　　我们知道，就地名形容词本身而言，它的第一个字母是不需要大写的，但是地名形容词如果参与构成专有名词，并且处在首词的位置上，那么它的第一个字母必须大写。由此可见，Ки́евский зоопа́рк 是专有名词，петербу́ргский зоопа́рк 则只是自由词组。既然 Ки́евский зоопа́рк 是专有名词，那么把它译成"基辅一家动物园"就不对了。要正确翻译这个名称，必须注意定名的一个重要原则，那就是尽量简洁，所以把 Ки́евский зоопа́рк 翻译成"基辅的动物园"就不好，不像个专有名称，去掉当中的"的"字，译作"基辅动物园"就对了。

　　与 Ки́евский зоопа́рк 不同的是，петербу́ргский зоопа́рк 的翻译就自由多了。在不同的上下文中，它可以有不同的译法。因为 зоопа́рк 是单数形式，所以它可以指"彼得堡一家动物园"。不过，名词单数形式有时也可以表示泛指－集合意义，所以 петербу́ргский зоопа́рк 也可以泛指"彼得堡的动物园"。在表达泛指－集合意义时，"彼得堡的动物园"有时还可以简练地表达成"彼得堡动物园"。

　　组织机构、机关团体、报刊杂志、武器装备等专有名词，其最主要的翻译方法是意译法。尽管如此，许多专有名词已经有了固定的意译形式，翻译时应当沿用这些固定的译法，不能按照自己的想法重新对它们进行意译。除了意译法之外，也存在音译法和音意兼译法的情形。

（一）意译法

38) Всеми́рная торго́вая организа́ция (ВТО)　　　世界贸易组织

39) Междунаро́дное аге́нтство по а́томной эне́ргии (МАГАТЭ)

国际原子能机构

40) Се́верный флот　　　　　　　　　　　　　　北方舰队

41) Министе́рство иностра́нных дел (МИД)　　　外交部

【译法分析】Министе́рство иностра́нных дел 通常译作"外交部"。如果是日本或朝鲜的 МИД，则应当翻译成"外务省"。

42) Комите́т госуда́рственной безопа́сности　　　国家安全委员会

【译法分析】苏联国家安全委员会是国家情报机关，直属苏联部长会议（Сове́т Мини́стров СССР）。"国家安全委员会"是意译形式。Комите́т госуда́рственной безопа́сности 的缩略形式 КГБ 经过音译，便是"克格勃"。如今，这个机构已经更名为联邦安全局（Федера́льная слу́жба безопа́сности，ФСБ）。

43) Те́трис (игра́)　　　俄罗斯方块（游戏）

【原文释疑】

　　　Те́трис 是一款风靡全球的掌机游戏，由俄罗斯人阿列克谢·帕日特诺夫（Алексе́й Па́житнов）发明。Те́трис 源于古希腊语 τετράς，意思是"四"。

44) «Незави́симая газе́та»　　　《独立报》

45) «Изве́стия»　　　《消息报》

【译法分析】在翻译报纸、杂志等出版物名称时，需要将俄语的引号（кавы́чки）转换成汉语的书名号。在翻译报纸名称时，一般要加一个"报"字，并且"报"字位于书名号之内。

46) «Ра́ковый ко́рпус» (по́весть)　　　《癌症楼》（中篇小说）

【译法分析】ра́ковый（虾的）与 ра́ковый（癌的）是一对同音异义词，而ко́рпус 虽然有"外壳"的意思，但通常是指"（机件、仪器的）外壳"，所以"Ра́ковый ко́рпус"不能译成"虾壳"。实际上，索尔仁尼琴这部小说的正确译名应该是"癌症楼"或"癌病房"。

47) «Семна́дцать мгнове́ний весны́»　　　《春天的十七个瞬间》

【译法分析】这是苏联时期一部著名的电影，译名相对固定，不可采取其他意译形式，如"十七个春天瞬间"等。

48) Междунаро́дное пра́во　　　《国际法》

【译法分析】俄语表示条约、协定时，不需要加标点符号，翻译成汉语后，则要加上书名号。

49) «50 лет Побе́ды» (а́томный ледоко́л)　　　"胜利 50 周年"号（原子破冰船）

50) «Прогре́сс» (косми́ческий кора́бль)　　　　　"进步"号（宇宙飞船）

【译法分析】在翻译船只、舰艇、飞船等名称时，一方面要将原文的引号转换成汉语的引号（通常是双引号），另一方面，还需要加一个"号"字。

51) «Энтерпра́йз» (авиано́сец)　　　　　"企业"号（航空母舰）

【译法分析】俄语 Энтерпра́йз 是英语 Enterprise（企业）的音译形式，翻译成汉语时，要按照英译汉的要求，意译为"'企业'号"，不能音译。

（二）音译法

52) «Альфа» (гру́ппа)　　　　　"阿尔法"（小组）

　　"阿尔法"小组是俄罗斯特种部队，成立于 20 世纪 70 年代，是为反恐而建立的一支部队。

53) Су-47 (истреби́тель)　　　　　苏－47（歼击机）

【译法分析】表示武器装备、机器型号的俄语字母，有时也可转写成拉丁字母，如上面的"Су-"也可译作"Su-"。俄语字母与拉丁字母之间的转写方式，可参阅本书附录❶。

（三）音意兼译法

54) Госду́ма (Госуда́рственная Ду́ма)　　　国家杜马

【译法分析】госуда́рственный 意译为"国家的"，ду́ма 音译为"杜马"。俄罗斯国家杜马是俄罗斯联邦会议的下议院。

55) ИТАР-ТАСС　　　　　俄通社－塔斯社

【译法分析】ИТАР 是 Информацио́нное телегра́фное аге́нтство Росси́и 的缩略语，意为"俄罗斯新闻通讯社"（简称"俄通社"）。ТАСС（Телегра́фное аге́нтство Сове́тского Сою́за）意为"苏联通讯社"，但通常按照音意兼译法翻译成"塔斯社"。俄通社－塔斯社（简称俄塔社）是俄罗斯的国家级通讯社。

56) «Таймс»　　　　　《泰晤士报》

【译法分析】俄语 Таймс 是指英国著名的报纸 *The Times*。该报的名称直译过来，应当是"时报"，但是实际译名却变成与 Times 读音相近，却毫无关联的"泰晤士河"（River Thames）一样。不过，由于约定俗成的关系，这个错译的结果一直保留到了今天。

五、带人名或地名的专有名词的翻译

对于专有名词中的人名、地名及其形容词形式，按人名、地名的翻译原则和方法进行翻译。

57) Антиви́рус Каспе́рского　　　　　　卡巴斯基杀毒软件

【译法分析】卡巴斯基杀毒软件是以研发人 Е. Каспе́рский 的名字命名的软件。虽然 Каспе́рский 的规范译名是"卡斯佩尔斯基"，但是这款杀毒软件习惯上还是译作"卡巴斯基"。

58) Чка́ловский аэродро́м　　　　　　契卡洛夫机场

【译法分析】这座机场位于莫斯科郊区，以 Чка́лов 命名。В. Чка́лов 是苏联著名飞行员和试飞员，汉语译名通常是"契卡洛夫"。

59) Но́белевская пре́мия　　　　　　诺贝尔奖

60) Европе́йский Сою́з (Евросою́з, ЕС)　　欧洲联盟（欧盟）

61) Шанха́йская организа́ция сотру́дничества (ШОС)

　　　　　　　　　　　　　　上海合作组织（上合组织）

62) «Ва́шингтон пост»　　　　　　《华盛顿邮报》

63) Кио́тский протоко́л　　　　　　《京都议定书》

【译法分析】кио́тский 是日本城市 Кио́то（京都）的形容词形式。《京都议定书》旨在限制发达国家温室气体排放量，以抑制全球变暖。

🔔 本讲结语

在翻译地名时，应当先查阅词典，如地名译名手册、俄汉词典（地名一般在附录中）或百科全书。在没有固定译名的情况下才可以根据地名的构成特点，根据上述原则和方法将其翻译出来。

对于人名、地名之外的其他专有名词，翻译中通常是以意译为主，音译或音意兼译为辅。需要注意的是，翻译实践中遇到的这些专有名词，如果不是新出现的，一般都有相对固定的翻译形式，要遵循已有的译法，不可随便改译。

翻译练习参考答案

1. 指出下列地名的翻译方法。

1) Се́верная Земля́	北地（群岛）
2) Бо́лхов	博尔霍夫
3) Минера́льные Во́ды	矿水城
4) По́лоцк	波洛茨克
5) Забайка́лье	外贝加尔
6) Пятиго́рск	皮亚季戈尔斯克
7) Новоша́хтинск	新沙赫京斯克

说明：1）、3）运用了意译法；2）、4）、6）使用了音译法；5）、7）采取了音意兼译法。

2. 将下列俄罗斯地名翻译成汉语，然后查阅词典，检查正确与否。

1) Санкт-Петербу́рг	圣彼得堡
2) Каза́нь	喀山
3) Енисе́й	叶尼塞（河）
4) Псков	普斯科夫
5) Ура́л	乌拉尔
6) Ста́врополь	斯塔夫罗波尔
7) Бе́лый	别雷
8) Чёрное мо́ре	黑海
9) Се́верная Двина́	北德维纳（河）
10) Заоне́жье	外奥涅加湖地区

说明：Заоне́жье 的词根 "онеж" 是由 Оне́га 变化而来，Оне́га 指的就是 Оне́жское о́зеро（奥涅加湖），前缀 "за-" 表示 "在……之外"。这样，Заоне́жье 便被译成了 "外奥涅加湖地区"。

11) Прио́бье	鄂毕河沿岸地区

说明：Прио́бье 的词根是 Обь（鄂毕河），前缀 "при-" 表示 "沿……地带"，所以 Прио́бье 可以音意兼译为 "鄂毕河沿岸地区"。

12) Приво́лжье	伏尔加河中下游沿岸地区

3. 查词典，将下列非俄罗斯地名翻译成汉语。

1) Берли́н 柏林（德国首都）

2) Брюссе́ль 布鲁塞尔（比利时首都）

3) Стокго́льм 斯德哥尔摩（瑞典首都）

4) Гаа́га 海牙（荷兰城市）

5) Варша́ва 华沙（波兰首都）

6) То́кио 东京（日本首都）

7) Хано́й 河内（越南首都）

8) Пхенья́н 平壤（朝鲜首都）

4. 指出下列形容词的地名原形，并将地名形容词翻译成汉语。

1) воро́нежский Воро́неж 沃罗涅日的（俄罗斯）

2) волгогра́дский Волгогра́д 伏尔加格勒的（俄罗斯）

3) пари́жский Пари́ж 巴黎的（法国）

4) во́лжский Во́лга 伏尔加（河）的（俄罗斯）

说明：во́лжский 也可以是俄罗斯城市 Волжск（伏尔加斯克）的形容词。

5) ри́жский Ри́га 里加的（拉脱维亚）

6) пра́жский Пра́га 布拉格的（捷克）

7) ирку́тский Ирку́тск 伊尔库茨克的（俄罗斯）

8) чити́нский Чита́ 赤塔的（俄罗斯）

5. 将下列专有名词翻译成汉语。

1) Всеми́рный банк 世界银行

2) Междунаро́дный валю́тный фонд 国际货币基金组织

3) Содру́жество Незави́симых Госуда́рств (СНГ)

独立国家联合体（独联体）

4) Министе́рство оборо́ны 国防部

5) Министе́рство вну́тренних дел 内务部

6) Сове́т Безопа́сности 安全理事会

7) Пентаго́н 五角大楼

8) «Кра́сная звезда́» (газе́та) 《红星报》

9) «Воскресе́ние» (рома́н) 《复活》

10) Догово́р о всеобъе́млющем запреще́нии я́дерных испыта́ний

《全面禁止核试验条约》

11) Экономи́ческий по́яс Шёлкового пути́   丝绸之路经济带

12) Эрмита́ж (музе́й)   埃尔米塔日（博物馆）

13) Лувр   卢浮宫

14) Ту-204 (пассажи́рский самолёт)   图－204（客机）

15) Википе́дия   维基百科

说明：源自英语 Wikipedia。"вики (wiki)"音译为"维基"，"педия (pedia)"意译为"百科"。

6. 将下列带有人名或地名的专有名词翻译成汉语。

1) Храм Васи́лия Блаже́нного   瓦西里升天大教堂

2) Госуда́рственная Третьяко́вская галере́я   国立特列季亚科夫画廊

3) Эйфелева ба́шня   埃菲尔铁塔

4) Боа́оский азиа́тский фо́рум   博鳌亚洲论坛

5) "Бурлаки́ на Во́лге" (карти́на)   《伏尔加河上的纤夫》（油画）

6) "Нью-Йорк пост" (газе́та)   《纽约邮报》（报纸）

特有事物、术语与数字的翻译

📥 本讲导言

　　在意义相对单一的词汇中，还有特有事物的名称、术语与数字。特有事物与民族文化有关，术语与专业知识有关。至于"数"，宽泛地讲，包括语法意义上的单复数、世纪、年月日、星期、钟点、编号、数量等，这里主要介绍俄语表示数量增减与倍数增减手段的翻译方法。

💡 课前思考

1. 俄罗斯的 дáча 你早就知道了吧。可是 дáча 这个词怎么翻译才好呢？"别墅""俄式别墅""郊外住宅""达恰"还是别的译法？

   解答：词典里译法通常是"别墅"，近来也有译为"达恰"的。详见"技法学习"中的例 5。

2. 俄语 вúлка 这个词怎么翻译？"餐叉、叉子"。没错！可是，在电磁学里，вúлка 通常翻译成"插头"；下国际象棋时如果用到这个词，则要翻译成"双吃、捉双"。想一想，这对我们有什么启示？

   解答：这说明同一个俄语词，有时既是通用词，也是术语，并且用作术语时，在不同的专业领域内需要翻译成不同的形式。

3. 请用最快速度找出以下各句中译错的地方。再想一想，这些错误有什么不同的特点？

   1) С 1 ноября́ в большинстве́ регио́нов Росси́и начина́ет де́йствовать телефо́н

еди́ной слу́жбы «01», куда́ мо́жно бу́дет обрати́ться в слу́чае возникнове́ния не то́лько пожа́ра, но и любо́й друго́й чрезвыча́йной ситуа́ции.

从 9 月 1 日开始, 俄罗斯的大部分地区开始启用统一服务号码 01, 不论是发生火灾, 还是出现什么紧急情况, 都可以拨打这个号码求助。

2) Но в тече́ние после́дних десяти́ тра́урных дней са́ми брита́нцы отве́тили на него́ [вопро́с] вполне́ определённо.

但是在最近数十天的葬礼举行期间, 英国人对这个问题回答得也很明确。

3) Плю́сы и ми́нусы ка́ждого из направле́ний хорошо́ изве́стны. Гла́вный плюс кита́йского — стаби́льность э́кспорта по 30 млн. тонн не́фти в год в тече́ние 20 лет.

两种方案的优劣都显而易见。中国方面的主要优势在于 20 年来稳定保持的年均 300 万吨石油出口量。

4) С 1999 го́да прода́жи на́ших продово́льственных това́ров на зарубе́жных ры́нках вы́росли в три ра́за.

从 1999 年起我国粮食产品三次销往国外市场。

解答: 例 1 中, 将 "9 月" 改为 "11 月"。例 2 中, 将 "数十天" 改为 "十天"。例 3 中, 将 "300 万" 改为 "3000 万"。例 4 中, 将 "三次销往国外市场" 改为 "在国外市场的销量增加了两倍"。造成这些错误的原因是混淆了月份名称 (例 1), 没有理解数字的间接格 (例 2), 大数转换失误 (例 3), 不了解倍数增加的意义 (例 4)。

4. 有一篇报道的标题叫 "Дохо́ды населе́ния сократи́лись втро́е", 有人把它译作 "居民收入减少两倍"。假设居民原来的收入是每月 3.6 万卢布, 那么根据这样的译法, 你能算出居民现在的月收入是多少吗?

解答: 这样的译法并不妥当, 应当译作 "居民收入减少了三分之二"。如果原来月收入为 3.6 万卢布, 那么现在则是 1.2 万卢布。

技法学习

一、特有事物的翻译

民族特有事物是指某一民族所独有的事物，它可能涉及政治、经济、历史、生活等各个方面。要正确翻译民族特有事物，必须先要准确理解它的实际所指，然后再根据上下文，采用恰当的方法来处理。

特有事物的翻译方法，主要有音译法、意译法和音意兼译法。

（一）音译法

利用音译法翻译出来的词在最初出现时，一般要加上注释，以利于读者理解。有些音译词随着时间的推移，已经为汉语读者所理解和接受。对于这些音译词，就不再需要进行注释了。例如：

1) ведро́　　　　　　　　维德罗（俄国液量名，1 维德罗等于 12.3 升）

2) квас　　　　　　　　　克瓦斯（一种用面包或水果发酵制成的清凉饮料）

3) сарафа́н　　　　　　　萨拉凡（俄罗斯民间妇女穿的一种无袖长衣）

4) до́мра　　　　　　　　多姆拉（俄罗斯民间三弦弹拨乐器）

5) да́ча　　　　　　　　　达恰（俄罗斯城市家庭在郊外的非常住的简易房屋）

【译法分析】да́ча 的词典解释一般都是"别墅"，但是 да́ча 与一般意义上的别墅还是有区别的。在苏联时期，да́ча 通常设施简陋，为普通市民所有，既有避暑休假的功能，更有通过种植瓜果蔬菜以达到改善生活、增加收入的功能。不过，近些年来，有些 да́ча 修建得非常豪华。如今，对于 да́ча 这个词，也有人放弃原来的意译形式，把它音译为"达恰"。

6) рубль　　　　　　　　卢布

7) ду́ма　　　　　　　　　杜马

（二）意译法

意译法就是将原词的意思表达出来。意译时，所用语言应当尽量简洁，如果需要的话，可以进行注释或套用汉语中类似的概念。

8) матрёшка　　　　　　套娃

9) борщ　　　　　　　　红菜汤

【译法分析】俄罗斯红菜汤又叫罗宋汤。"罗宋"是英语 Russian 的音译形式，罗宋汤据说是由 Russian soup（俄罗斯汤）翻译而来。

10) самова́р	俄式茶炊	
11) ру́сская печь	俄式火炉	
12) арши́н	俄尺（旧俄长度单位，1 俄尺等于 0.71 米）	
13) дурно́й глаз	毒眼（迷信说法，被毒眼看过的人会遭灾、生病）	
14) косоворо́тка	斜领衬衫（领扣在侧面的竖领男衬衫）	

㈢ 音意兼译法

音意兼译法是通过音译加上表意汉字的一种翻译方法。

15) во́дка	伏特加酒	
16) балала́йка	巴拉莱卡琴（俄罗斯民间一种三弦的三角琴）	
17) трепа́к	特列帕克舞（俄罗斯一种顿足跳的民间舞）	
18) мани́ловщина	马尼洛夫习气（指不着边际的空想，源自果戈理《死魂灵》中的人物 Мани́лов）	

二、术语的翻译

术语通常是指某一专业的专用词语，可以由一个单词构成，也可以由多个单词构成。正确翻译术语是翻译专业类文章的基础。然而，现今的专业多种多样，政治、经济、外交、法律、军事、农业、工业、交通运输、文化教育、社会科学、自然科学……每个领域都有大量的术语，并且这些术语都有相对固定的汉语译法，不可改动，所以，术语往往会给翻译带来一定的困难。当然，由于科学知识的普及，加上大众传媒的作用，也有一些术语进入我们的生活，为人们所熟知。

术语的翻译方法主要有音译、音意兼译、意译以及象译等几种，其中意译是最常见的一种。

㈠ 音译法

19) клон 克隆

克隆是指生物体通过体细胞进行的无性繁殖，以及由无性繁殖形成的基因型完全相同的后代个体组成的种群。通常是利用生物技术由无性生殖产生与原个体有完全相同基因组的后代的过程。

20) наноме́тр 纳米

纳米是长度单位，原称毫微米，就是 10^{-9} 米（十亿分之一米）。所谓纳米技术，一般指纳米级（0.1～100 纳米）的材料、设计、制造、测量等方面的技术。

21) зарин   沙林

沙林是一种致命的神经性毒气。

（二）音意兼译法

22) шовинизм   沙文主义

【译法分析】шовинизм 是一个政治术语。翻译时，词根"шовин-"被音译为"沙文"，后缀"-изм"被意译为"主义"。

小贴士

шовинизм 源于人名 Шовен（沙文，Nicolas Chauvin）。沙文是拿破仑手下的一名士兵，因获军功章而对拿破仑感恩戴德，狂热地拥护拿破仑的征服计划，鼓吹法兰西民族是世界上"最优秀的民族"，主张用暴力向外扩张，建立大法兰西帝国。沙文主义是一种极端民族主义形式，把本民族利益看得高于一切，煽动民族仇恨。如今，沙文主义也用于其他领域。沙文主义者通常对自己所在的国家、民族、团体感到过度骄傲，因此看不起其他国家、民族和团体，是一种有偏见的情绪。

23) трансген   转基因

【译法分析】трансген 是生物学术语，通常用复数形式 трансгены。翻译时，前缀"транс-"被意译为"转"，词根"ген"被音译为"基因"。

24) пастеризация   巴氏消毒法

【译法分析】пастеризация 是医学术语。巴氏消毒法是以法国生物学家巴斯德（Луи Пастер [тэ]，1822～1895）的名字命名的消毒方法，是现今世界通用的一种牛奶消毒法。在俄罗斯，牛奶的外包装上一般都印有 пастеризованное 的字样，意思就是"（利用巴氏消毒法）消过毒的"。

（三）意译法

25) валовой внутренний продукт   国内生产总值

26) коронавирус   冠状病毒

27)	произво́дный фина́нсовый инструме́нт	金融衍生品（衍生金融工具）
28)	проце́нтная ста́вка	利率
29)	подохо́дный нало́г	所得税
30)	пра́во на интеллектуа́льную со́бственность	知识产权
31)	пти́чий грипп	禽流感

小贴士

有些术语是由全民通用词汇转化而来，遇到时，要根据上下文确定它们表达的是普通意义还是专业意义。另外，同样作为术语，一个词在不同领域可能具有完全不同的含义，翻译时必须加以区分，避免张冠李戴。

（四）象译法

所谓"象译法"，就是利用表示形状的汉字或外语字母来翻译。例如：

32)	двутавро́вая ба́лка	工字梁
33)	шевро́нная шестерня́	人字齿轮
34)	тавро́вая ба́лка	丁字梁
35)	зе́товая сталь	Z 形钢
36)	U-о́бразная труба́	U 形管

三、数字的翻译

数字以及与数字有关的翻译（如世纪、年月日、星期等），看起来并不复杂，有时甚至是原文照录，但是因为疏忽大意而造成的错误却屡见不鲜。比如，把 сто двена́дцать（112）看成了 сто два́дцать（120）；把罗马数字 VI（6）看成 IV（4）或者把 IX（9）看成了 XI（11）；把 ноя́брь（11 月）当成了 сентя́брь（9 月）；把 ию́ль（7 月）看成 ию́нь（6 月）；把 среда́（星期三）当成了 четве́рг（星期四）。

有时候，原文中的数词是间接格形式，翻译时要分析清楚，不可想当然，错把 в тече́ние после́дних десяти́ тра́урных дней 中的 десяти́ 理解为"数十"（实际上就是"十"）。

为了准确表达原文中的数字，有必要了解俄语和汉语在数字表达上的异同。

首先，大数的单位不尽相同。俄语使用 тьíсяча (тыс.), миллио́н (млн.), миллиа́рд (млрд.) 等单位，而汉语则使用"千""万""亿"。翻译时，要注意汉语的表达习惯，并作正确换算。例如，"30 млн."的字面意思是"30 个百万"，即"3000 万"，不能随手译作"300 万"。

其次，在书写阿拉伯数字时，俄汉语在数字分位的方法上是相同的，即都是三位一分。分位时所使用的符号既有相同之处，即都可使用空格的方法，也有不同之处：俄语用"句点"（.）来分隔，而汉语则使用"逗号"（,）分隔。翻译时，要根据情况进行适当的转换，如俄文中出现的 28.000，译成汉语时需要写成 28,000。

最后，俄汉语中小数点的写法完全不同。俄语用的是"逗号"（,），汉语用的则是"句点"（.）。翻译时，不可照搬俄语的"逗号"，而要转换成汉语的"句点"。如果俄语原文中的数字是"5,2"，那么翻译成汉语后应当写成"5.2"。

一 数量增减的翻译

数量增减涉及自然数、百分数、分数等方面的增加和减少。

1. 数量的增加

数量的增加存在两种基本情形：一是净增，二是增加后的结果。

俄语在表达净增的概念时，通常使用诸如 увели́чиваться на ско́лько (ско́лько проце́нтов) 这样的表达方法，译成汉语，则是"增加了多少（百分之多少）"。

37) Разрабо́танные МГЭИК прогно́зы пока́зывают, что к 2100 го́ду среднегодова́я глоба́льная температу́ра во́здуха **повы́сится на 1 – 3,5℃**, глоба́льный сре́дний у́ровень мо́ря **повы́сится на 15 – 95 см.**

政府间气候变化专门委员会的预测显示，到 2100 年前，全球年平均气温<u>将升高 1~3.5℃</u>，全球平均海平面将升高 15~95 厘米。

【原文释疑】

среднегодово́й：全年平均的。

【译法分析】上例中，МГЭИК 是缩略语，指 Межправи́тельственная гру́ппа экспе́ртов по измене́нию кли́мата（政府间气候变化专门委员会）。另外，原文中的"3,5"翻译成汉语后，要注意汉语小数点写法上的不同。

38) Когда́ вы бы́ли премье́ром, объём товарооборо́та с Росси́ей за́ год **увели́чился на 27 проце́нтов**.

您当总理时，同俄罗斯的贸易额一年增加了 27%。

【原文释疑】

товарооборо́т：贸易额。

【译法分析】上例中，黑体字部分也可译作"增加了 27 个百分点"。

39) В про́шлом году́ в Росси́и бы́ло похи́щено поря́дка 42,5 ты́сячи автомоби́лей, что **на 20 проце́нтов бо́льше, чем в 2003 году́**.

去年，俄罗斯约有 42,500 辆汽车被盗，比 2003 年多了 20%。

【原文释疑】

похи́щено：похи́тить（偷走、窃去）的被动形动词短尾形式。поря́дка：поря́док 的二格形式，与计算单位、测量单位连用，意思是"大致、大约、将近"。

40) Де́ло в том, что в настоя́щее вре́мя и́мпорт в США **на 1/3 превыша́ет** экспорт.

原因是现在美国的进口比出口高三分之一。

【译法分析】上例是分数的增加，译法与百分数的译法完全相同。

在表达增加后的结果时，俄语通常使用诸如 увели́чиваться до ско́льких (ско́льких проце́нтов)这样的表达方法，翻译成汉语，就是"增加到多少（百分之多少）"的意思。

41) Одна́ко в понеде́льник сто́имость е́вро вновь **подняла́сь почти́ до $1,33**.

然而在星期一，1 欧元的价值重新升至近 1.33 美元。

【原文释疑】

е́вро：欧元。

42) Официа́льный курс е́вро **повы́сили** на 1 рубль 34,12 копе́йки **до 86,2532 рубля́**.

欧元的官方汇率涨了 1 卢布 34.12 戈比，涨到了 86.2532 卢布。

【原文释疑】

официа́льный курс 是术语，意思是"官方汇率"。

2. 数量的减少

数量的减少也有两种基本情形：一是净减少的部分，二是减少后的结果。

俄语在表达净减少的概念时，通常用 уменьша́ться на ско́лько (ско́лько проце́нтов) 来表示，译成汉语，就是"减少了多少（百分之多少）"。

43) Анали́тики прогнози́ровали, что число́ безрабо́тных **сни́зится** лишь **на 15 тыс. челове́к**, а у́ровень безрабо́тицы соста́вит 10,3 проц.

分析人士预测失业人数将仅仅减少 1.5 万，失业水平将是 10.3%。

【原文释疑】

безрабо́тный：［用作名词］失业者，失业工人。"проц."是缩略语，指проце́нт。

44) В Росси́и в ны́нешний ле́тний сезо́н **на 10 – 20% сни́зились** це́ны на я́годы и фру́кты – наприме́р, чере́шня **подешеве́ла на 10 – 15%** в сравне́нии с 2019 го́дом, пе́рсики и нектари́ны – **на 10%**, а арбу́зы и ды́ни – **на 10 – 20%**.

俄罗斯今年夏季的浆果和水果价格下降了 10%~20%。例如，欧洲甜樱桃比 2019 年便宜了 10%~15%，桃子和油桃便宜了 10%，西瓜和甜瓜便宜了 10%~20%。

【原文释疑】

сезо́н：季节。чере́шня：欧洲甜樱桃。нектари́н：油桃。

45) Всего́ за ме́сяц до́ллар **подешеве́л на шесть проце́нтов** про́тив фу́нта, **на пять** – по отноше́нию к е́вро, **на четы́ре** – про́тив швейца́рского фра́нка и австрали́йского до́ллара.

仅仅在一个月之内，美元兑英镑就下跌了 6%，兑欧元下跌了 5%，兑瑞士法郎和澳元下跌了 4%。

【原文释疑】

фунт：镑。швейца́рский франк：瑞士法郎。австрали́йский до́ллар：澳元。

46) Населе́ние Росси́и **сократи́тся на треть** к середи́не э́того столе́тия, в са́мой большо́й стране́ ми́ра к 2050 году́ бу́дут прожива́ть о́коло 100 миллио́нов челове́к.

到本世纪中叶，俄罗斯人口将减少三分之一。到 2050 年，这个世界上最大的国家将大约只有 1 亿人口。

【译法分析】上例中，са́мая больша́я страна́ ми́ра 与 Росси́я 的所指对象完全相同，属于广义同义词。翻译时，在"世界上最大的国家"前加上"这个"二字，有利于前后句的连贯。

要表达减少后的结果，俄语通常用 уменьша́ться до ско́льких (ско́льких проце́нтов) 来

表示，译成汉语，则是"减少到多少（百分之多少）"。

47) Торго́вый дефици́т в сентябре́ **сни́зился до 51,6 млрд. до́лларов**.

9 月份的贸易赤字<u>降至 516 亿美元</u>。

【原文释疑】

　　"млрд." 是 миллиа́рд（10 亿）的缩略语形式。

48) С нача́ла го́да и́ндекс РТС **сни́зился с 566 до 553 пу́нктов**.

从年初起，俄罗斯交易系统指数<u>由 566 点降到了 553 点</u>。

【原文释疑】

　　РТС 指 Росси́йская торго́вая систе́ма（俄罗斯交易系统）。

49) И за э́тот же отре́зок вре́мени его́ ре́йтинг **упа́л с 53 до 49 проце́нтов**.

也就是在这段时间里，他的支持率也<u>由 53% 跌至 49%</u>。

【原文释疑】

　　ре́йтинг 源于英语 rating，指"支持率"。отре́зок：一段。

50) По́сле ма́ртовского **обва́ла с $8,1 тыс. до $3,8 тыс.** курс битко́ина восстанови́лся в тече́ние полу́тора ме́сяцев.

经历了 3 月份<u>从 8,100 美元暴跌到 3,800 美元</u>后，比特币的汇率在其后一个半月内得到了恢复。

【原文释疑】

　　обва́л：崩塌，塌方。битко́ин：比特币（bitcoin）。

51) Ста́вка нало́га на при́быль **уме́ньшилась с 48 до 34 проце́нтов**.

利润所得税的税率已<u>由 48% 降到 34%</u>。

【原文释疑】

　　ста́вка нало́га 是术语，指"税率"。нало́г на при́быль 也是术语，指"利润所得税"。

（三）倍数增减的翻译

1. 倍数的增加

俄语在表达倍数的增加时，通常用 увели́чиваться во ско́лько раз 来表示，译成汉语，有两种方法：一是"增加到 ско́лько 倍"，表示增加后的结果；二是"增加了（ско́лько −1）倍"，表示净增加的部分。需要注意的是，如果实际增加的结果不到一倍，翻译时往往要用百分数来表示。

52) С 1999 гóда прода́жи на́ших продово́льственных това́ров на зарубéжных ры́нках **вы́росли в три ра́за**.

1999 年以来，我国粮食产品在国外市场的销售量增加了 2 倍。

【译法分析】上例中，вы́расти в три ра́за 的意思是"增加为原来的 3 倍"，即"增加了 2 倍"。这里的 раз 不是"次数"，而是"倍"。

53) Из Вологóдчины ежегóдно в Вооружённые Си́лы призыва́ются 2,5 ты́сячи новобра́нцев, что **в шесть раз бóльше**, чем даёт Москва́.

沃洛格达州每年有 2,500 名新兵应征入伍，是莫斯科的 6 倍。

【原文释疑】

　　Вологóдчина 指的是 Вологóдская óбласть（沃洛格达州）。новобра́нец：新兵，新入伍者。

【译法分析】в шесть раз бóльше 当中虽然有 бóльше，但是不能理解为"多 6 倍"。正确的理解是比莫斯科多。具体是多少呢？是莫斯科的 6 倍，也就是说，比莫斯科多 5 倍。

54) Акции самогó "Газпрóма" **вы́росли** в э́том годý практи́чески **вдвóе**.

天然气工业公司自身的股份今年实际增长了 1 倍。

【原文释疑】

　　这里表达倍数的手段是 вдвóе，意思与 в два ра́за 完全相同。

【译法分析】当增加的结果是原来数量的 2 倍、4 倍、8 倍时，汉语在表达时可以用"番"这个量词：翻一番、翻两番、翻三番，所以上句中的 вы́росли вдвóе 也可译成"翻了一番"。另外，句中的 Газпрóм 指俄罗斯天然气工业公司。Газпрóм 是公司名称，俄语必须加引号（кавы́чки），翻译成汉语后，通常要去掉引号。

55) Если план Ми́ллера бýдет приведён в исполнéние, цéны на газ ра́зом **взлетя́т ра́за в полтора́**.

米勒的计划一旦付诸实施，天然气价格会一下子飙升近 50%。

【原文释疑】

　　Ми́ллер 是俄罗斯天然气工业公司（Газпрóм）的总裁，全名是 Алексéй Бори́сович Ми́ллер。

【译法分析】上例中，增长后的倍数为 0.5，而汉语通常不说"增长了 0.5 倍"，而说"增长了 50%"。因此，遇到这种情况，要用百分数表达。páза в полтора́ 是约数，表示"将近"。

需要注意的是，如果增加的倍数是由 миллио́н 等非常大的数字表示的，翻译时可不必考虑是增加后的结果还是净增加的部分，直接保留原文的数字就可以了。

2. 倍数的减少

在数字翻译中，倍数的减少最为复杂。这是因为俄语可以直接说 уменьша́ться во ско́лько раз，汉语通常却不能说减少多少倍，而说减少了几分之几或百分之多少，所以翻译时需要进行换算。俄语倍数减少的翻译，有两种表达方法：一是"减少到 1/ско́лько"，二是"减少了(ско́лько −1)/ ско́лько"。

56) В результа́те коли́чество предприя́тий-должнико́в **уме́ньшилось в 8 раз**, а чи́сленность рабо́тников, несвоевре́менно получа́ющих за́работную пла́ту — **в 9 раз**.

结果，负债企业的数量减少到原来的八分之一，不能及时领到工资的员工的数量减少到原来的九分之一。

【原文释疑】

должни́к：债务人，负债者，债户。предприя́тие-должни́к 指"负债企业"。

57) Сего́дня же на́ши поста́вки на За́пад вы́росли до 40 проце́нтов, а в Росси́ю — **сократи́лись в три ра́за**.

如今，我们对西方的出口增至 40%，而对俄罗斯的出口却减少了三分之二。

58) Показа́тели ро́ста добы́чи не́фти и га́за в Росси́и бу́дут в теку́щем году́ почти́ **в четы́ре ра́за ни́же**, чем год наза́д.

今年，俄罗斯石油与天然气开采的增长幅度将比去年低将近 75%。

【译法分析】上例中，в четы́ре ра́за ни́же 也可译作"低四分之三"。

59) По́сле тера́ктов 11 сентября́ 2001 г. кру́пные авиакомпа́нии США **сни́зили** це́ны [на авиабиле́ты] **в 4-5 раз**.

2001 年"9·11"恐怖袭击事件后，美国一些大的航空公司将机票价格降低了 75%～80%。

【原文释疑】

теракт：террористический акт，恐怖行为。

【译法分析】如果把"снизили ... в 4-5 раз"译成分数形式"降低了四分之三至五分之四"，显得不很直观，不如统一用百分数形式。

60）С первого сентября 2005 года в России началось плавное снижение цен на Интернет: ожидается, что в течение двух лет трафик **подешевеет примерно в десять раз**.

2005 年 9 月 1 日起，俄罗斯开始逐步调低上网费用，预计两年内上网会便宜近九成。

【原文释疑】

подешеветь：落价，跌价。Интернет [тэ，нэ]：因特网，互联网。трафик：源自英语 traffic，意思是"流量"。

【译法分析】上例中，подешевеет примерно в десять раз 也可译作"便宜近90%"。不过，汉语中也有"成"的说法，一成就是十分之一（10%），所以，"便宜近90%"也就是"便宜近九成"。

⚠ 本讲结语

特有事物具有鲜明的民族文化色彩，不管使用哪种翻译方法，都应当确保读者对所译特有事物有大体了解，所以，译者应当根据读者的情况，必要时作适当的注释。

术语是翻译专业类文章的基础，术语的译法通常都是固定的。遇到不熟悉的领域，应当先了解相关专业知识，再借助专业词典，以便正确翻译有关术语。

遇到数量与倍数的增减，理解原文时要特别注意 на、до 和 в 这三个不同的前置词，而在汉语表达时，应当注意"了"与"到"字的不同。前置词 на 通常用于表达净增或净减的概念，汉语可译为"增加（减少）了……"。前置词 до 一般用于表达增加或减少后的结果，汉语可译作"增加（减少）到……"。前置词 в 与 раз 连用，表达倍数增减，翻译时稍微复杂一些：表达倍数增加时，汉语既可译作"增加到原来的 N 倍"（N 指原文中的数字），也可译作"增加了(N − 1)倍"；表达倍数减少时，需要进行换算，可译作"减少到 1/N"，也可译作"减少了(N − 1)/N"。

> 无论是翻译数字本身，还是翻译数量增减或倍数增减，都需要认真仔细，并且立刻进行校对。必要时，还可通过回译的方式，确认译文是否正确。比方说，你的译文是"11 月"，那就问一下自己："11 月"俄语怎么说？ноя́брь。再看一下原文，如果原文就是 ноя́брь，那就确保没错了。

翻译练习参考答案

1. 将下列特有事物名称翻译成汉语，必要时请加注解释。

1)	пуд	普特（旧俄重量单位，1 普特等于 16.38 公斤）
2)	меньшеви́к	孟什维克
3)	копе́йка	戈比
4)	бая́н	巴扬（键钮式手风琴）
5)	домово́й	家神（迷信观念，类似灶神）
6)	колхо́з	集体农庄
7)	изба́	俄罗斯木屋
8)	блин	俄式发面煎饼
9)	обло́мовщина	奥勃洛莫夫性格（指懒散无为、萎靡不振的性格，源自冈察洛夫长篇小说《Обло́мов》中的主人公 Обло́мов）
10)	анто́новка	安东诺夫卡苹果（一种晚熟苹果）
11)	хохлома́	霍赫洛玛装饰画木器（俄罗斯民间工艺品，画面以金色为底色，绘有红色和黑色的植物装饰图案）

2. 将下列术语翻译成汉语。

1)	нейло́н	尼龙
2)	рада́р	雷达
3)	бабби́т	巴氏合金

说明：又译"巴比合金"。巴氏合金是一种具有减摩特性的铅基和锡基轴承合金，因由美国人巴比特（Isaac Babbitt）发明而得名。

4) гено́м   基因组

    说明：生物学术语，也译作"染色体组"。"基因组"是音意兼译法的结果，"染色体组"则是意译法的结果。

5) рентге́новы лучи́   伦琴射线（X 射线）

6) не́рвный и́мпульс   神经冲动

7) си́напс   突触

8) астеро́ид   小行星

9) кита́йская мечта́   中国梦

10) золото́й парите́т   金平价

11) учётная ста́вка   贴现率

12) больши́е да́нные   大数据

13) о́блачные вычисле́ния   云计算

14) иску́сственный интелле́кт   人工智能

15) стропи́льная ба́лка   人字梁

16) крестообра́зный трубопрово́д   十字管

17) коро́бчатая сталь   U 形钢

    说明：也可译作"槽钢"。

18) Т-о́бразное соедине́ние   T 形连接

3. 下面是一种巧克力的配料，将它翻译成汉语。

    Соста́в: кака́о тёртое, са́хар, кака́о-ма́сло, эмульга́тор (лецити́н), ароматиза́тор (ванили́н).

    配料：可可粉，糖，可可脂，乳化剂（卵磷脂），增香剂（香兰素）。

4. 将下列各句翻译成汉语，注意数量增加的表达。

1) В пери́од с января́ по а́вгуст число́ турпое́здок по всему́ ми́ру соста́вило 526 миллио́нов, что **на 12 проце́нтов бо́льше**, чем за аналоги́чный пери́од 2003 го́да.

    1~8 月，全球旅游人数达 5.26 亿，比 2003 年同期高出 12%。

    说明：турпое́здка 的意思是"旅游"。注意"526 миллио́нов"的翻译换算。

2) Це́ны на газ в 2006 году́ должны́ **вы́расти** лишь **на 6%**, а **не на 20%**.

2006 年，天然气价格应当仅涨 6%，而不是 20%。

说明：在翻译数量时，要注意约数、限定语等。这句中有一个 лишь，翻译时要准确表达出来。

3) По итóгам мéсяца номинáльный курс éвро к рублю́ **вы́рос на 1,8%**.

这个月，欧元对卢布的名义汇价上升了 1.8%。

说明：номинáльный курс 是一个术语，意思是"名义汇价"。

4) Соглáсно запи́ске, бензи́н зá год дóлжен **подорожáть на 5 – 8**, а продовóльственные товáры — **на 11 – 12,5 процéнтов**.

根据这份报告，一年内汽油的价格应涨 5%～8%，而食品则应涨 11%～12.5%。

5) Греф сообщи́л президéнту, что ВВП Росси́и в февралé э́того гóда **вы́рос на 5,2 процéнта** по сравнéнию с февралём прóшлого гóда, а за пéрвые два мéсяца 2005 гóда — **на 4,4 процéнта** по сравнéнию с аналоги́чными прошлогóдними показáтелями.

格列夫向总统报告说，同去年 2 月份相比，今年 2 月份俄罗斯的国内生产总值增加了 5.2%，而 2005 年头两个月则比去年同期增加了 4.4%。

说明：句中 ВВП 指 валовóй внýтренний продýкт（国内生产总值）。

6) Курс éвро **подня́лся до 1 дóллара 35 цéнтов** на мировóм валю́тном ры́нке и **до 37 рублéй 60 копéек** — в Росси́и.

欧元的汇率在世界外汇市场上升至 1.35 美元，在俄罗斯升至 37.60 卢布。

7) Нóчью температýра вóздуха бýдет **поднимáться до 8 – 11 грáдусов**, а днём — до ýровня 16 – 18 грáдусов теплá.

夜间气温将升到零上 8～11 度，白天将升到 16～18 度。

8) Товарооборóт мéжду Áзией и други́ми региóнами ми́ра **увели́чился с 1,5 трлн. долл. США до 4,8 трлн. долл. США**.

亚洲同世界其他地区贸易额从 1.5 万亿美元增长到 4.8 万亿美元。

9) Напрóтив, торгóвый дефици́т США **вы́рос** в ноябрé на 7,7% по сравнéнию с октябрём, **до** рекóрдных **60,3 млрд дóлларов**.

相反，美国 11 月份的贸易赤字比 10 月份增加了 7.7%，达到创记录的 603 亿美元。

说明：上句既有净增，也有增加后的结果，既有大数"60,3 млрд"的转换，又有小数点的转换，注意译法准确和表达规范。

5. 将下列各句翻译成汉语，注意数量减少的表达。

1) В результа́те то́лько во Вьетна́ме коли́чество дома́шней пти́цы **сократи́лось на 17 проце́нтов**.

结果仅在越南，家禽的数量就<u>减少了 17%</u>。

2) Покупа́тельная спосо́бность нали́чных е́вро **сни́зилась на 8,08%**.

欧元现金购买力<u>下降了 8.08%</u>。

3) А с учётом измене́ния потреби́тельских цен в Росси́и и США ... реа́льно рубль **подешеве́л на 0,19%**.

然而考虑到俄罗斯和美国消费价格的变化，……卢布实际<u>便宜了 0.19%</u>。

4) "Уже́ к концу́ го́да сре́дние [проце́нтные] ста́вки по ры́нку мо́гут **упа́сть до 7%**, а в ближа́йшие 1,5–2 го́да — **до 5%**".

"到了年底，市场平均利率就会<u>降到 7%</u>，而再过一年半到两年，则会<u>降到 5%</u>。"

说明：проце́нтная ста́вка 是术语，指"利率"。

5) Но́чью температу́ра во́здуха бу́дет **опуска́ться до ми́нус 5–10 гра́дусов**.

夜间的气温将<u>降到零下 5～10 度</u>。

6) Объём э́кспорта америка́нских това́ров **уме́ньшился** в ноябре́ на 2,3% по сравне́нию с октябрём, **до 95,6 млрд**.

11 月，美国商品出口额比 10 月份<u>降低了 2.3%</u>，<u>降至 956 亿美元</u>。

说明：这句话的翻译既有净减，又有减少后的结果；既有大数"95,6 млрд."的换算，也有小数点的转换。注意译法上的不同。

6. 将下列各句翻译成汉语，注意倍数增减的表达。

1) Зарпла́ту милиционе́рам необходи́мо **повы́сить в шесть раз**.

民警工资有必要<u>提高 5 倍</u>。

2) Сре́дняя сто́имость моби́льного телефо́на в ноябре́ по сравне́нию с предыду́щими ме́сяцами **вы́росла в 5,7 ра́за** — с 24 до 138 до́лларов.

11 月，手机的平均价格比前几个月<u>上涨了 4.7 倍</u>，从 24 美元涨到了 138 美元。

说明：这里既有倍数增加，也有数量增加后的结果。

3) Вчера́ бы́ло постановле́ние прави́тельства, всё **доро́же** для кооперати́вов **в три ра́за**.

昨天政府颁布命令，对合作社来说，所有东西<u>涨了 2 倍</u>。

说明：доро́же в три ра́за 的意思是"涨到原来的 3 倍"，即"涨了 2 倍""贵了 2 倍"，不能理解成"贵了 3 倍"。

4) За во́семь лет (с 1996 по 2003 го́ды) о́бщая пло́щадь, засе́янная трансге́нными проду́ктами, **возросла́ в 40 раз**.

8 年内（1996～2003 年），转基因产品的种植总面积扩大到原来的 40 倍。

说明：трансге́нный 的意思是"转基因的"。另外，如果把 возросла́ в 40 раз 翻译成"扩大了 39 倍"，虽然没什么错误，但原文是个整数，译文最好也保留整数，译成"扩大到原来的 40 倍"。

5) Ты же понима́ешь, что невозмо́жно произво́дство за три го́да **удво́ить**.

你也明白，3 年内生产不可能翻一番。

说明：удво́ить 的意思是"使加倍、使增加一倍"，所以既可以译成"增长 1 倍"，也可译作"翻一番"。

6) Це́ли на́шей борьбы́ состоя́т в том, что́бы к 2020 го́ду **удво́ить** ВВП и сре́дний дохо́д на ду́шу городско́го и се́льского населе́ния по сравне́нию с показа́телями 2010 го́да...

我们的奋斗目标是，到 2020 年国内生产总值和城乡居民人均收入在 2010 年的基础上翻一番……

7) В той же Шри-Ла́нке годовы́е расхо́ды на страхова́ние составля́ют 7 до́лларов на ду́шу населе́ния, что почти́ **в 300 раз ме́ньше**, чем в США.

就拿斯里兰卡来说，该国每年人均保险费为 7 美元，差不多只是美国的三百分之一。

说明：Шри-Ла́нка 是国名，指"斯里兰卡"。расхо́ды 指"支出、开支"。страхова́ние 的意思是"保险"。

8) Уже́ сейча́с он [Кита́й] тра́тит на ко́смос до 3 млрд. до́лларов в год — **в 5 раз ме́ньше**, чем США, зато́ в 10 раз бо́льше, чем Росси́я.

如今，中国的航天投入每年已达 30 亿美元，是美国的五分之一，却是俄罗斯的 10 倍。

说明：这句话的翻译既有倍数的增加，也有倍数的减少，注意译法上的区别。

9) В связи́ с жела́нием Украи́ны вступи́ть во Всеми́рную организа́цию торго́вли тамо́женная по́шлина бу́дет **сни́жена в 8 раз**.

由于乌克兰想加入世界贸易组织，所以关税将降低 87.5%。

说明：如果把 сни́жена в 8 раз 译作"降低八分之七"，稍显别扭，所以有必要转换成百分数的形式"降低 87.5%"。另外，原句中的 Всеми́рную организа́цию торго́вли 是专有名词，指"世界贸易组织"；тамо́женная по́шлина 是术语，意思是"关税"。

10) Как отме́тил Э. Ро́ссель, из-за измене́ний в нало́говом законода́тельстве расхо́ды на доро́жное строи́тельство **сократи́лись в 4 ра́за**.

正如 Э.罗塞尔指出的那样，由于税收法有变，道路建设资金减少了 75%。

11) Наприме́р, на Хаса́нской тамо́жне сбо́ры **упа́ли в 6 раз**, на Владивосто́кской — **почти́ в 10 раз**.

例如，哈桑海关的税收下降了约 83%，符拉迪沃斯托克海关的税收下降了近 90%。

说明：хаса́нский 是地名 Хаса́н（哈桑）的形容词，Хаса́нская тамо́жня（哈桑海关）在俄罗斯远东。这句话中有两个倍数减少情形。单独看来，упа́ли в 6 раз 可译作"下降了六分之五"；упа́ли почти́ в 10 раз 带约数，可译作"下降了近十分之九"。但是这两个分数表达放在一起，对比不很直观，所以不妨统一译成百分数形式。不过，5/6 除不尽，所以可以根据实际需要，带上一位或两位小数，或者直接加上"约"字，译作"约 83%"。

词义的确定与引申

🔝 本讲导言

前面 3 讲介绍了意义相对单一的词汇的翻译。这一讲我们讨论多义词的翻译。一词多义是语言中普遍存在的现象。在多义词的翻译中，我们将分析词义确定、词义引申这两个基本问题。

💡 课前思考

1. 普希金有一篇小说，名为《Капита́нская до́чка》，有人把它翻译成《船长的女儿》，也有人把它翻译为《大尉的女儿》。要知道，капита́н 既可以是"船长"，也可以是"大尉"。你认为哪个译法是正确的呢？依据是什么？

   解答：正确的译法是《大尉的女儿》，其依据是这部小说的内容。具体的解释可见"技法学习"中的例 3。

2. 什么是属概念和种概念？哪个概念的外延更大？指出 кре́сло、стул 和 ме́бель 之间的属种关系。

   解答：属概念是上位概念，指具有从属关系的两个概念中外延较大的概念；种概念是下位概念，指具有从属关系的两个概念中外延较小的概念。可见，属概念的外延更大。相对而言，ме́бель 是属概念，стул 是种概念，但在 стул 和 кре́сло 这两个概念中，стул 成了属概念，кре́сло 则是种概念。

3. столи́ца Росси́и 可以翻译成"俄罗斯首都"，那复数形式 столи́цы Росси́и 该怎么译呢？

   解答：翻译 столи́цы Росси́и 时，需要将复数形式的 столи́цы 具体化为"莫斯科和彼得堡"。详见"技法学习"中的例 19。

4. 俄语中有很多表示女性的名词,如студéнтка、соседка、чемпиóнка、продавщúца、идиóтка 等。这些词语翻译成汉语后,都必须带"女"字吗?

解答:通常不必。具体原因可见"技法学习"中的例 21。

📖 技法学习

一、在上下文中确定词义

词义确定是翻译的基础,指的是在上下文中确定一个多义词的具体含义。在确定词义时,上下文非常重要。不过,上下文的范围并不是固定的,它可能只涉及某个词所在的句子,可能涉及相邻的句子,也可能涉及若干个段落,还可能涉及整个作品。

1) **Дéйствие** литерату́рного произведéния растяну́лось бы на мнóгие гóды. Но жи́вопись располагáет лишь одни́м мгновéнием, чтóбы рассказáть о жи́зни людéй, раскры́ть их вну́тренний мир.

[译文一]※文学作品<u>效用</u>可以持续很多年,而画只需要一瞬间就可以讲述人民的生活,揭示他们的内心世界。

[译文二]文学作品中的<u>情节</u>可以持续很多年,而绘画只有一个瞬间来讲述人们的生活,展现他们的内心世界。

【译法分析】дéйствие 这个词有多个义项,既有译文一所理解的"效用""影响",也有译文二所理解的"(文艺、戏剧中的)情节"。上例中,单就前一句而言,把 дéйствие 译成"效用"和"情节"虽然意思不同,但似乎都能讲得通。然而读完第二句,我们会发现,原文是在对比文学作品和绘画在表现手法上的区别,指出绘画的表现时间只有一瞬间。这样看来,前一句当中的 дéйствие 就不是"效用"了,而应当是另一个意思,即"情节"。

2) Онá отвечáла мне безо вся́кой рóбости, **как** дéвушка, ви́девшая свет. (А. Пушкин, *Станционный смотритель*)

[译文一]※她是一位见过世面的姑娘,回答我的话毫不羞怯。

[译文二]她回答我的话一点也不羞怯,<u>很像</u>一个见过世面的大姑娘。

(**力冈 译**)

【原文释疑】

这里 свет 的意思不是"光",而是"上流社会(资产阶级贵族社会)"。

【译法分析】上例中,как 是有歧义的:"как де́вушка, ви́девшая свет"既可以理解为 она́ 的同位语,表示被说明词 она́ 以什么身份做什么事;也可以理解成比较短语,即把 она́ 比喻成某种人。如果只看这句话,这个歧义是无法消解的。这句话出自普希金的小说《驿站长》,句中的 она́ 是驿站长的女儿杜尼娅(Ду́ня),一个约莫 14 岁的小姑娘,后来被一个骠骑兵军官拐走了。小说中,在"我"认识杜尼娅之前,她一直跟着父亲生活在驿站里,与外界没什么交往。有了这些情节和上下文做支持,我们可以断定,上句中,как 连接的应该不是同位语,而是比较短语,所以译文二才是正确的理解。

在确定多义词的词义时,上下文有时涉及整个作品乃至作品内容之外的文化语境。这一点常常体现在作品名称的翻译上。例如:

3)《**Капита́нская до́чка**》

[译文一]※《*船长的女儿*》

[译文二]《*大尉的女儿*》

【译法分析】《Капита́нская до́чка》是普希金的一篇小说。如果没读过这篇小说,就很难确定小说名称中 капита́нский 这个词是"船长的"还是"大尉的"。不过,只要看了小说,就会知道,这个 капита́н 是白山要塞司令,名叫伊万·库兹米奇·米罗诺夫(Ива́н Кузми́ч Миро́нов),从来不开什么船,所以不可能是"船长",而应当是"大尉"。

小贴士

由于历史的原因,《Капита́нская до́чка》的通译名是《上尉的女儿》。

通过上面几个例子可以看出,要确定多义词的词义,必须依赖上下文,并且上下文的范围有大有小,小到一个句子,大到整部作品。

二、词义的确定

对于十分熟悉的多义词,词义的确定是瞬间、自动完成的,通常不需要推敲。比如，大家都认识 театр 这个词，知道它有"戏剧""剧团、剧班（指组织、机关）"
"剧院、戏院（指场所）"等不同的意思，所以看到下面三个句子，便能立刻确定各句
中 театр 的具体含义。

4) Тем не менее Варвара Павловна прилежно посещала **театры**. (И. Тургенев, *Дворянское гнездо*)

瓦尔瓦拉·帕夫洛夫娜却照样不辞辛劳地出入各家<u>剧院</u>。（磊然 译）

5) Видимо, пьеса вошла в историю **театра** периода Отечественной войны.

看来，这个剧本写进了卫国战争时期的<u>戏剧</u>史。

6) Оперный **театр** так и не приехал.

<u>歌剧团</u>到底还是没来。

然而，在遇到生词时，词义确定的过程就显现出来了。译者需要查词典，并根据词
语所在的上下文，在多个义项中选择恰当的义项。例如：

7) Василёк повесил свою голову: пёстрая **сильфида** отдыхает на нём. (Н. Карамзин, *Деревня*)

矢车菊垂下了头：一只很花的埋葬虫憩息在上面。

【原文释疑】

василёк：矢车菊。повесить голову 在这里用作直义"垂下头"，而不是用
作成语义"垂头丧气、悲观失望"。

【译法分析】上例中，如果 сильфида 是个生词，那就需要查词典。сильфида 有
两个义项："（克尔特和日耳曼神话中的）气仙女，女气精"；"［复］埋葬虫
科"。由于上例是现实景象的描写，所以 сильфида 在这儿的意思应当是"埋葬
虫"，不能选择"气仙女、女气精"这个义项。

即便翻开词典，查到所要找的生词，也有必要把每个义项都看一看，然后从中选择
最恰当的义项。不能差不多就行，更不能只选第一个义项。例如：

8) А моло́денький комисса́р то подтя́гивался на рука́х в проём подоко́нника, то с него́
соска́кивал и, как запу́щенный **волчо́к**, ни на мину́ту не умолка́я и всё вре́мя
дви́гаясь, ма́ленькими ча́стыми шага́ми расха́живал по кабине́ту. (Б. Пастернак, *Доктор Живаго*)

［译文一］※年轻的政委一会撑着窗台，一会儿又跳下来，像是一头刚出洞的<u>狼
崽</u>，一刻也不停歇，踏着细碎的脚步在屋子里走来走去。

［译文二］那位年轻的政委，一会儿双手撑着跳上窗台，一会儿又跳下来，像个打旋儿的陀螺在办公室急匆匆地转来转去。（顾亚铃、白春仁 译）

【译法分析】волчо́к 一词有很多个意思："волк 的指小""（儿童玩具）陀螺""（牢房门上的）监视孔""陀螺仪"等。译文一的理解是"волк 的指小"，即"狼崽"。不过，这样理解并不准确，准确的理解应当像译文二那样，是"（儿童玩具）陀螺"，而 запу́щенный 是 запусти́ть 的被动形动词，在这儿表达"被开动的""被发动的"意思。

为了确定一个词的词义，有时需要耐心地查阅词典，着急不得。例如：

9) До настоя́щего вре́мени **предполага́лось**, что ви́рус не спосо́бен поража́ть челове́ка.

如果不认识 предполага́лось 这个词，那就得查词典。大家都知道，предполага́лось 是动词 предполага́ться 的过去时形式，那就查 предполага́ться 这个词。根据《大俄汉词典》（商务印书馆，2001 年版），这个词有两个义项，具体解释如下：

предполага́ться, -а́ется［未］❶［也用无人称］在打算中，在计划中，在拟议中，预计。Заседа́ние предполага́ется устро́ить ве́чером. 会议打算在晚间召开。Рабо́ты на аэродро́ме предполага́лось зако́нчить лишь че́рез неде́лю. 机场的工程预计一周后完成。Собы́тия развива́ются быстре́е, чем предполага́лось. 事件发展得比预料要快些。❷ предполага́ть 的被动。

第一个义项显然不符合上下文的意思，第二个义项并没有明确的解释，需要再查 предполага́ть。предполага́ть 在词典上有三个义项，具体如下：

предполага́ть, -а́ю, -а́ешь［未］❶ 见 предположи́ть. ❷（接不定式）打算，拟，计划（做某事）。Предполага́ю за́втра вы́ехать. 我打算明天动身。❸〈转〉（что 或接补语副句）先要有，要以……为前提，要有……条件。Э́та рабо́та предполага́ет большо́й о́пыт. 做这项工作必须有丰富的经验。По́льзование э́тим словарём предполага́ет зна́ние грамма́тики. 使用这部辞典必须先有语法知识。

第一个义项也没有明确的解释，那就先看第二和第三个义项。第二个义项是"（接不定式）打算、拟、计划（做某事）"，原句中的 предполага́лось 是独立使用的，没有接不定式，而且"打算、计划"这个意思在这儿也说不通。第三个义项"先要有、要以……为前提、要有……条件"也不符合原句的意思。看来，还得回到第一个义项："见 предположи́ть"，所以还需要查一查 предположи́ть。

предположи́ть, -ожу́, -о́жишь; -о́женный［完］❶ что 假定，假设；推测；认为可能

是. Врач предположи́л у ребёнка скарлати́ну. 医师认为孩子可能得了猩红热。Мо́жно с достове́рностью предположи́ть, что ... 可以有把握地认为…… ❷ **предполо́жим** [用作插入语] 假设这样，即便如此。Предполо́жим, что ты прав. 就算你是对的。❸ **предполо́жим** [用作语气词] 也许是。—Ты опя́ть ухо́дишь? — Предполо́жим. "你又要走了？" "也许吧"。‖ 未 **предполага́ть**, -*áю*, -*áешь*.

第一个义项"假定、假设""推测""认为可能是"中，后两个释义就符合原句上下文的意思，只要把这两个意思转成被动形式就可以了。不过，为了保险起见，有必要看一下第二和第三个义项。这两个用法都是 предположи́ть 自身变位形式 предполо́жим 的固定用法，或者用作插入语，或者用作语气词，与 предполага́лось 显然没什么关系，原句中的 предполага́лось 是作谓语的。直到这时，我们才可以确认，上例中，предполага́лось 的基本含义是"被推测"或者"被认为可能是"，全句可翻译如下：

　　此前的推测是病毒不会感染人。

当然，有的词在传统的纸质词典或电子词典上查不到。这些词大都是新词。如果一个新词是复合词，可以分析它的构成，试着将它的意义合成出来，再利用网络资源进行验证。如果这个新词不是复合词，那就完全依赖网络资源了。例如：

10) Кита́йцы научи́ли **нейросе́ть** превраща́ть речь в пе́ние.

本例句中的 нейросе́ть 在一般的词典上是查不到的。不过，稍加分析便可看出，这个词由两部分构成：一是 нейро，词典上对它有解释：它用于构成复合词的第一部分，表示"神经"；二是 сеть，这是个常见词，意思是"网络"。所以 нейросе́ть 的意思应该是"神经网络"。当然，合成出这样的意思后，还需要通过这句话所在的上下文中去检验，最好还要通过网络查证一下是否准确。上例可以翻译如下：

　　中国人让神经网络学会把说话变成唱歌。

11) В ШАНХАЕ **ДРОНЫ** УСТРОИЛИ ПРЕДСТАВЛЕНИЕ

本例句是一则新闻的标题，当中的 дро́ны 可能是一个陌生的词语。它看上去不是一个复合词，没法拆分，连它的原形是什么都难以确定。遇到这种情况，通常需要借助网络来查找。例如，我们可以把 дрон 输入搜索引擎 Яндекс（https://yandex.ru）查询，可以看到：Дрон — в технологи́ческом конте́ксте, э́то беспило́тный лета́тельный аппара́т. 我们查一下在线俄英词典，如 Слова́рь Мультитра́н（https://www.multitran.com），可以看到对 дрон 的多个解释，如 unmanned aircraft、pilotless plane、drone 等。如需要，还可利用英汉词典查一下这些英文的汉语解释。这样，我们就能确定 дрон 的词义是"无人机"。结合

这则新闻的内容，这个标题可译为：

> 上海用<u>无人机</u>举办灯光秀

三、词义确定中的干扰因素

在确定多义词的词义时，完全熟悉的词不会出问题，完全陌生的词一般也不会出问题，因为生词会促使我们去查词典。真正容易出问题的是那些所谓半熟不熟的词。这些词看上去认识，但可能包含我们所不知道的含义，即通常所说的熟词生义现象。这时候，如果我们仍然按自己所掌握的词义来理解，就有可能出现理解偏差。例如：

12) Шла ли речь о лошади́ном **заво́де**, он говори́л о лошади́ном заво́де. (Н. Гоголь, *Мёртвые души*)

　　［译文一］※说到马<u>厂</u>，他就讲马厂。

　　［译文二］谈起<u>养马场</u>，他也能跟你谈养马场。（陈殿兴、刘广琦　译）

【译法分析】заво́д 这个词大家都认识，"工厂"的意思，лошади́ный 的意思是"马的"，所以译文一便把 лошади́ный заво́д 翻译成了"马厂"。可是细想一下，就会觉得不太妥当：哪儿会有生产马的工厂啊？查一下词典，这个问题就能得到解决。原来，заво́д 还有另一个意思："养殖场（多指繁育良种马的育马场）"。可见，译文二的翻译是正确的。

13) Как сообщи́ли в пресс-слу́жбе Кремля́, "**настоя́щий** Ука́з вступа́ет в си́лу со дня его́ подписа́ния".

　　［译文一］※据克里姆林宫新闻供稿处报道，"<u>真正的</u>命令从它签署之日起生效"。

　　［译文二］克里姆林宫新闻办称，"<u>本</u>命令自签署之日起生效"。

【原文释疑】

　　　　пресс-слу́жба：新闻办公室，新闻处。

【译法分析】见到 настоя́щий 这个词，估计不少人的第一反应都是"真正的"，什么 настоя́щий мужчи́на（真正的男人）、настоя́щий друг（真正的朋友）等。译文一也是如此，认为 настоя́щий Ука́з 指"真正的命令"。不过，这样理解并不正确。这可能是译者不了解 настоя́щий 其他含义造成的。查一下词典，就会发现 настоя́щий 的另一个义项更符合这里的上下文："此、这、本"。需要注意的

是，原文引号内的句子是一句公文套语，汉语也有类似的套语，可以像译文二那

样，用汉语的套语来翻译俄语的套语。

14) Подава́льщик был из да́льней дере́вни, из той, в кото́рой Ле́вин **пре́жде** отдава́л

зем́лю на арте́льном нача́ле. Тепе́рь она́ была́ о́тдана дво́рнику внаймы́. (Л. Толстой,

Анна Каренина)

［译文一］※供料工人来自一个偏远的村子，就是那个列文<u>首先</u>按集体合作经营

原则分配土地的那个村。现在那块地被租赁给了打扫院子的人。

［译文二］投料工是遥远的一个村上的人，列文<u>以前</u>曾在那里按合作经营的办法

出租过土地。现在，那块土地已经租赁给一个管驿站的人了。（靳戈 译）

【原文释疑】

　　подава́льщик：原材料传送工人，供料工人。на арте́льном нача́ле 现在一般

说成 на арте́льных нача́лах，其中 арте́льный 指"合伙办的，集体的"，нача́ло

用作复数形式，表示"（处理问题的）方法，方式，办法"，整个短语的意思

是"照合伙经营的办法"。дво́рник：管院子的（人），打扫院子的（人）。

внаймы́：=внаём，租，赁（不动产）；отда́ть внаймы́ зе́млю 指"出租土地"。

【译法分析】пре́жде 是一个大家都不陌生的词语。也许是受到 пре́жде всего́（首

先）这个固定短语的影响吧，不少人只了解或者只注意 пре́жде 有"先、首先"

的意思，不了解或者忽略了 пре́жде 还有其他意思。译文一就是这样来理解的。

如果单独就原文第一句话本身而言，将 пре́жде 译作"首先"，似乎也能说得

通，但是第二句话的开头是 тепе́рь（现在）这个词，这样看来，前后句就显得不

连贯了。实际上，пре́жде 在用作副词时，有两个基本的意思：一个

指"ра́ньше чего́-нибудь друго́го, снача́ла"，与 пото́м 相对，意思是"先、首

先"；另一个指"ра́ньше э́того вре́мени, в про́шлом"，与 тепе́рь 相对，意思

是"以前、原先、早先"。上例原文中，与 пре́жде 呼应的是 тепе́рь，所以

пре́жде 的含义应当像译文二理解的那样，指"以前"。

以上三个例子，有名词（заво́д），有形容词（настоя́щий），有副词（пре́жде），

但都是极其常用的词。尽管如此，翻译中也会因为熟词生义而导致词义确定出现偏差。

除了熟词生义之外，有些貌似很熟的词也会干扰我们的理解。这些词看上去很好理

解，似乎是熟词，所以一般不会再去查词典。然而实际上，我们并不认识这些词，只是

自以为认识罢了。例如：

15) Одно́й **бессо́нной** но́чью из окна́ оте́ля он наблюда́л за мо́рем.

[译文一] ※在一个无梦的晚上，他从旅馆的窗户望着大海。

[译文二] 在一个不眠之夜，他从旅馆的窗户里凝视着大海。

【译法分析】在译文一看来，бессо́нный 是一个熟词，意思就是"без"（无）加 "сон"（梦），即"无梦的"。这样理解对吗？"无梦的"是指睡眠情况，说明睡着了，但是没有做梦。既然睡着了，怎么还"望着大海"呢？看来有点令人费解。那就查一下词典，看词典是如何解释 бессо́нный 的。词典的解释是 "проводи́мый без сна（睡眠）""не спя́щий, бо́дрствующий"，意思是"不眠的""不睡的"，译文二的理解是正确的。

最后需要指出的是旧词新义现象。如今，俄语中新词层出不穷。对于全新的词，由于普通的详解词典上查不到，反倒容易引起警觉，加大查找和思考力度，从而能确定词义。旧词新义的情况则不太相同。这些词我们或者本来就认识，或者在普通的详解词典上能查到，但是如今却获得了新的含义。新的含义为我们所不知，详解词典上也没有。这种情况下，词的词典释义往往与上下文的意思不相符合。旧词新义具有很大的隐蔽性，在翻译当今文章时尤其需要注意。如果仍然用旧义来翻译，就会译得模棱两可，似是而非，甚至莫名其妙。例如：

16) [Э́то угро́зы депута́там, кото́рые не уго́дны каки́м-то группиро́вкам и́ли каки́м-то па́ртиям. Э́то предупрежде́ние: не ле́зьте в Ду́му те, кто не жела́телен в э́той Госду́ме. Ду́маю, что на́ши силовики́ должны́ сде́лать о́чень серьёзные вы́воды, а са́мое гла́вное –] я счита́ю, что на́ши **силовики́** должны́ отказа́ться от уча́стия в ра́зных па́ртиях и заня́ться свое́й непосре́дственной рабо́той.

[译文一] ※我认为，我们这些电力工业职工应该拒绝参加任何一个党派，就只要做自己的工作就行了。

[译文二] 我认为，我们的权力人物应该拒绝参加不同的党派，应该做好自己的本职工作。

【译法分析】силови́к 这个词在一般的词典上都能查到，意思是"电力工业职工"，译文一便是这样翻译的。可是放在上面这段话里，这么译有点别扭，有点不对话题。究其原因，是词义确定出了问题。原来，силови́к 一词如今获得了新的含义，指 "представи́тель силово́го ве́домства" "челове́к, кото́рый возглавля́ет силово́е ве́домство"，即"权力人物、掌权人物"。

四、词义的引申

有的俄语词语，借助词典虽然可以确定它在上下文中的意思，但是翻译时无法照搬词典上的释义，如果硬要照搬词典上的释义，会影响译文的表达效果。遇到这种情况，就可以尝试运用引申这种翻译技巧。引申就是发掘词的语境含义，即根据具体的上下文，进一步推敲词义，并寻求恰当的汉语手段，以便准确地传达原文的意思，同时又符合汉语的表达习惯。

词义引申有具体化、概括化和综合引申三种形式。

（一）具体化

概念具体化（конкретизáция），指的是将俄语属概念（родовóе поня́тие）转化成种概念（видовóе поня́тие）的一种翻译方法。所谓属概念，也称上位概念，指具有从属关系的两个概念中外延较大的概念。所谓种概念，也称下位概念，与属概念相对，指具有从属关系的两个概念中外延较小的概念。例如，在 крéсло（圈椅、扶手椅、安乐椅）和 стул（椅子）这两个概念中，крéсло 的外延较小，是种概念；стул 的外延较大，是属概念。而在 стул（椅子）和 мéбель（家具）这两个概念中，стул 的外延较小，是种概念；мéбель 的外延较大，是属概念。

词义具体化就是将俄语意义比较宽泛的词或词组（上义词）翻译成意义比较窄的词或词组（下义词），以便确切表达原文意思。例如，在一定的上下文当中，俄语 маши́на 有可能译作"汽车""机床"或"飞机"。

17) В за́литом по́лой водо́ю лесу́ зво́нко **выстýкивал** дя́тел. (М. Шолохов, *Судьба человека*)

［译文一］※在春汛淹没的树林里，啄木鸟响亮地<u>敲击</u>着树。

［译文二］在春水泛滥的树林里，啄木鸟响亮地<u>啄</u>着树干。（草婴 译）

【原文释疑】

пóлый：开河时涨出的，春汛的。пóлая водá：春汛。

【译法分析】вы́стукать（выстýкивать）在上例中的意思是"передáть, сообщи́ть что-л. стýками; воспроизвести́ стýками ритм чегó-л."，俄汉词典的释义通常是"敲击出（某种信号、节奏等）"。译文一采用的就是词典释义"敲击"。这样翻译虽然没错，但是用"敲击"来描写 дя́тел（啄木鸟）的动作，用词不当。实际上，啄木鸟敲击树的方式只能是"啄"。因此，译文二将意思比较抽象的"敲击"具体化为"啄"这个动作，非常贴切。

18) Рост цен на зо́лото, нача́вшийся с наступле́нием ле́тних ме́сяцев, привёл в ноябре́ к паде́нию 16-ле́тних реко́рдов. Несмотря́ на то что ещё в а́вгусте спрос на **мета́лл** упа́л,.. очеви́дная сла́бость до́ллара вновь подняла́ котиро́вки.

金价一入夏就开始上涨，并在 11 月打破了保持 16 年之久的纪录。早在 8 月份，……黄金的需求就下降了。尽管如此，美元明显疲软又抬高了金价。

【原文释疑】

　　котиро́вка：牌价，行市。

【译法分析】мета́лл 在上例中的意思是"хими́чески просто́е вещество́ (и́ли сплав), облада́ющее осо́бым бле́ском, ко́вкостью, хоро́шей теплопрово́дностью и электропрово́дностью"，即"金属"。然而，要是把 спрос на мета́лл упа́л 翻译成"金属的需求已经下降"，就会造成前后句脱节，缺乏连贯性。为什么会这样呢？原来，这里 мета́лл 的用法是俄语篇章中的一种衔接方式，即利用一个上义词（属概念）来指代前面出现过的下义词（种概念）。具体来说，这里的 мета́лл 指的就是前面的 зо́лото。зо́лото 是"黄金"，是贵金属，当然也是金属的一种，所以相对 мета́лл 来说是一个下义词。汉语中也有先用下义词，后用上义词进行回指的衔接方式。例如：

　　请当地木匠打了些原木桌椅，又粗又笨，带皮带疤的那种，有点土匪气。城里来客都说这种家具有意思，甚至打听如何订购。（韩少功：《秋夜梦醒》）

　　不同的是，汉语在这种情况下，上义词的前面一般都有指示代词及相关量词进行限定，而俄语在这种情况下，上义词的前面可以有指示代词 э́тот 或 тот 修饰，也可以没有。上例就是没有指示代词限定的情形。这是汉语中鲜见的衔接方式，比较隐蔽，容易造成不解。遇到这种情况，在翻译后面的上义词时，可以添加指示代词及相关量词加以限定，可以将上义词翻译成代词，还可以将上义词还原成它所指代的前面那个下义词。就上例而言，如果用前两种方法，把 мета́лл 翻译成"这种金属"或者"它"，都不利于前、后句的连贯，所以最佳的办法就是采取具体化引申，将 мета́лл 还原成 зо́лото，译作"黄金"。

在文化因素的翻译中，为了明确原文中的文化信息，有时也需要运用具体化译法。

例如：

19) — Наприме́р, до́лго нельзя́ на госуда́рственную слу́жбу. Не пуска́ют в **столи́цы** [Росси́и]. (Б. Пастерна́к, *До́ктор Жива́го*)

[译文一] ※"比如，很久不能干公务。不准我去京城。"

[译文二] "例如，很长时期不许我担任公职，不许进入莫斯科和彼得堡。"

（顾亚铃、白春仁 译）

【译法分析】译文一把 столи́ца 译作"京城"固然没什么错，但是原文用的是 столи́цы，是复数形式，如果仍用"京城"这个词，汉语读者很可能认为只是指一座城市。上例所在小说的上下文，讲述的事情发生在 1903 年。而在 18 世纪，俄国几次更换首都：1712 年，彼得大帝（Пётр I）将首都从莫斯科迁至圣彼得堡；1728 年，彼得二世（Пётр II）移居莫斯科，首都实际上也随之被迁至莫斯科；1730 年，彼得二世死后，彼得堡重又获得首都的地位。直到 1918 年 3 月，苏维埃政府才决定把首都迁回莫斯科。因此，当时的人们通常把莫斯科和彼得堡都叫作 столи́ца。正是基于这样的背景，译文二对"столи́цы"进行了具体化处理，把它译作"莫斯科和彼得堡"，完全正确，并且更加有利于读者理解。

20) Грани́цу Кита́я в 2019 году́ **пересекли́** бо́лее 0,5 млрд челове́к.

2019 年中国出入境人数超 5 亿。

【原文释疑】

пересе́чь：（横着）通过，越过。млрд：миллиа́рд（10 亿）。

【译法分析】пересе́чь грани́цу 的本义是"跨越国境"，但是对于上例来讲，这么翻译显然非常生硬。实际上，所谓"跨越国境"，对于境内人员而言，就是出境和入境；对于境外人员而言，就是入境和出境，因此，可以把"跨越"具体化表达为"出入（境）"。

（二）概括化

概念概括化（генерализа́ция）与具体化相对，是将俄语种概念（下位概念）转化成属概念（上位概念）的一种翻译方法。也就是说，将俄语意义比较窄的词或词组（下义词）翻译成意义比较宽的词或词组（上义词）。运用概括化有时是为了顺应汉语的语言和文学修辞规范。在有些情况下，俄语词语或词组的所指意义虽然很具体，但是照直翻译过来却不符合汉语的表达习惯，或者不能准确表达原文意思，因而有必要采取概括化手法，变具体为概括。例如：

21) А затём [он] посмотрёл на меня как на **идиóтку**.

然后他看了我一眼，就像看<u>白痴</u>一样。

【译法分析】俄语在表达指人名词时，常常有性别上的不同，如студéнт 与 студéнтка，сосéд 与 сосéдка，чемпиóн 和 чемпиóнка，продавéц 和 продавщúца，等等。上例中的идиóтка 和 идиóт 也是一对。对于表女性的名词，词典的解释一般都是"жéнский род к 男性名词""男性名词的女性"。例如，идиóтка 的词典解释就是"жéнский род к идиóт""идиóт 的女性"。翻译时，不一定处处都要加一个"女"字。上例中，"我"是一名女性。如果把 идиóтка 翻译成"女白痴"，读起来就会很别扭。汉语中，无论是说别的女性，还是说自己，好像没有用"女白痴"来形容的。白痴就是白痴，汉语通常是不分男女的。可见，идиóтка 的意思虽然很具体，可是照直翻译就会破坏汉语的修辞规范，因此有必要利用概括化译法，将"女白痴"概括化处理成它的上义词形式——"白痴"。

22) Всё так же ленúво шевелúл сухúе **серёжки** на ольхé тёплый вéтер. (М. Шолохов, *Судьба человека*)

和煦的春风依旧那么懒洋洋地吹动干燥的<u>赤杨花</u>。（草婴 译）

【原文释疑】

шевелúть：（风）吹动，拂动。ольхá：赤杨，桤木。

【译法分析】上例中，серёжка 不是指"耳环"，而是一个植物学术语，意思是"соцвéтие в вúде кúсти мéлких цветóв у древéсных растéний，опадáющее целикóм пóсле цветéния"，指"葇荑花序"。这是学名。通俗地讲，我们常见的杨树上的"毛毛虫"，就是它的葇荑花序。上例中，如果照搬词典意思，将 серёжка 翻译成"葇荑花序"，会让一般的读者不知所指，可是译成"毛毛虫"又破坏了原句所在上下文的意境。上面这个译文将"葇荑花序"概括化处理成"花"，既通俗易懂，又不破坏原文的意境。

在翻译文化因素时，俄语词语或词组中所包含的有些文化信息在作品中无关紧要，如果非要将这些文化信息传达出来，会给译文增加不必要的文化负荷。遇到这种情况，同样可以利用概括化的方法，适当放弃一些文化信息。例如：

23) А потóм шкóльные затéйники организовáли игрý, и им [Рúте и лейтенáнту Осянину] опять выпало быть вмéсте. А потóм был óбщий **фант**: станцевáть вальс — и онú

станцева́ли. (Б. Васильев, *А зори здесь тихие…*)

后来，晚会的主持人组织起游戏来了，他俩又碰在一起。后来，<u>游戏</u>输了，罚跳华尔兹——他俩又一起跳舞。（施钟　译）

【原文释疑】

　　зате́йник：群众性娱乐活动的组织者。вы́пасть：*кому́* 碰上，摊上，遭遇到。

【译法分析】фант 一词有三个意思：一是用作复数形式 фа́нты，表示"方特（一种游戏，参加者每次失误时须受罚交出一件物品作'抵押'，最后举行抓阄，抓到谁的'抵押品'谁就得出节目以赎回'抵押'）"；二是"方特游戏中的'抵押品'"；三是"方特游戏中挨罚者应出的节目"。上例中，фант 是单数形式，所以不是指方特游戏本身，而是指第三个意思，具体是指他们被罚而要表演的节目，即后面所说的 станцева́ть вальс（跳华尔兹）。如果这里按 фант 的实际意义翻译，那么"А пото́м был о́бщий фант"这句话就要译成"后来是他俩共同表演方特游戏节目"，总之是要带"方特"这两个字的。那样的话，还要对"方特"这种游戏进行解释，很费笔墨。由于 фант 在小说中的作用重在"游戏"，而不是具体什么样的游戏，所以译文对 фант 进行了概括化处理，用它的上义词"游戏"来翻译，既突出 фант 在小说中的意思重点，又达成译文简练，一举两得。

24) Раз [я] да́же совсе́м подружи́лся с ни́ми, стал их дома́ посеща́ть, в **префера́нс** игра́ть, во́дку пить, о произво́дстве толкова́ть... (Ф. Достоевский, *Записки из подполья*)

有一回我甚至同他们完全成了好朋友，还上他们家拜访，<u>打牌</u>，喝酒，谈论职务升迁……（臧仲伦　译）

【原文释疑】

　　подружи́ться：与……为友，交好，相好。произво́дство 在这里的意思是"晋级，提升"，如 произво́дство в офице́ры（提升为军官），不能理解为"生产"或者"生产工作"。толкова́ть：*с кем о ком-чём* 〈口语〉闲谈，谈论，讨论。

【译法分析】префера́нс 是指"род ка́рточной игры́"，汉语一般音译为"朴烈费兰斯（一种纸牌戏）"。上例中，в префера́нс игра́ть 和其他几个行为，重在表现"我"和"他们"成了好朋友，所以，в префера́нс игра́ть 表达的重点在于打牌本身，而不强调打什么样的牌。上面这个译文将 префера́нс 作了概括化处理，用它的上义词"牌"来翻译,并不影响原文意思,完全可行。

25) Взял [он] из си́дора грана́ту, **нага́н** вы́чистил, **фи́нку** на ка́мне наточи́л. (Б. Васильев, *А зори здесь тихие …*)

他从背囊里取出颗手榴弹,擦擦<u>手枪</u>,在石头上磨了磨<u>短刀</u>。(施钟 译)

【原文释疑】

си́дор:〈俗〉士兵的背囊。вы́чистить:拭净。наточи́ть:磨快,磨锋利。

【译法分析】нага́н 指"纳甘转轮手枪",这种手枪由比利时的纳甘兄弟——埃米尔·纳甘(Emile Nagant)与利昂·纳甘(Leon Nagant)设计;фи́нка 是一个口语词,在句中指"芬兰刀(一种带鞘的厚刃短刀)"。小说中,这里并不强调什么式样的手枪和什么样的短刀,因此上面这个译文将这两个词都作了概括化处理,分别译成了"手枪"和"短刀"。

三 综合引申

如果具体化、概括化仍然解决不了问题,那就需要进行综合引申。综合引申又称逻辑引申或转译,指的是以词语或词组原意为基础,利用逻辑推理,深入领会它在具体语境中所获得的含义,并努力寻求恰当的汉语手段,有时甚至要创造性地运用汉语,以准确表达词语或词组的含义。例如:

26) — Но когда́ [я] взошёл сюда́… то происше́дшая в вас переме́на так меня́ порази́ла, что признаю́сь… забыл **долг** ве́жливости… (М. Лермонтов, *Княгиня Лиговская*)

"可是当我进来的时候……您身上发生的变化使我惊呆了,我承认……我忘了<u>应有的礼貌</u>……"(冯春 译)

【原文释疑】

взойти́:〈旧,俗〉走进,进入。

【译法分析】上例中,долг 的意思是 "обя́занность пе́ред кем-, чем-л.",指"义务、天职、职责",долг ве́жливости 的字面意思是"礼貌的义务"或"礼貌的职责",但是这样翻译,意思并不明确。上面这个译文,将 долг 的意义进行了引申,并把它转化成形容词,译作"应有的",这样,долг ве́жливости 就被翻译成"应有的礼貌",意思明确,表达清晰。

⚠ 本讲结语

> 词义确定说起来简单，做起来却很烦琐，因为在翻译一部比较长的作品时，需要查的单词会有很多，而这些词大部分都要进行词义选择。一旦粗心大意，就会出现偏差，所以要有严谨、细致甚至怀疑的精神，毕竟有的时候，熟词生义也会影响我们的理解与表达。总之，我们应当养成勤查词典的习惯，不仅要查生词，还要经常查一查那些我们自以为很熟悉的词语。
>
> 词义引申必须建立在词义确定的基础上。翻译中，不要一遇到不好表达的地方，就急着去引申。有时候，不好表达可能是我们对词义把握不够全面造成的。所以，遇到难以表达的情况时，首先要去查词典，在仔细查看每个义项后，如果仍然难以找到好的表达手段，才有必要进行引申。
>
> 引申的时候，也不必一下子就进行综合引申，而要根据具体的上下文，需要具体化的就具体化，需要概括化的就概括化，这两种方法都不奏效时，才进行综合引申。在词义引申中，综合引申最为复杂，也最难把握分寸。引申不到位或者引申过头都有损于原文的意思。需要强调的是，引申绝不是随意发挥，不能引出原文所没有的意思，否则就变成乱译了。

✏ 翻译练习参考答案

1. **将下列各句翻译成汉语，注意词义确定。**

    1) В связи́ с э́тим пе́ред **совреме́нной** вое́нно-морско́й нау́кой стои́т соверше́нно но́вая зада́ча.

       鉴于此，现代海军科学面临着一项全新的任务。

       说明：这个句子中，совреме́нный 表达的是这个词最常用的意思，即"относя́щийся к настоя́щему, теку́щему вре́мени, к настоя́щей, да́нной эпо́хе"（现代的、现今的）。另外，句中 вое́нно-морско́й 的意思是"海军的"。

    2) Джорда́но Бру́но с интере́сом изуча́л труды́ **совреме́нных** и анти́чных фило́софов, труды́ по астроно́мии и фи́зике.

       乔尔丹诺·布鲁诺兴致勃勃地研究了与他同时代的哲学家和古希腊罗马哲学家的著作，研究了天文学著作和物理学著作。

说明：这句中的 совреме́нный 不能翻译成"现代的"，否则就有悖常理了，因为 Джорда́но Бру́но（乔尔丹诺·布鲁诺，1548～1600）所在时代与原文写成的时代不是同一个时代。布鲁诺所在的时代在前，原文写成的时代在后。布鲁诺怎么可能研究还没有到来时代的哲学家的著作呢？实际上，совреме́нный 这个词不仅可以指"现代的，现今的"，还有另一个意思，也是这个词的本义，即"относя́щийся к одному́ вре́мени, к одно́й эпо́хе с кем-, чем-л."（与……同时代的）。这才是它在原句中的实际意思。

3) Францу́зские поте́ри бы́ли та́кже велики́ (о́коло 58.000 челове́к), одна́ко, не встреча́я сопротивле́ния, Наполео́н продви́нулся к Москве́ и **за́нял** го́род.

法国的伤亡也很大（约 5.8 万人）。然而，由于没有受到抵抗，拿破仑挺进莫斯科并<u>占领</u>了这座城市。

说明：这句中，заня́ть 的意思是"овладе́ть како́й-л. террито́рией, населённым пу́нктом и т. п."，即"占领、占据（领土、居民点等）"。注意，俄语数字"58.000"中的句点是分位符号，翻译时要转换。另外，句中 Наполео́н 是拿破仑，продви́нуться 的意思是"前进、挺进、推进、向前推进"。

4) — Как ско́ро вы забы́ли моско́вских краса́виц; ду́майте об них, э́то вас **займёт**. (М. Лермонтов, *Вадим*)

"这么快您就忘掉莫斯科的美女啦。想想她们吧，这会让您<u>不寂寞</u>的。"

说明：займёт 是 заня́ть 的变位形式，заня́ть 在这里的含义是"развле́чь, не дать скуча́ть"，即"使不感到寂寞""使不无事可做"。

5) Жид **встрепену́лся** и вски́нул свои́ми чёрными глазёнками на Чертопха́нова. (И. Тургенев, *Конец Чертопханова*)

犹太人<u>抖擞一下</u>，抬起他那双黑黑的小眼睛看了看契尔托普哈诺夫。（**力冈　译**）

说明：встрепену́ться 可能是一个生词，这反倒容易引起注意，促使我们去查词典。这个词有两个基本义项。第一个义项是："（鸟禽）抖动羽毛；（鱼）一甩身游走"。第二个义项是："（身子）猝然一抖，猛地一抖；（从睡梦、深思中）惊醒起来，精神一振；（心脏）突然剧烈跳动"。上句中，应选第二个义项中"（身子）猝然一抖，猛地一抖"这个解释。上面这个译文用"抖擞一下"来翻译，意思完全正确。另外，жид：〈口语，旧〉= евре́й（犹太人）。вски́нуть глаза́ми（或 глаза́）*на кого́-что*：瞥一眼，举目看，抬头看。

6) Но́вый **вито́к** дедолларизáции уже́ начался́ в октябре́.

新一股"去美元化"浪潮在 10 月份就已经开始了。

说明：вито́к 有多个义项："螺旋线的一圈"；"（线）圈"；"（飞行时飞绕）一圈，一周"；"〈转〉赛跑的一圈"；"〈转〉（某物在进展过程中的）一个阶段"。最后一个义项才符合 вито́к 在原句中的意思。另外，дедолларизáция 的词根是 до́ллар（美元），前缀"де-"表示"去除""取消""否定"，后缀"-изаци(я)"表示"……化"，所以 дедолларизáция 可以译作"去美元化"。

7) Лицо́ её [Татья́ны Бори́совны] **ды́шит** приве́том и ла́ской. (И. Тургенев, *Записки охотника*)

一张脸流露着亲切和慈祥的神气。（**力冈　译**）

说明：这句话当中，дыша́ть 的意思不是"вбира́ть и выпуска́ть лёгкими во́здух, де́лать вздо́хи и вы́дохи"（呼吸），而是"быть прони́кнутым чем-л., выража́ть что-л."，指"充满、表现、流露（某种精神、情感等）"。另外，приве́т 在句中的意思是"〈旧，俗〉亲切，亲热，和蔼可亲"。

2.　译文校对，注意黑体词的翻译。

1) Я тихо́нько **собра́лся**, шепну́л жене́: "Пойду́ к команди́ру".

我暗地里打定主意，然后对妻子说："我去找领导。"

改译：我静静地收拾好东西，轻声对妻子说："我去找领导。"

说明：собра́ться 一词有多个义项，符合上句的义项是："准备好（行装），做好（启程）准备；（接不定式）准备好，打定主意（做某事）"。找到这个义项后还要作进一步的选择。由于原文中的 собра́лся 没有接不定式，所以不能理解为"打定主意"，而应当理解为"准备好（行装），做好（启程）准备"。

2) Ему́ бы́ло о́коло тридцати́ пяти́ лет, и мы за то **почита́ли** его́ старико́м. (А. Пушкин, *Выстрел*)

他约莫三十五岁，也是因为这个我们把他当老头一样来尊敬。

改译：他有三十五六岁，因此我们把他看作老头儿。（**力冈　译**）

说明：почита́ть（读一会儿）——почита́ть（敬重、尊重、尊敬）——почита́ть（认为、视为、看作）是三个同音异义词。这里最恰当的理解应当是"看作"，不能理解为"尊敬"，因为表达"尊敬"这个意思时，почита́ть 是不接名词第五格的。

3) У ма́мы ра́ньше со зре́нием бы́ло **нева́жно**.

妈妈以前视力<u>不重要</u>。

改译：妈妈以前视力就<u>不大好</u>。

说明：нева́жно 和 нева́жный 虽然是同根词，但是义项并不完全重合。нева́жный 有 "不重要的" 意思，但是 нева́жно 没有 "不重要" 这个意思。原文中，нева́жно 用作无人称谓语，意思是 "не о́чень хорошо́, не о́чень благополу́чно"，即 "不大好" "不怎么样"。

4) И по́мнить, что мно́гие из давно́ име́ющихся у ООН **возмо́жностей** нам ещё то́лько предстои́т осва́ивать.

要记住，联合国早已存在的许多<u>可能性</u>我们还只是要去挖掘。

改译：要记住，在联合国早已拥有的<u>资源</u>中，有许多还有待我们去开发。

说明：возмо́жность 在表示 "可能性" "可能" 这个意思时，通常用单数形式，而原文用的是复数形式 возмо́жности，正确的理解应当是 "资源"。另外，ООН 是缩略语，指 Организа́ция Объединённых На́ций（联合国）。

5) **Гля́дя** на отца́, Ни́на полюби́ла поря́док.

尼娜<u>看着</u>父亲，喜欢生活有条理。

改译：尼娜<u>学着</u>父亲的<u>样子</u>，开始喜欢起条理来。

说明：гляде́ть 有 "看" 的意思，但是在这句话中所体现的意思并不是 "看"，而是转义用法，用于口语中，意思是 "学……榜样、样子"。

6) Что́бы научи́ться пра́вильно говори́ть и писа́ть по-ру́сски, я **вы́писала** "Ру́сский язы́к в шко́ле" на весь год.

为了学会正确说、写俄语，我一整年<u>抄写</u>《中学俄语》。

改译：为了学会正确地说俄语、写俄语，我<u>订</u>了全年的《中学俄语》。

说明：вы́писать 有 "摘录、抄下" 的意思，俄语解释是 "списа́ть отку́да-л.（из кни́ги, тетра́ди и т. п.）часть те́кста, цита́ту и т. п."，重在 "摘抄"，所以原译 "抄写" 不符合句子的意思。原句中，вы́писала 的补语 Ру́сский язы́к в шко́ле 是一本杂志的名称，准确的含义应当是 "сде́лать пи́сьменно зака́з на присы́лку чего́-л."，即 "函购、邮购、订购"。另外，на весь год 中的前置词 на 表示期限。

7) Он [Но́вый Эрмита́ж] был **заду́ман** как публи́чный музе́й, но по су́ти остава́лся придво́рным музе́ем.

它被**认为**是大众化博物馆，但实际上是宫廷博物馆。

改译：它原**打算**是用作公共博物馆的，但实际上仍然是个宫廷博物馆。

说明：задýман 是 задýмать 的被动形动词短尾形式。задýмать 有两个基本意思：一个是"打算，想起，有意（做某事）"；另一个是"（心里）选定，暗定（某数、某张牌等让人猜）"。这个词没有"认为"的意思。原译可能受到 дýмать 的影响，望文生义了。

8) Вот ужé **котóрый** мéсяц я получáл пи́сьма.

这个月我已经收到好多信了。

改译：我已经收了好几个月这样的信了。

说明：котóрый 可以用作疑问代词，表示"第几""哪个"，如"Котóрый час?"；可以用作关系代词，表示"这个""那个""这种"，通常连接限定从句。这两个用法大家都很熟悉。原译可能受限于此，选用了"这个"，但是并不正确。实际上，котóрый 在这里是作不定代词，用于口语，用法和意思是"（常与 раз, день, год 等连用）已经多少次（多少天、多少年等）"。котóрый мéсяц 的意思是"已经多少个月了"。

9) В фи́зике чáсто **прихóдится** имéть дéло с изменéнием плóтности как с результáтом сжáтия, нагревáния и т. д.

物理经常<u>不得不</u>与密度这一由于挤压、加热等的后果打交道。

改译：物理经常<u>要</u>研究密度的变化，即研究压缩、加热等作用所产生的结果。

说明：прийти́сь (приходи́ться) 在词典上有多个义项，符合原句意思的那个义项包含两个不尽相同的含义：一个是"стать необходи́мым, неизбéжным в связи́ с каки́ми-л. обстоя́тельствами, услóвиями"，即"势必、不得不、只好"；另一个是"случи́ться, довести́сь"，即"有机会、碰巧"。原译用"不得不"来翻译，并不妥当。研究 плóтность（密度）本来就是物理的事情，怎么会是"不得不"呢？这里准确的理解应当是"有机会"。另外，сжáтие 的意思是"压缩"；нагревáние 是 нагревáть(-ся) 的动名词，指"加热"或"变热"。

3. 对照阅读，指出译文是如何进行具体化引申的。

1) Дóлго я броди́л без крóва и приста́нища, прéданный зи́мним метéлям, как **ю́жная пти́ца**, отста́вшая от подрýг свои́х, дóлго жить — бы́ло цéлью моéй жи́зни. (М. Лермонтов, *Вадим*)

我无家可归，到处流浪，饱尝冬天的暴风雪，就像一只失群的<u>大雁</u>，活下去就是我生活的目的。（冯春　译）

说明：ю́жная пти́ца 本义是指"南方的鸟"，这里将它具体化译成"大雁"，更加准确，易于理解。кров：〈雅〉住处，栖身之处，家。приста́нище：避难所，安身之处，栖身之地。

2) — Бу́дет ли коне́ц на́шей любви́! — сказа́л Юрий, переста́в грести́ и **положи́в** к ней на плечо́ го́лову; — нет, нет! (М. Лермонтов, *Вадим*)

"我们的爱情会完结吗？"尤里停下手中的桨，把头<u>靠</u>在她肩上，说，"不，不会的！"（冯春　译）

说明：положи́ть 的意思是"平放、放置"。如果把"положи́в к ней на плечо́ го́лову"翻译成"把头放在她肩上"，当然没什么错，但是略显生硬，不如把 положи́ть 这个动作具体化，译成"靠"字更加生动。

3) В а́вгусте 1945 го́да, в са́мом конце́ Второ́й мирово́й [войны́], а́томной бомбардиро́вке подве́рглись **города́** Япо́нии.

1945 年 8 月，就在二次大战即将结束时，日本有<u>两座城市</u>遭到了原子弹轰炸。

说明：原句中，города́ 是复数形式，如果翻译成"几座城市"虽然符合字面意思，但不很确切。事实上，日本遭到 а́томная бомбардиро́вка（原子弹轰炸）的城市只有两个——广岛（Хиро́сима）和长崎（Нагаса́ки）。为了确切起见，这里需要将 города́ 这个表示不定多数的词，翻译成确定数量的词组"两座城市"。

4. 对照阅读，并对划线的词或词组进行概括化引申。

1) Хоро́шая мысль подо́бна **кро́лику**. Она́ проно́сится так бы́стро, что поро́й замеча́ешь лишь её у́ши и́ли хвост.

好的想法像<u>家兔</u>一样。它跑得如此之快，以至于有时候你只能发现它的耳朵或尾巴。

改译：好想法如同<u>兔子</u>一样。它一闪而过，以至于有时你只能见到它的耳朵或尾巴。

说明：кро́лик 在句中的意思是"небольшо́й ро́дственный за́йцу зверёк из отря́да грызуно́в"，指"家兔"，用在这里是强调其动作之快。汉语要表达相同的意思，只要是"兔子"就可以了，无所谓"家的"还是"野的"，如"动若脱兔"。因此，这里应该利用概括化方法，将原文中"家兔"这个种概念转换成"兔"这个属概念。

2) Но вдруг человек, пятившийся задом перед шествием и взмахами зажатой в руке **кубанки** дирижировавший пением, надел шапку. (Б. Пастернак, *Доктор Живаго*)

可是在前头倒退着走的、一只手紧抓着<u>库班帽</u>摇摆着指挥歌唱的那个人，忽然戴上了帽子。

改译：但是那个倒退着走在队伍前面、手里挥舞着<u>帽子</u>指挥唱歌的人，忽然把帽子戴到头上。（力冈、冀刚　译）

说明：кубанка 在句中的意思是"（库班哥萨克式的）平顶羊皮帽"。原译把它翻译成"库班帽"当然无妨。不过，由于这里并不强调帽子的式样，所以放弃一些无关紧要的文化信息同样可行。放弃的方法就是利用概括化译法，将含义具体的"（库班哥萨克式的）平顶羊皮帽"翻译成意义比较概括的"帽子"。另外，句中 пятившийся 是 пятиться（后退、倒退）的形动词；задом 是副词，意思是"背面向前，背向"；шествие 的意思是"游行队伍，（一群）游行的人"；дирижировавший 是 дирижировать 的形动词，意思是"指挥（乐曲）的"；пение 的意思是"歌唱"。

3) Крякнул старшина: ах ты, женский пол беспамятный, **леший** тебя растряси! (Б. Васильев, *А зори здесь тихие⋯*)

准尉发出"啊"的一声：啊呀你这个没记性的女人，让<u>林妖</u>把你摇醒才好！

改译：准尉喉咙里咯的一声：你呀，没有记性的女人，让<u>妖精</u>把你抓去清醒清醒才好！（施钟　译）

说明：леший 的意思是"в русской мифологии: дух леса, его хозяин, враждебный человеку"，指"林妖，树精"。由于这里并不强调是什么样的魔鬼或妖精，所以可以将"林妖"概括化处理成"妖精"。另外，句中 крякнуть 的意思是"发出哈的一声"；старшина 的意思是"大士（最高级军士）"；беспамятный 的意思是"〈口语〉健忘的，记忆力不强的"；растрясти 的意思是"〈俗〉摇撼醒，推醒"。

4) Кроме своей красоты они [сооружения] интересны и тем, что сделаны без единого **гвоздя и шурупа**.

除了美丽之外，有趣的是，这一建筑群没有用一颗钉子和螺钉。

改译：除了漂亮之外，这群建筑还有一个有趣的地方，那就是建造时没用过一根<u>钉子</u>。

说明：上句中，гвоздь 的意思是"металлический или деревянный заострённый

стéржень", 即 "钉子"; шурýп 的意思是 "винт для креплéния деревя́нных детáлей", 指 "木螺钉"。原译将 гвоздь и шурýп 按它们的实际所指翻译成了 "钉子和螺钉", 这当然是可行的。不过, 从上下文来看, 句中提到的 сооружéния (建筑物) 建于 18 世纪, 如今成了木制建筑艺术文物 (пáмятник деревя́нного зóдчества)。这里之所以说 "сдéланы без едúного гвоздя́ и шурýпа", 是强调这一建筑群是全木结构, 完全是榫铆结构, 没有一根钉子。单说 "没有用一颗钉子和螺钉", 有的读者可能会产生联想: 钉子有很多种, 没有用 "钉子和螺钉", 会不会用了别的什么钉子? 因此, 出于简洁考虑, 同时也为了消除可能引起的疑惑, 翻译时不妨像改译的那样, 将 гвоздь 和 шурýп 概括化地合译成 "钉子"。

5. 修改译文, 注意综合引申法的运用。

1) Семь десятилéтий **отделя́ют** нас от незабывáемых дней октября́ 1917 гóда.

70 年将我们同 1917 年 10 月那些难忘的日子分开了。

改译: 1917 年 10 月那些难忘的日子, 距离我们今天已有 70 年了。

说明: 这句话中, отделя́ть 的意思是 "служúть грани́цей чегó-л.", 指 "隔开" "间隔 (若干时间)"。原译显得比较生硬, 不过, 即使翻译成 "1917 年 10 月那些难忘的日子同我们相隔了 70 年", 或者 "我们同 1917 年 10 月那些难忘的日子相隔了 70 年", 也很不通顺, 不符合汉语表达习惯。因此, 有必要对 отделя́ть 的意义进行引申, 并换一个角度来表达全句的意思。

2) Онá гордúлась тем, что стáла архитéктором. Ведь архитектýра — э́то мýзыка **в кáмне**.

她为成为建筑师而自豪。要知道, 建筑艺术是石头里的音乐。

改译: 她为当上一名建筑师而自豪。要知道, 建筑艺术是凝固的音乐。

说明: кáмень 的意思主要有以下几个: "石、石头" "岩石"; "〈口语〉宝石"; "石碑"; "〈转〉心里难过的事、沉重的心情"; "〈医〉结石"。适合原句的意思只有 "石、石头"。如果把 мýзыка в кáмне 照字面翻译成 "石头里的音乐", 那就难以准确体现建筑艺术的特点。实际上, 这里所谓的 мýзыка в кáмне, 是指建筑艺术像音乐一样, 富有动感和艺术性, 只是被固化在石头里了而已, 所以可以引申翻译成 "凝固的音乐"。关于 архитектýра 的比喻, 俄语中还有 засты́вшая в кáмне мýзыка、засты́вшая мýзыка、поэ́ма в кáмне 等其他一些说法。

第六讲

词汇修辞色彩的传达

📑 本讲导言

　　俄语中有些词语除了具有词汇意义和语法意义，还带有某种修辞色彩，如书面语色彩或口语色彩，褒义色彩或贬义色彩。又比如，有的词是庄严的，有的词是高雅的，还有的词是粗俗的；有的词表达亲昵感情，有的词表达蔑视态度，有的词表达讽刺意味，还有的词是用来骂人的，等等。对于带有修辞色彩的词语，翻译时不仅要准确表达词语的基本意义，还要恰当再现词语的修辞色彩。

💡 课前思考

1. 下面这个俄语句子出自一个文化程度不高的农妇之口。译文与原文在意思上是否吻合？这样译好不好？为什么？

   Ста́рая дочь уже́ за́мужем, сре́дняя жениха́ется, а она́ ещё свобо́дна.

   长女已出阁，次女已许婚，唯有她尚待字闺中。

   解答：译文虽然表达出了原文的意思，但这么翻译并不好，因为不符合原文的修辞色彩。详细的解释可见"技法学习"中的例 9。

2. 查词典，分析 ли́чико、лицо́、мо́рда 三个词在表示"（人的）脸"这个意思上有什么区别？

   解答：这三个词都可以表达"（人的）脸"，区别在于它们的修辞色彩不同。лицо́ 是中态词，ли́чико 是 лицо́ 的指小表爱形式，而 мо́рда 则带有粗俗色彩。具体可见"技法学习"中的例 22。

📖 **技法学习**

俄语中有很多词语都带有修辞色彩。修辞色彩包含功能语体色彩（функциона́льно-стилисти́ческая окра́ска）和情感表现力色彩（эмоциона́льно-экспресси́вная окра́ска）。下面所要讨论的书面语词（кни́жная ле́ксика）与口语词（разгово́рная ле́ксика）体现的是功能语体色彩，词的褒贬色彩（оце́ночная окра́ска）体现的是情感表现力色彩。

一、书面语词和口语词的翻译

根据词语是否带有功能语体色彩，俄语词语可分为通用词（общеупотреби́тельные слова́）和带有功能语体色彩的词（функциона́льно-стилисти́чески окра́шенные слова́）。通用词在功能语体色彩上是中性的，在口语和书面语中都有着广泛使用，如 дом、вода́、бежа́ть、све́тлый、легко́、о́коло 等。而功能语体词汇（функциона́льно-стилисти́ческая ле́ксика）则带有功能语体色彩，它包含两个类别：书面语词和口语词。

一 书面语词的翻译

在书面语词当中，有些词属于一般书面语词，适用于所有的书面语，如 чрезвыча́йно（非常、特别），ита́к（总之），актуа́льный（具有现实意义的、迫切的）等。另一些词则只用于特定语体当中，如 вычисле́ние（〈数〉计算），стрептомици́н（〈药〉链霉素），о́кись（〈化〉氧化物）等词具有科学语体色彩；интервью́（答记者问），миролюби́вый（爱好和平的），сплочённость（团结）等词多用于政论语体；воспреща́ть（禁止、不准），нижесле́дующий（如下的、下列的、下述的），надлежа́щий（应当的、应有的）等词则属于公文事务语体。

1) 12 ию́ня в Кремле́ **состои́тся** приём, посвящённый Дню Росси́и.

   6 月 12 日，克里姆林宫将<u>举行</u>俄罗斯日招待会。

   【原文释疑】

   приём：（常指官方举行的）招待会。День Росси́и：俄罗斯日（6 月 12 日），这是俄罗斯的国庆节，2002 年以前称 День незави́симости Росси́и（俄罗斯独立日）。

【译法分析】состоя́ться 是书面语词，意思是 "произойти́, осуществи́ться"，在上例中可译成 "举行"。

2) Вскочи́вший на сце́ну Паляны́ця театра́льно взмахну́л руко́й и **провозгласи́л**... (Н. Островский, *Как закалялась сталь*)

帕利亚内查跳上舞台，装腔作势地把手一扬，用乌克兰话<u>宣布</u>……（黄树南　译）

【原文释疑】

театра́льно：演戏般地，不自然地，矫揉造作地，做作地；装模作样地。

【译法分析】провозгласи́ть 是书面语词，在上例中的意思是 "торже́ственно объяви́ть о чём-л."，即 "（隆重地）宣布，宣告"。

3) Вакци́на ста́нет успе́шным ору́жием про́тив коронави́руса, а та́кже позво́лит подня́ть **прести́ж** Росси́йской Федера́ции на междунаро́дной аре́не.

疫苗会成为对抗冠状病毒的有效武器，还能提升俄罗斯联邦在国际舞台上的<u>威望</u>。

【原文释疑】

вакци́на：〈医〉疫苗。коронави́рус：冠状病毒。междунаро́дная аре́на：国际舞台。

【译法分析】прести́ж 是书面语词，意思是 "авторите́т, влия́ние, кото́рым по́льзуется кто-, что-л."，可以翻译成 "威信，威望"。

4) Генпрокурату́ра **предъяви́ла** обвине́ние, но не предоста́вила никаки́х доказа́тельств.

总检察院<u>提起了公诉</u>，但是没有提供任何证据。

【原文释疑】

Генпрокурату́ра：Генера́льная прокурату́ра（总检察院）。

【译法分析】上例中，предъяви́ть 是书面语词，是公文用语，意思是 "заяви́ть о чём-л., тре́буя удовлетворе́ния, объясне́ния и т. п."，指 "提出（要求、控诉等）"，这里和 обвине́ние 搭配，构成法律术语，意思是 "提起公诉"。

5) Кро́ме того́, эконо́мика Кита́я, по слова́м профе́ссора, прохо́дит эта́п **трансформа́ции** от индустриа́льной к постиндустриа́льной.

此外，据这位教授称，中国经济正经历工业化向后工业化<u>转型</u>的阶段。

【原文释疑】

трансформа́ция：转型。постиндустриа́льный：后工业化的。

6) Иссле́дования подтвержда́ют, что **заря́дка** смартфо́на до 100% и его́ по́лная **разря́дка** до 0% сокраща́ют срок слу́жбы аккумуля́тора.

研究证实，将手机充电到 100%和完全放电到 0%会缩短电池的使用寿命。

【原文释疑】

заря́дка：给……充电。смартфо́н：智能手机。разря́дка：使……放电。aккумуля́тор：蓄电池。

二 口语词的翻译

口语词与书面语词相对，如 бедня́га（不幸的人、可怜的人），безде́лица（小事情）、молокосо́с（黄口小儿、乳臭未干的小儿）等。口语词可以使话语变得朴实自然，无拘无束，随随便便。在遇到口语词时，要积极在汉语中寻找意义相当的口语手段来表达。

7) — И всё вы до́ма и́ли в конто́ре, — говори́ли знако́мые. — Вы бы сходи́ли в теа́тр, **ду́шечка**, и́ли в цирк. (А. Че́хов, *Ду́шечка*)

"你们老是待在家里或者办公室里，"熟人们说，"你们应当去看看戏才对，宝贝儿，要不然，就去看看杂技也好。"（汝龙 译）

【译法分析】上例中，ду́шечка 是口语词，是 "ла́сковое обраще́ние (преиму́щественно к же́нщине)"，上面这个译文把它处理成 "宝贝儿"，同样具有口语色彩。另外，上面这句话中，破折号是用来表示直接引语的，翻译时要像上面这个译文那样，转成汉语相应的双引号。

8) — Спать не даю́т, чёрт бы взял! **Ору́т**... (А. Че́хов, *Кот*)

"吵得人没法睡，见鬼！哇哇地叫个不停。……"（汝龙 译）

【译法分析】ору́т 是 ора́ть 的变位形式。ора́ть 是口语词，意思是 "издава́ть гро́мкие кри́ки, во́пли; крича́ть"，这里的意思是 "大声喊叫，吼叫"，上面这个译文把它处理成 "哇哇地叫个不停"，口语色彩很鲜明。

9) Ста́рая дочь уже́ за́мужем, сре́дняя **жениха́ется**, а она́ ещё свобо́дна.

［译文一］※长女已出阁，次女已许婚，唯有她尚待字闺中。

［译文二］大女儿已经嫁人了，二女儿也有了婆家，只有她还没有对象。

【译法分析】原文出自一个文化程度不高的农妇之口，有着鲜明的口语色彩，其中的 жениха́ться 还是俗语词，意思是 "вступа́ться в по́ру, когда́ начина́ют ухáживать за лицóм другóго пóла; имéть женихá и́ли невéсту", 指"（青年男女）有未婚夫或未婚妻，有对象"。译文一使用了很多书面语词，如"长女""出阁""次女""许婚""尚""待字闺中"等，有着浓厚的书面语色彩，不符合人物身份和形象；译文二还原文以口语的特点。

10) "Спрáшивают меня́, за что я люблю́ э́ту **мегéру**? Прáвда, э́та жéнщина не стóит любви́. Онá не стóит и нéнависти". (А. Чехов, *Он и она*)

"人们常问我为什么爱这个<u>恶婆娘</u>。不错，这个女人不值得爱。她也不值得恨。"（汝龙　译）

【译法分析】Мегéра 是希腊神话中复仇三女神之一"墨该拉"或"麦格拉"。这个名称用作普通名词，即第一个字母小写形式 мегéра，是一个口语词，意思是"злáя, сварли́вая жéнщина"，可以译作"泼妇"。上面这个译文把它处理成"恶婆娘"，也是完全正确的。

11) Ещё однá причи́на — э́то ЕГЭ. Дéти вы́нуждены **зубри́ть**, что́бы получи́ть ну́жное коли́чество бáллов.

还有一个原因，这就是国家统一考试。孩子们不得不<u>死记硬背</u>，以便拿到需要的分数。

【原文释疑】

　　ЕГЭ: Еди́ный госудáрственный экзáмен（国家统一考试）。

【译法分析】зубри́ть 是口语词，意思是"зау́чивать наизу́сть путём многокрáтного повторéния"，可翻译为"死记，死背，读死书"。

12) Когдá я приéхала, наи́вно ду́мала, что у меня́ появи́тся **ку́ча** мéстных друзéй.

我来了以后，天真地认为自己会有<u>一堆</u>当地朋友。

【原文释疑】

　　наи́вно: 天真地，幼稚地。

【译法分析】ку́ча 是口语词，意思是"большóе коли́чество; мнóжество"，指"很多"。

在翻译口语时，除了要注意翻译口语词本身，还要注意口语的其他特点，如主观情态色彩鲜明，语气随便，语句简短等。这些特点也要在译文中体现出来。

二、词语褒贬色彩的传达

（一）褒贬色彩的传达

褒贬色彩是言语主体对所述事物的褒贬评价。俄语词语在表达褒贬色彩时，手段多种多样，不同的手段都可以包含一定的褒贬含义。

1. 词的本义包含的褒贬色彩

俄语中有这样一些词，它们词汇意义直接表达褒贬意味，因而可称为直接表达评价意义的词，如 любо́вь（爱），до́брый（善良的），враг（敌人），ложь（谎言），глу́пый（愚蠢的）等。这类词在翻译中虽然需要注意，但并不构成困难，只要将词义准确表达出来就可以了。例如：

13) Неуже́ли **любо́вь, свята́я, пре́данная любо́вь** не всеси́льна? (И. Тургенев, *Отцы и дети*)

难道<u>爱</u>，<u>神圣的、忠诚的爱</u>不是全能的吗？（磊然　译）

【原文释疑】

всеси́льный：〈雅〉有无限力量的；全能的，万能的。

【译法分析】上例中，любо́вь（爱），свято́й（神圣的）和 пре́данный（忠诚的）的词汇意义就带有褒义，翻译时，只要将这些意思表达出来，就能传达原文的褒义色彩。

14) Де́вушка наме́рена во что́ бы то ни ста́ло доби́ться **справедли́вости**, кото́рая, по её мне́нию, не восторжествова́ла, ведь никто́ не понёс отве́тственности.

这个姑娘打算无论如何也要得到<u>正义</u>，在她看来，正义没有取得胜利，因为没有人承担责任。

【原文释疑】

во что́ бы то ни ста́ло：一定，无论如何。восторжествова́ть：战胜，得胜。

【译法分析】上例中，справедли́вость 的词汇意义"正义"本身就是褒义的，所以只要准确翻译出这个词义，就能传达出相应的褒义色彩。

15) "Всё **непра́вда**, всё **ложь**, всё **обма́н**, всё **зло**!" (Л. Толстой, *Анна Каренина*)

"一切都是<u>虚假</u>，一切都是<u>谎言</u>，一切都是<u>欺骗</u>，一切都是<u>罪恶</u>！"（草婴　译）

【译法分析】上例中，непра́вда，ложь，обма́н，зло 这四个词的词义本身都有着明显的贬义色彩，翻译中只要将这些词的词义表达出来就可以了。

16) Росси́йская стюарде́сса назвала́ са́мые **ме́рзкие** посту́пки пассажи́ров на борту́ самолёта.

俄罗斯空姐列举了飞机上乘客最<u>可恶</u>的行为。

【原文释疑】

ме́рзкий：讨厌的，令人厌恶的。

2. 词的隐喻义包含的褒贬色彩

俄语中有些多义词，它们的本义在修辞上通常是中态的，但是通过隐喻方式用作转义时，就获得了鲜明的感情色彩和评价色彩。这类词可称作含次生情感评价意义的词。例如：

17) — Мо́жет быть, э́то ещё и непра́вда. Ты за́втра съе́зди к кому́-нибудь и спроси́. **Тря́пка**! (А. Чехов, *Упраздни́ли!*)

"也许，这并不是真事。明天你坐上马车到别人家里去问一下。<u>草包</u>！"（汝龙 译）

【译法分析】上例源自契诃夫小说《废除了！》，句中的 тря́пка 的本义是"破布、旧布""抹布"，这里用作口语词，带有藐视色彩，意思是"о бесхара́ктерном, слабово́льном челове́ке"，即"软弱无能的人""窝囊废"。上面这个译文把它处理为"草包"，准确传达了原文的感情色彩。

3. 词的后缀包含的褒贬色彩

俄语中存在大量带有主观评价后缀的词语。这些后缀或者指小表爱，或者指小表卑，或者指大表卑。汉语没有这样的手段，翻译时，经常需要利用词汇手段来表达俄语的后缀意义。例如：

18) **Старушо́нка** суети́тся, отворя́ет окно́ и осма́тривает плацфо́рму. (А. Чехов, *В вагоне*)

<u>小老太婆</u>忙忙乱乱，推开车窗，往月台上扫一眼。（汝龙 译）

【原文释疑】

суети́ться：奔忙，忙乱，瞎忙。плацфо́рма：即платфо́рма（站台，月台）。

【译法分析】старушо́нка 带有一个表卑后缀（уничижи́тельный су́ффикс），即"-онк(а)"。这个词在词典上的解释是"*разг. уничиж.* к стару́ха"或"〈口语〉стару́ха 的表卑"。стару́ха 的意思是"老妇人，老太婆"。上面这个译文在翻

译 старушóнка 时，将表卑后缀 "-онк(а)" 翻译成 "小" 字，用 "小老太婆" 体现了 старушóнка 的表卑色彩。

19) — Однáко и он [ребёнок], **бедня́жка**, весь в поту́, — шёпотом сказа́ла Ки́ти, ощу́пывая ребёнка. (Л. Толстой, *Анна Каренина*)

"哎呀，<u>可怜的宝宝</u>浑身汗淋淋的了，"吉娣抚摩着孩子，小声说。（**力冈 译**）

【译法分析】бедня́жка 是共性名词，表示男人时属阳性，表示女人时属阴性，词典上的解释是 "*разг. ласк. к* бедня́га" 或 "〈口语〉бедня́га 的表爱。" 而 бедня́га 的意思是 "〈口语〉不幸的人，可怜的（人）"。上面这个译文，将 бедня́жка 翻译成 "可怜的宝宝"，用 "宝宝" 一词成功传达出 бедня́жка 的后缀 "-яжк(а)" 的表爱含义。

20) Тут был и Тит, по косьбе́ дя́дька Ле́вина, ма́ленький, **ху́денький** мужичо́к. (Л. Толстой, *Анна Каренина*)

列文的割草师傅季特也在这里，他是一个<u>瘦瘦的</u>，身材矮小的农夫。（李忠清、余一中 译）

【原文释疑】

косьба́：（用大镰刀或刈割机等）割，刈。дя́дька：〈口语〉дя́дя 的表卑。мужичо́к：〈口语〉мужи́к（〈旧〉庄稼汉，农夫；〈俗〉男人，男子汉）的指小。

【译法分析】ху́денький 在上例中是口语词，是 худо́й（瘦的）的指小表爱。上面这个译文把 ху́денький 处理成 "瘦瘦的"，很好地传达了原文的特点。利用汉语叠音词翻译俄语带评价后缀的形容词，是一个较好的方法。

4. 纯粹附加的褒贬色彩

如果说词的本义、词的隐喻义和评价后缀算作 "有形的" 手段，那么这里所说的纯粹附加的褒贬色彩则是 "无形的" 手段，因为这类词的词义本身没有褒贬含义，也没有隐喻转义，更没有直观的表评价后缀，如 торга́ш（〈贬〉小贩、小商人，〈转，蔑〉唯利是图的人），писа́ние（〈口语，讽〉写出来的东西）等。所以说这类词的褒贬色彩是纯粹附加上的，与词义毫无关系，比较隐蔽，翻译时需要特别注意。例如：

21) Ро́вно 45 лет наза́д, 12 апре́ля 1961 го́да, был на́чат отсчёт косми́ческой э́ры челове́чества — на корабле́ "Восто́к" стартова́л **первопрохо́дец** Вселе́нной Юрий Гага́рин.

整整 45 年前，1961 年 4 月 12 日，人类开启了航天新纪元——宇宙开拓者尤里·加加林乘坐"东方"号飞船飞向了太空。

【原文释疑】

отсчёт：〈技〉读数，示数。стартова́ть：（速度竞赛的）出发，起跑；起飞。

【译法分析】первопрохо́дец 是高雅词语，有着积极的评价色彩，意思是"Тот, кто пе́рвый прокла́дывает пути́ в освое́нии чего́-л. но́вого; пионе́р"，上面这个译文用"开拓者"来翻译，同样具有褒义色彩。

22) Не вмеща́лось э́то поня́тие в фаши́стские их мозги́, и потому́ на́ пол легли́. **Мо́рдами** вниз, как веле́л. (Б. Васильев, *А зори здесь тихие...*)

他们的法西斯脑筋里压根儿没有这个概念，因此一个个按照命令，嘴脸冲下，躺倒在地。（施钟　译）

【原文释疑】

вмеща́ться：容得下，放得进。后一句是接续句，мо́рдами вниз 中的五格形式 мо́рдами，是受前句中动词 легли́ 支配的。

【译法分析】мо́рда 在上例中是粗俗词，意思是"лицо́"，即"人脸"，带有贬义色彩，译文把它处理成"嘴脸"，同样含有贬义色彩。在表示"人脸"这个意思时，лицо́ 是中态词，ли́чико 是 лицо́ 的指小表爱形式，мо́рда 则带有粗俗色彩。

(二) 褒贬色彩的调整

受上下文的制约，俄语中有的中态词在翻译成汉语后，可能要被附加上褒义色彩或贬义色彩。如果简单照词义翻译，可能会出现修辞抵牾。例如：

23) Наци́стские злоде́и сража́лись **упо́рно** и фанати́чно.

纳粹匪徒们疯狂地负隅顽抗。

【原文释疑】

наци́стский：纳粹主义的；纳粹分子的。злоде́й：〈口语，骂〉恶棍，坏蛋。фанати́чно：狂热地。

【译法分析】упо́рно 是 упо́рный 的副词，取 упо́рный 的"осуществля́емый с упо́рством, тре́бующий мно́го уси́лий, вы́держки, сто́йкости"之意。上例中，злоде́и（恶棍）是骂人词语，修饰它的又是 наци́стские（纳粹主义的），所以他

们 сража́лись（战斗）虽然 упо́рно，但是不能用"顽强地"或"不屈不挠地"来翻译，否则修辞色彩上就会前后矛盾。遇到这种情况，应当将 упо́рно 翻译成带有贬义色彩的词语。上面这个译文把 сража́лись упо́рно 翻译成"负隅顽抗"，实现了修辞色彩的统一。

🔘 其他情感表现力色彩的传达

除了褒贬色彩外，情感表现力色彩还包括感情色彩（эмоциона́льная окра́ска）和表现力色彩（экспресси́вная окра́ска），翻译中也要注意传达。所谓感情色彩，是指说写者内心的爱抚、赞赏、讽刺、蔑视等感情。例如：

24) — Очень хо́чется бить **га́дов**, да не́чем.

  "真想揍这帮畜生，可是没东西。"

【译法分析】上例中 гад 用作转义，是一个俗语词，有蔑视色彩，意思是"坏蛋，畜生，败类，恶棍"。译文用"畜生"一词来翻译，再现了原文中的蔑视情感。

所谓表现力色彩，是指说写者庄严、高雅、无拘无束、狎昵、粗俗等言语情调。例如：

25) Я па́мятник себе́ **воздви́г нерукотво́рный**. (А. Пушкин, *Exegi monumentum*)

  我为自己树起了一座非金石的纪念碑。（查良铮 译）

【译法分析】这是普希金诗歌《纪念碑》中的第一行，其中的 воздви́гнуть（建筑、建造、建立）和 нерукотво́рный（非人手所能造的）都是高雅词语，表达出高雅的言语情调。译者分别用"树起"和"非金石的"来翻译，获得了同样的修辞效果。

需要指出的是，同一个词，可能兼有功能语体色彩和情感表现力色彩。例如，ду́шечка 在功能语体色彩上是口语词，而在情感表现力色彩上带有爱抚色彩；нерукотво́рный 在功能语体色彩上是书面语词，在情感表现力色彩上带有高雅的色彩。

⚠ 本讲结语

通过分析书面语词与口语词的翻译以及词义褒贬色彩的传达，可以看出，词汇修辞色彩能否得到恰当的传达，对译文质量是有影响的。在讲到翻译标准时，我们曾提到过严复的"信达雅"，其中"雅"字的新解就是"保存原作的修辞特点"或者"保存原作风格"，而词汇的修辞色彩是实现"雅"字标准的一个方面。需要指出的是，修辞色彩虽然在词汇单位中表现得最为明显，但是修辞色彩不仅仅体现在词汇单位中，它同样存在于语音手段和语法手段中。这也是今后翻译实践中需要注意的问题。

　　总之，通过分析翻译中词汇的修辞色彩问题，我们应当提高对词语修辞色彩的敏感度，特别是在查词典时，不能只注意词的基本语义，还要关注词的修辞标记，也就是词典上通常用尖括号"〈 〉"标出来的信息，如"〈口语〉""〈文语〉""〈雅〉""〈俗〉""〈讽〉""〈贬〉""〈藐〉""〈蔑〉""〈旧〉""〈谑〉""〈骂〉"等，并在翻译中将不同的色彩准确地传达出来。

翻译练习参考答案

1. 翻译下列句子，注意书面语词的翻译。

1) Недаром же говорилось, что в Москве два **рассадник** истинного просвещения: Московский университет и Малый театр. (Н. Телешов, *Записки писателя*)

难怪说，莫斯科有两处真正教育的<u>发祥地</u>：莫斯科大学和小剧院。

说明：рассадник 是书面语词，意思是"место, являющееся источником или средоточием чего-л."，指"发源地，发祥地；温床"。

2) Фирма является старейшей в данной области, её инновационные и технические разработки являются поистине революционными **вехами** мировой индустрии.

公司是该领域最老的公司，其创新与技术研究成果是世界工业真正革命性的<u>里程碑</u>。

说明：这是一段关于著名的邓禄普（Dunlop）公司的介绍。邓禄普公司生产轮胎，1888 年在英国成立。инновационный：创新的，革新的。разработка：深入研究。поистине：〈文语〉真正。индустрия：工业。上例中，веха 是书面语词，意思是"наиболее важный, основной этап в развитии чего-л."，它常用作复数形式，表示"重要阶段，里程碑"。

3) **Инновация** — это душа прогресса любой нации, а также **неиссякаемый** источник

развития и процветания страны.

创新是民族进步的灵魂，是一个国家兴旺发达的<u>不竭源泉</u>。

说明：这句中，俄语 инновáция（创新）和 неиссякáемый（取之不尽的）都是书面语词。

4) **Шаровáя мéльница** предназнáчена для вторúчного измельчéния пóсле дроблéния материáлов.

<u>球磨机</u>是物料被破碎之后再进行粉碎的设备。

说明：шаровóй：球的；球状的。мéльница：磨，磨机，研磨机，粉碎机。

измельчéние：捣碎，砸碎，弄碎。дроблéние：击碎，破碎。шаровáя мéльница（球磨机）是书面语词，是机械术语。

2. 翻译下列句子，注意口语词的翻译。

1) — Послýшай, старинá, — обратúлся судья к Цвúбушу. — Ты где породúл эту **красóтку**, на лунé или на землé? (А. Чехов, *Ненужная победа*)

"喂，老头子，"法官转脸对茨维布什说，"你搁哪儿生的这个<u>美人儿</u>，在月亮上还是地上？"

说明：старинá：〈口语〉（多用作称呼）老人家，老爷子。породúть：〈旧〉生，生育。上例中，красóтка 的意思是"хорóшенькая, миловúдная жéнщина, дéвушка"，但这是一个俗语词，所以可以处理成"美人儿"或者"漂亮妞儿"。

2) — А от Волóдьки **тóлку** мáло. Егó никогдá нет, он вéчно в командирóвках.

"沃洛季卡没什么用，他老不在家，没完没了地出差。"

说明：Волóдька：沃洛季卡（人名），Владúмир（弗拉基米尔）的昵称。上句中，толк 用作口语词，意思是"прок, пóльза"，即"用处"。

3) Однáжды Гéнка узнáл, что за три квартáла от их дóма идёт стáрый фильм, о котóром приятели отзывáлись кóротко, но вырáзительно: "**Мировóй!**" (А. Алексин, *Неправда*)

有一次根卡听说，在离他们家三条街之外的地方正放映一部老电影，伙伴们对它的评价简短而生动："<u>呱呱叫！</u>"

说明：Гéнка：根卡（人名），Геннáдий（根纳季）的昵称。квартáл：街区（城市中四面是街道或广场的区域）。отзывáться：评论，评价。мировóй 有"世界的"意思，也有转义用法，用作俗语词，意思是"óчень хорóший, замечáтельный"。

上句中，мировóй 用作转义，翻译时，考虑到这个词带有俗语色彩，加上汉语的表达结果应当符合原文的要求——"кóротко, но вырази́тельно"，所以用"呱呱叫"来翻译，非常贴切。

3.　翻译下列句子，注意词语褒贬色彩的传达。

1) — Как вот э́так сде́лаю, он [ребёнок] так и просия́ет, **голу́бчик**. (Л. Толстой, *Анна Каренина*)

　　"我这么逗他一下，他就会眉开眼笑，<u>小宝贝</u>。"（李忠清、余一中　译）

　　说明：просия́ть：喜笑颜开，眉开眼笑，容光焕发。上句中，голу́бчик 是口语词，是"ла́сковое обраще́ние мужчи́ны и́ли же́нщины"，带有褒义色彩。上面这个译文用"小宝贝"来翻译，传达了这一色彩。

2) "Всё равно́, **дрянь** и **га́дина**", — мими́чески отве́тил Ко́ля. (Б. Пастернак, *Доктор Живаго*)

　　科利亚的表情作了这样的回答："不论怎么说，反正是<u>下贱，坏蛋</u>！"

　　说明：дрянь 和 га́дина 这两个词的本义分别是"［集］废物、无用的东西"和"爬行或两栖类动物"，都没有情感表现力色彩，但是在这句中用作转义，并都获得情感表现力色彩。дрянь：〈骂〉下贱货。га́дина：〈俗，蔑〉坏蛋，畜生，败类，恶棍。另外，мими́чески 是 мими́ческий（面部表情的，用面部表情技巧表演的）的副词。

3) — Проща́йте, мой **дружо́к**, — отвеча́ла графи́ня. — Да́йте поцелова́ть ва́ше хоро́шенькое **ли́чико**. (Л. Толстой, *Анна Каренина*)

　　［译文一］"再见，我的<u>好朋友</u>，"老夫人回答说。"让我吻吻您漂亮的<u>脸蛋儿</u>吧。"（力冈　译）

　　［译文二］"再见，我的<u>小朋友</u>，"伯爵夫人回答说，"让我吻吻您的娇美的<u>脸蛋</u>吧。"（李忠清、余一中　译）

　　说明：графи́ня：伯爵夫人。上句中，дружо́к 是 друг（朋友）的表爱形式，译文一把它处理成"好朋友"，译文二处理成"小朋友"，都传达了原文的修辞色彩。ли́чико 是 лицо́的指小表爱形式，两个译文的处理结果基本一致——"脸蛋儿"和"脸蛋"，都具有表爱色彩。需要注意的是，句中 хоро́шенький 的意思是"长得不错的，好看的，（外貌）可爱的"，不是 хоро́ший（好的，美好的，优秀的，有益的，健康的，正确的）的表爱形式。

4) "Об э́том нам ду́мать не́чего, э́то гото́во; а нам хо́чется вы́думать что́-нибудь своё и **но́венькое**". (Л. Толстой, *Анна Каренина*)

"这用不着我们去考虑，都是现成的；不过，我们还要想出一种自己的<u>新鲜的玩艺儿</u>来。"（靳戈　译）

说明：но́венький 是 но́вый（新的）表爱形式，上面这个译文利用词组"新鲜的玩艺儿"将这个意味传达出来了。

5) "Поцелу́й же ру́чку у ба́рина, **глу́пенькая**", — сказа́ла ей Ари́на. (И. Тургенев, *Отцы и дети*)

"傻丫头，你亲亲老爷的手呀，"阿林娜对她说。（磊然　译）

说明：глу́пенький 是 глу́пый 的表爱形式。

6) Кита́йская на́ция — э́то на́ция **незауря́дной** креати́вности.

中华民族是具有非凡创造力的民族。

说明：незауря́дный 的意思是"出众的，非凡的，超群的，杰出的，出类拔萃的"，词义本身具有褒义色彩。креати́вность：创造性，创造力。

7) Но всё же **ниспроверга́тели** оте́чественной исто́рии, хотя́ и принесли́ мно́го вреда́, в по́лной ме́ре **свое́й це́ли не дости́гли**.

然而不管怎么说，这些<u>颠倒</u>祖国历史<u>黑白的人</u>，虽然也造成很多危害，但是并没有完全<u>得逞</u>。

说明：上句中，ниспроверга́тель 的意思是"打倒者，推翻者"，词义本身就带有贬义，翻译时只要将这个意思表达出来就可以了。由于这个词具有贬义，所以在翻译 свое́й це́ли не дости́гли 时，不宜表达成"实现自己的目标"，而要使译文前后保持修辞上的一致，都具有贬义色彩。

词组的翻译

本讲导言

前面第 2~6 讲介绍了词的翻译问题，这一讲的内容是词的组合，即词组的翻译。词组的翻译当然离不开单个词的翻译处理，如词义确定、词义引申、词汇修辞色彩传达等。这里所要分析的是词的搭配能力与翻译问题，重点介绍搭配能力不一致时的翻译方法和技巧。

课前思考

1. 试将 рубить дрова 和 рубить избу 这两个词组翻译成汉语。如果有困难，查一下词典。

   解答：рубить дрова 可译成"劈柴"。рубить избу 可译为"造木屋"，不能译为"劈木屋"或"砍木屋"。详细的解释可见"技法学习"第二自然段。

2. 请将 изменить тайне 和 умирающий ветер 这两个词组翻译成汉语。如果存在困难，查一查词典，看看能否得到解决。

   解答：изменить тайне 可译成"泄露秘密"，умирающий ветер 可译为"将要停息的风"。详细的解释可参看"技法学习"中的例 4、例 14。

技法学习

　　什么是词组？按照语法书上的定义，"词组是由实词和另一个（或另一些）实词形式在主从联系的基础上构成的句法组合"。翻译中值得关注的词组类型主要包括"动词＋名词""形容词＋名词"和"副词＋动词"。这三类词组分别体现了主从联系的三个类别，即支配联系、一致联系和依附联系。

　　我们知道，每个实词都有一定的搭配能力，但是在俄、汉语中，词的搭配能力是不尽相同的。比如，俄语 руби́ть 与汉语"劈"意思相同，都能与 дрова́（柴）搭配。在这一点上，它们的搭配能力是一致的。然而，руби́ть 可以与изба́（木屋）搭配，构成词组 руби́ть избу́，汉语要表达这个词组的意思，就不能说"劈木房"，而要说"造木屋"。在这一点上，руби́ть 和"劈"的搭配能力又是不同的。由此可见，俄语 руби́ть 与汉语"劈"的搭配能力既有相同之处，也有不同的地方。不过，要翻译 руби́ть избу́ 这样的词组，只要查一下词典，就会发现，руби́ть 有"建造（木建筑物）"这个意思，因此，这里的搭配问题实际上属于词义确定问题。不过，实践中还有一些词组，通过查词典可以确定每个词的意思，但是表达上仍然存在困难。如何解决这类难题，是下面重点要讨论的内容。

　　由于俄、汉语中词的搭配能力和习惯有同有异，因此翻译起来有时简单，有时困难。

一、"动词＋名词"的翻译

㊀ 搭配能力一致

　　对于搭配能力与习惯一致的词语，翻译时并不难办，照直处理就可以了。例如：

1) Нафанаи́л немно́го поду́мал и **снял ша́пку**. (А. Чехов, *Толстый и тонкий*)

　　纳法纳伊尔想了一忽儿，脱下帽子。（汝龙　译）

　　【译法分析】снять 有一个意思就是"脱下，摘下（指穿戴的东西）"，所以，снять ша́пку 就可以照直翻译成"摘下帽子"或"脱下帽子"。

不仅像 снять ша́пку 这种"动词＋具体名词"，汉语可以照直翻译，有些"动词＋抽象名词"，汉语也可以照直翻译。例如：

2) **Похорони́л** я в чужо́й, неме́цкой земле́ после́днюю свою́ **ра́дость** и наде́жду. (М.

Шолохов, *Судьба человека*)

我在远离故乡的德国土地上，<u>埋葬</u>了我那最后的<u>欢乐</u>和<u>希望</u>。（草婴 译）

【译法分析】俄语 похоронить 可以与 радость 和 надежда 搭配；汉语中，"欢乐""希望"这些表示抽象意义的名词，也可以被"埋葬"。所以上例中，"动词＋抽象名词"完全可以照直翻译成汉语。

3) В компании не стали **комментировать причину** переноса сроков выпуска последних iPhone.

公司没有出面<u>解释</u>新款 iPhone 推迟上市的<u>原因</u>。

【原文释疑】

перенос：改期，推迟。

【译法分析】комментировать 除了有"注释、注解"的意思之外，还有"解释、说明"的意思，这个意思完全可以与"原因"搭配。所以上例中，只要选准 комментировать 的词义，就可以照直翻译 комментировать причину 这个动词词组。

（二）搭配能力不一致

俄语中某些在意义、逻辑、习惯上能搭配的词，其汉语中的对应词不一定能搭配。遇到这种情况，一般以原文中某个词为中心，适当变动另一个词，使之适应汉语的表达习惯。

1. 调整动词

在"动词＋名词"这类词组的翻译中，常常通过调整动词的译法，以适应名词的搭配要求。例如：

4) Письмо было написано приметно искажённым почерком, как будто боялись, что самые буквы **изменят тайне**. (М. Лермонтов, *Княгиня Лиговская*)

信是用假装的笔迹写的，仿佛生怕字母本身会<u>泄露秘密</u>。（冯春 译）

【原文释疑】

приметно：приметный（看得出来的，觉察得到的；明显的）的副词。

【译法分析】如果把 изменить тайне 照直译作"背叛秘密"，既生硬，又费解，因此有必要对动词进行调整。上面这个译文把 изменить 处理成"泄露"，非常恰当。仔细推敲一下，可以看出，这里所谓的"背叛秘密"，实际上就是"泄露秘密"。

5) Я заме́тил, что ром **проясни́л** его́ **угрю́мость**. (А. Пушкин, *Станционный смотритель*)

我看出来，罗姆酒<u>驱散</u>了他的<u>愁云</u>。（力冈　译）

【原文释疑】

　　ром：朗姆酒，糖蜜酒，罗姆酒（一种用甘蔗制的烈性酒）。

【译法分析】проясни́ть 在上例中用作转义，意思是 "сде́лать споко́йным, приве́тливым"，指 "（神色、面容、心境、目光等）变得开朗、舒畅、和悦"。угрю́мость 的意思是 "忧郁，愁眉苦脸，阴沉"。可见，проясни́ть угрю́мость 难以照直翻译。上面这个译文主要是对动词 проясни́ть 进行了调整，将它翻译成 "驱散"，这就和 "忧郁" 或 "愁云" 搭配了。

有时候，俄语一个动词可以支配两个或两个以上的名词，这时候需要注意的是：受搭配能力的限制，这个俄语动词翻译成汉语后，有可能要表达成不同的汉语动词，以适应不同名词的搭配要求。例如：

6) — И, помири́вшись с жено́й, он **наде́л** оли́вковое с ба́рхатным воротничко́м **пальто́** и **шля́пу** и пошёл в сту́дию. (Л. Толстой, *Анна Каренина*)

他同妻子和解之后，便<u>穿</u>起天鹅绒领子的橄榄色<u>大衣</u>，<u>戴上帽子</u>，朝画室走去。（力冈　译）

【原文释疑】

　　оли́вковый：橄榄色的。ба́рхатный：丝绒制的，天鹅绒制的。воротничо́к：воротни́к（衣领，领子）的指小。сту́дия：（画家或雕塑家的）工作室，画室，雕塑室。

【译法分析】上例中，наде́ть 的意思是 "натяну́ть, надви́нуть (оде́жду, о́бувь, чехо́л и т. п.), покрыва́я, облека́я"，指 "穿上，戴上，套上（衣帽等）"，翻译成汉语时，要根据 наде́ть 所支配的名词来定。上例中，наде́л 有两个同等补语——пальто́（大衣）和 шля́пу（帽子），所以翻译成汉语后，наде́л 必须用两个不同的动词来表达。上面这个译文使用了 "穿" 和 "戴" 这两个动词，分别支配 "大衣" 和 "帽子"，完全符合汉语的搭配要求。

2. 其他译法

如果动词难以调整，可以试着调整名词，必要时，也可对整个动词词组进行引申。

例如：

7) Восхищéние пред э́тою его́ карти́ной **шевельну́ло** в Миха́йлове пре́жнее **волнéние**.
(Л. Толстóй, *Анна Карéнина*)

参观者对这幅画的赞叹，<u>触动了米哈伊洛夫往日的激情</u>。（李忠清、余一中　译）

【译法分析】上例中，шевельну́ть 的意思是"使振奋，激发，触动"，волнéние 的意思是"激动；着急，焦躁，焦急"。可见，这两个词的汉语意思在字面上无法直接搭配。上面这个译文对名词 волнéние 进行了调整，把它译作"激情"，这样就与动词"触动"搭配了。

8) Прия́тели троекра́тно облобыза́лись и **устреми́ли** друг на дру́га **глаза́**, по́лные слёз.
(А. Чéхов, *Толстый и тонкий*)

两个朋友互相拥抱，吻了 3 次，然后彼此<u>打量着，眼睛里含满泪水</u>。（汝龙　译）

【原文释疑】

троекра́тно：三次地。облобыза́ться：〈旧，现用作谑〉互吻，接吻，亲嘴。上例中的 прия́тели 指的就是 то́лстый（胖子）和 то́нкий（瘦子）这两个朋友。

【译法分析】устреми́ть：把……对着，朝向；〈转〉把……集中到。глаза́：眼睛；目光，眼光，视线。如果把 устреми́ть глаза́ 照直翻译成"把目光朝向"或者"把目光集中到"，放在上例中都不妥当。上面这个译文，将这个词组作了整体引申，用"打量"来翻译，准确地表达了原文的意思。

二、"形容词 + 名词"的翻译

(一) 搭配能力一致

对于搭配能力一致的"形容词 + 名词"，翻译时可以照直处理。

9) Все **счастли́вые сéмьи** похо́жи друг на дру́га, ка́ждая **несчастли́вая семья́** несчастли́ва по-сво́ему. (Л. Толстóй, *Анна Карéнина*)

<u>幸福的家庭家家相似</u>，<u>不幸的家庭各各不同</u>。（草婴　译）

10) Я сам тóже — я не люблю́ **людéй двули́чных**. (Н. Гóголь, *Ревизóр*)

我自己也是这样的：我不喜欢<u>口是心非的人</u>。（芳信　译）

【原文释疑】

двули́чный：口是心非的，两面性的，阳奉阴违的，伪善的。

11) При э́том существу́ют проду́кты, кото́рые по́ртят настрое́ние. Нейропсихо́лог отме́тила, что к ним мо́жно отнести́ **энергети́ческие напи́тки**.

同时，也有一些食物会破坏情绪。这位神经心理学家指出，可以把<u>能量饮料</u>归为这类食物。

【原文释疑】

нейропсихо́лог [нэ]：神经心理学家。

【译法分析】上例中，所提到的这名 нейропсихо́лог 是一位女性，所以谓语动词使用了阴性形式。энергети́ческие напи́тки 可以照直译为"能量饮料"，也可以译为"功能饮料"。

二 搭配能力不一致

有些"形容词 + 名词"类词组，其构成都是熟词，但是看上去似乎无法照直处理。遇到这种情况时，先不要着急去调整，而要查一下词典，很可能是其中的一个词（特别是形容词）具有多义性。如果是这样的话，那就需要按照词义确定的要求去做，选择恰当的词义来翻译就可以了。例如：

12) Эта **нехи́трая рабо́та** на мину́ту отвлекла́ его́; он присе́л на ко́рточки, гля́дя на ого́нь.

这个<u>简单的活儿</u>暂时吸引了他。他看着火，蹲了下来。

【译法分析】нехи́трый 有"不狡猾的，心地忠厚的"意思，但是不要把 нехи́трая рабо́та 理解成"不狡猾的工作"，然后在此基础上引申。实际上，нехи́трый 还有另一个意思："просто́й, несло́жный, незамыслова́тый"。这是口语用法，指的是"简单的，不难的"。所以，遇到一些看似无法照直翻译的词组，包括这里所说的"形容词 + 名词"类词组，先别着急引申，最好查一查词典。

13) Ды́ня сама́ по себе́ **тяжёлый проду́кт**, потому́ её лу́чше есть в промежу́тках ме́жду приёмами пи́щи.

甜瓜本身是<u>难消化的食物</u>，所以最好在两餐之间食用。

【原文释疑】

промежу́ток：间隔，间隙。

【译法分析】тяжёлый 的本义是"重的、沉重的"，但 тяжёлый проду́кт 并不是指食物的重量。在和表示食物的名词搭配时，тяжёлый 还有另一个意思，指"难消化的、腻人的"，所以要先查一下词典，不能望文生义，更不能胡乱引申。

如果与词的多义性无关，则需要进行调整。

1. 调整形容词

在"形容词+名词"这类词组中，通常是根据名词的搭配要求来调整形容词。

14) Лишь и́зредка **умира́ющий ве́тер** шуме́л верши́нами тополе́й, окружа́ющих рестора́цию. (М. Лермонтов, *Герой нашего времени*)

只是偶尔有将息的风吹得饭馆周围杨树的梢头沙沙作响。（**力冈　译**）

【原文释疑】

рестора́ция：〈旧〉＝рестора́н（饭店；餐厅）。

【译法分析】умира́ющий 是 умира́ть 的形动词，起形容词作用。умира́ть 的意思是"死亡""消亡""消逝"。如果用"正在死亡（或消亡）的"来修饰"风"的话，就不太搭配了。所谓"风"正在"死亡"，指的就是"快要停了"。上面这个译文对 умира́ющий 进行调整，译成"将息的"，既准确表达了原文意思，又符合汉语的搭配习惯。

15) Аэродро́мы стро́ились в **непосре́дственной бли́зости** от грани́цы.

许多机场建得离边境很近。

【译法分析】непосре́дственный 的字典解释是"直接的"。不过，汉语"直接的"不能与"近"（бли́зость）搭配。翻译时，需要对 непосре́дственный 进行调整，将它译作"很"或"非常"。

2. 其他译法

如果形容词难以调整，可以试着调整名词，以适应形容词的搭配要求。必要时，也可对整个形容词词组进行引申。例如：

16) Два осироте́вших челове́ка, две песчи́нки, забро́шенные в чужи́е края́ вое́нным урага́ном **неви́данной си́лы**... Что́-то ждёт их впереди́? (М. Шолохов, *Судьба человека*)

两个失去亲人的人，两颗被空前强烈的战争风暴抛到异乡的砂子……什么东西在前面等着他们呢？（草婴　译）

【原文释疑】

осироте́ть：成为孤儿。песчи́нка：沙粒，一粒沙。

【译法分析】неви́данный 的意思是"从来没见过的，从来没有过的，空前的"。如果把 неви́данная си́ла 翻译成"空前力量"，那就无法修饰"风暴"

（ypaгáн）这个词。上面这个译文对 сила 进行了调整，译作"强烈"，非常到位。

17) Анна с Вро́нским уже́ давно́ перегля́дывались, сожале́я об **у́мной говорли́вости** своего́ прия́теля. (Л. Толсто́й, *Анна Каренина*)

［译文一］※安娜和伏伦斯基早就在互相使眼色，为他们这位朋友<u>聪明的饶舌</u>而抱憾。

［译文二］安娜和弗龙斯基为朋友的<u>高谈阔论</u>而感到遗憾，早就在交换眼色了。

（李忠清、余一中　译）

［译文三］安娜和伏伦斯基为自己的朋友<u>大发议论</u>感到遗憾，早就在互相使眼色。（力冈　译）

【译法分析】上例中，у́мный 的意思是"有道理的，聪明的，高深的"，говорли́вость 的意思是"爱说话，饶舌"。两个词的汉语意思在字面上无法直接搭配。у́мная говорли́вость 是指话说了很多，并且话的内容挺高深或挺有道理。对于这个词组，译文一仅照字面翻译成"聪明的饶舌"，搭配上很不恰当。译文二和译文三对整个词组进行了引申，分别译作"高谈阔论"和"大发议论"，都准确地传达了原文的意思。

18) Про нали́чные де́ньги здесь забы́ли давно́: мы везде́ распла́чиваемся электро́нными кошелька́ми WeChat и Alipay. По́сле до́лгой жи́зни здесь забыва́ешь, что **остально́й мир** рабо́тает по-друго́му.

这里早就忘了现金：我们到处都用微信和支付宝这两种电子钱包来付账。在这里生活久了，你会忘记<u>世界其他地方</u>在用另外一种方式付账。

【原文释疑】

распла́чиваться：支付，付款。электро́нный кошелёк：电子钱包。

【译法分析】上例中，如果把 остально́й мир 翻译成"其他世界"，显得很不通顺，所以有必要调整一下汉语说法，改成"世界其他地方"。

㊂　多修饰语的处理

这里所说的多修饰语，是指多个形容词修饰同一个名词。当一个名词受到多个形容词修饰时，形容词的排列是有一定顺序的。俄语有俄语的顺序，汉语有汉语的顺序，不尽相同。翻译时，不能一味地照搬俄语的修饰顺序，应当根据需要作出适当的调整。

例如：

19) Вот уе́здный городо́к с **деревя́нными кривы́ми** доми́шками, бесконе́чными забо́рами, **купе́ческими необита́емыми ка́менными** строе́ниями, стари́нным мо́стом над глубо́ким овра́гом... (И. Тургенев, *Лес и степь*)

您来到小小的县城，一座座歪歪斜斜的木屋，看不见头尾的栅栏，没有人的石头店房，深沟上的古桥……（力冈　译）

【原文释疑】

доми́шко：дом（房子，房屋）的指小表卑。купе́ческий：商人的。овра́г：冲沟，沟壑，峡谷。

【译法分析】如果照搬俄语的修饰顺序，把 деревя́нными кривы́ми доми́шки 译成"（一座座）木头的歪歪斜斜的房子"，既累赘，又不符合汉语的修饰习惯。同样，要是把 купе́ческие необита́емые ка́менные строе́ния 翻译成"商人的没人住的石头的房子"，那就更不堪卒读了。

20) Согла́сно прое́кту в це́нтре **большо́й но́вой полукру́глой Тро́ицкой** пло́щади намеча́лось возвести́ ка́менный храм.

根据这一方案，在新的半圆形圣三一大广场中央，计划建一座石头教堂。

【原文释疑】

намеча́ться：在计划中，在拟议中，打算，预计。возвести́：建造，建起。

【译法分析】上例中，广场的名称中就有形容词 тро́ицкий，而修饰这个广场名称的还有另外三个形容词，所以如何排列汉语译文的词序，非常重要。处理得好，既可以准确表达原文意思，还可以删去一些"的"字，达成译文简练。处理得不好，译成"大的新的半圆形的圣三一广场"，那可就真是"的的不休"了。

21) Одна́ украи́нская раке́та сби́ла над Чёрным мо́рем **гражда́нский росси́йский** самолёт, друга́я протара́нила жилу́ю многоэта́жку под Ки́евом.

乌克兰的一枚导弹曾在黑海上空击落一架俄罗斯民航客机，另一枚则打穿了基辅郊外的一幢多层居民楼。

【原文释疑】

протара́нить：〈军〉撞破，撞穿（指用船头、飞机等直撞敌人的船只、飞机等）。многоэта́жка：〈口语〉多层楼房，多层建筑。

【译法分析】要是把 гражда́нский росси́йский самолёт 翻译成"民航的俄罗斯飞

机", 汉语没有这样的说法, 翻译成"民用的俄罗斯飞机", 稍显别扭, 更主要的是意思不明确, "民用的"飞机并不特指民航客机, 还可以是其他飞机。

三、"副词 + 动词" 的翻译

同前面提到的两类词组一样, 在翻译"副词+动词"时, 如果照直翻译符合汉语习惯, 那就照直翻译, 否则的话, 就需要对其中的某个词进行调整, 以适应汉语的表达习惯。

一 搭配能力一致

22) — Покори́ться, — **ме́дленно повтори́ла** Ната́лья, и гу́бы её побледне́ли. (И. Тургенев, *Рудин*)

"屈服。"娜塔里娅慢慢地重复道。她的嘴唇发白了。 (徐振亚 译)

【译法分析】ме́дленно 的意思"慢慢地"与"重复"(повтори́ть) 完全搭配, 所以 ме́дленно повтори́ть 可以照直翻译成汉语, 不需要任何调整。

23) Схвати́л [он] топо́р, отбежа́л, **я́ростно рубану́л** сосну́. (Б. Васильев, *А зори здесь тихие...*)

[他] 抓起斧头, 奔到一棵松树跟前拼命砍了起来。 (施钟 译)

【译法分析】я́ростно 是个多义词, 在上例中的意思是"使劲地、拼命地(指某种动作)"。рубану́ть 也是多义词, 这里的意思是"砍"。只要确定好词义, я́ростно рубану́ть 是可以照直翻译的。

二 搭配能力不一致

1. 调整副词

遇到无法照直处理的"副词 + 动词"类词组, 通常要变通副词的翻译形式, 使之适应动词的搭配习惯。

24) В одно́ у́тро Ари́на яви́лась к нему́ [Никола́ю Петро́вичу] в кабине́т и, по обыкнове́нию, **ни́зко поклони́вшись**, спроси́ла его́, не мо́жет ли он помо́чь её до́чке, кото́рой и́скра из пе́чки попа́ла в глаз. (И. Тургенев, *Отцы и дети*)

有一天早上阿林娜来到他的书房, 照例深深地一鞠躬, 然后问他能不能给她的女儿治病——炉子里的一颗火星蹦到她的眼睛里去了。 (磊然 译)

【译法分析】如果把 ни́зко 照字面翻译成"低低地"，就和"鞠躬"这个词不很搭配。上面这个译文对 ни́зко 进行了调整，把它处理成"深深地"，这与"鞠躬"一词就搭配了。

25) — Как поду́маешь, ско́лько вре́мени [мы] не вида́лись, — **мечта́тельно промо́лвила** Ма́рья Дми́триевна. (И. Тургенев, *Дворянское гнездо*)

"想想看，我们这么长时间没见面了。"玛丽娅·德米特里耶芙娜<u>若有所思地说</u>。（林纳 译）

【原文释疑】

вида́ться:〈口语〉会见，见面。промо́лвить：说，说出。

【译法分析】上例中，мечта́тельно 是 мечта́тельный 的副词。мечта́тельный 的词典释义包括"好幻想的；幻想家所具有的，沉入幻想的；充满幻想的，充满梦幻的"。这些表达都难以和汉语"说"直接搭配，勉强能搭配的，如"充满幻想地（说）"，在这里也显得意思不明了。上面这个译文将 мечта́тельно 引申表达为"若有所思地"，不仅意思准确，表达上也更自然。

26) Впро́чем, курс е́вро по отноше́нию к рублю́ **жёстко зави́сит** от ситуа́ции на мировы́х ры́нках.

不过，欧元对卢布的汇率<u>完全取决于</u>国际市场的行情。

【译法分析】上例中，жёстко 用作转义，意思是"硬性地"。汉语这样的表达不能与"取决于"（зави́сеть）搭配，所以有必要进行调整。这里可将 жёстко 引申翻译为"完全地"，以便适应"取决于"的搭配要求。

2. 其他译法

如果调整副词难以实现搭配要求，可以尝试调整动词，甚至对整个词组进行引申。例如：

27) И он не раз **мы́сленно обраща́лся** к ма́ю 1942 го́да.

他不止一次地<u>回想</u>起 1942 年 5 月。

【译法分析】мы́сленно 是 мы́сленный（心里想的，想像中的，脑子里想的）的副词，обраща́ться 在上例中的意思是"转向"。мы́сленно обраща́ться 的字面意思是"思想上转向"，但是这样表达很生硬，需要进行调整。可是单独调整某一个词，似乎也难以恰当地表达。上面这个译文对整个词组进行了引申，把它处理成"回想"，符合原文的意思。

⚠ 本讲结语

词组翻译以词义确定为基础。遇到看似搭配不一的词组，首先要把每个词的词义查清楚，确实属于搭配能力问题的，才有必要进行调整。调整时，"动词＋名词"类词组以调整动词为主，"形容词＋名词"类词组以调整形容词为主，"副词＋动词"类词组以调整副词为主。如果这几种方法仍然解决不了搭配问题，那就可以尝试调整另一个词，必要时，可对整个词组进行引申。总之，词组翻译中的搭配问题，主要是在准确传达原文意思的前提下，努力使译文的表达符合汉语的习惯。

📖 翻译练习参考答案

1. 将下列句子翻译成汉语，注意"动词＋名词"的翻译。

1) Тут са́мое гла́вное — не **ра́нить се́рдце** ребёнка, что́бы он не уви́дел, как бежи́т по твое́й щеке́ жгу́чая и скупа́я мужска́я слеза́... (М. Шо́лохов, *Судьба́ челове́ка*)

这时最重要的是不要伤害孩子的<u>心</u>，不要让他看到，在你的脸颊上怎样滚动着吝啬而伤心的男人的眼泪……（草婴 译）

说明：ра́нить 有"刺伤，刺痛，挫伤（心灵）"的转义用法，ра́нить се́рдце 可以进行直译，不需要调整。另外，жгу́чий 在句中的意思是"难以忍受的，痛苦的"。

2) Я заплачу́, **заплачу́ де́ньги,** но у меня́ тепе́рь нет. (Н. Го́голь, *Ревизо́р*)

我会付的，我会<u>付钱</u>的，可是现在，我连一个子儿也没有。（芳信 译）

说明：这句中的词组属于搭配能力一致情形，可照直翻译。

3) Необходи́мо серьёзно **обобща́ть** и **испо́льзовать** успе́шный **о́пыт** осуществле́ния поли́тики рефо́рм и откры́тости.

必须认真<u>总结</u>和<u>运用</u>改革开放的成功<u>经验</u>。

说明：这句中，обобща́ть о́пыт 和 испо́льзовать о́пыт 都可以照直翻译成汉语，属于搭配能力一致的情形。

4) И **ви́дел Фили́пп сон.** Всё, ви́дел он, измени́лось: земля́ та же са́мая, дома́ таки́е же, воро́та пре́жние, но лю́ди совсе́м не те ста́ли. (А. Че́хов, *Умный дворник*)

菲里普<u>做</u>了个<u>梦</u>。他梦见一切都变了：世界还是那个世界，房屋还是那些房屋，大门依旧像从前那样，然而人却完全不同了。（汝龙 译）

说明：ви́деть сон 不能译成"看见梦"，所以要调整动词 ви́деть 的译法，使它适合名词"梦"的搭配要求，汉语通常说"做梦"。

5) Они́ меня́ забавля́ют, **волну́ют** мне **кровь**. (М. Лермонтов, *Герой нашего времени*)

他们能使我快活，<u>使我热血沸腾</u>。（冯春 译）

说明：волнова́ть 的本义是"使波动、掀起波浪""使呈波浪状起伏"；转义是"激动""激发""使焦急不安"。这些汉语表达与"血"（кровь）都无法搭配。上面这个译文对 волнова́ть 进行了调整，把它译成了"使沸腾"，很好地解决了搭配问题。

2. 将下列句子翻译成汉语，注意"形容词＋名词"的翻译。

1) В **ночно́й переры́в**, подкла́дывая в то́пку ку́ба дрова́, Па́вка присе́л на ко́рточках пе́ред откры́той две́рцей. (Н. Островский, *Как закаля́лась сталь*)

<u>夜间休息</u>的时候，保尔蹲在打开的炉门前，往炉膛里添劈柴。（黄树南 译）

说明：这句中的词组翻译属于搭配能力一致情形，可以照直翻译。另外，то́пка：〈技〉炉膛，燃烧室，火箱。куб：开水炉。

2) Вчера́ мы с президе́нтом В. В. Пу́тиным провели́ **плодотво́рные перегово́ры**, по́сле чего́ при́няли уча́стие в церемо́нии откры́тия Го́да кита́йского тури́зма в Росси́и.

昨天，我同普京总统举行了<u>富有成果的会谈</u>，并共同出席了俄罗斯中国旅游年开幕式。

说明：这句中的词组翻译属于搭配能力一致情形。плодотво́рные 的意思"富有成果的、富有成效的"与 перегово́ры 的意思"会谈"可以直接搭配，所以可以照直翻译。

3) Впро́чем, **ре́дкая мать** понима́ет дочь свою́. (И. Тургенев, *Рудин*)

<u>话又说回来，也没几个母亲</u>能理解自己的女儿。

说明：ре́дкий 在句中的意思是"принадлежа́щий к числу́ немно́гих, далеко́ не вся́кий, далеко́ не ка́ждый"，词典上的解释一般是"少有的，远非所有的"，直接与"母亲"（мать）搭配有点生硬。这里不妨对 ре́дкий 的译法进行调整，所谓"少有的"，换个说法，就是"没几个"。此外，这句话还可译作"不过，做母亲的很少能理解自己的女儿"或者"不过话又说回来，天下做母亲的又有谁真正了解自己的女儿呢！"。可以看出，这两种译法对 ре́дкая мать 的调整幅度越来越大。

4) Са́мые **ра́дужные наде́жды** оберну́лись го́рьким разочарова́нием.

<u>最美好的希望</u>化为了痛苦的失望。

说明：ра́дужный 在句中用作转义，意思是"愉快的，快乐的；有喜兆的，有幸福之兆的"。如果把 ра́дужные наде́жды 翻译成"快乐的希望"，意思不很明了；翻译成"有喜兆的希望"，搭配似乎不通。这里可对 ра́дужный 进行调整，把它译作"好的""美好的"等形式。

5) [Он] ме́дленно по́днял кве́рху **свои́ больши́е ти́хие** глаза́. (И. Тургенев, *Бежин луг*)

他慢慢地向上抬起<u>他那双沉静的大眼睛</u>。（力冈 译）

6) Здесь же был произведён **са́мый знамени́тый сове́тский** сериа́л "Семна́дцать мгнове́ний весны́".

<u>苏联最著名的影片</u>《春天的十七个瞬间》就是在这儿拍摄的。

7) В э́том году́ на фестива́ль мы собра́ли **лу́чшие росси́йские и зарубе́жные** теа́тры.

今年的汇演我们召集了<u>俄罗斯国内外最优秀的</u>剧院。

3. **将下列句子翻译成汉语，注意"副词 + 动词"的翻译。**

1) Для созда́ния соотве́тствующих усло́вий пана́мские вла́сти **акти́вно привлека́ют** ча́стных инве́сторов.

为了创造相应的条件，巴拿马当局<u>积极吸引</u>私人投资者。

说明：пана́мский 指"巴拿马的"。

2) Н. Ша́хова **скоропости́жно сконча́лась** по доро́ге на одно́ из телевизио́нных интервью́.

N.沙霍娃在去一个电视采访的途中<u>猝然去世</u>。

说明：скоропости́жно 的意思是"猝然地，突然地"；сконча́ться 的意思是"逝世，去世"，所以这两个词构成词组，汉语可以照直翻译，不需要调整，如"突然去世""猝然去世"等。

3) Молоды́е лю́ди должны́ **сме́ло взять** на себя́ ту отве́тственность, кото́рую возложи́ло на них вре́мя.

广大青年要<u>勇敢肩负</u>起时代赋予的重任。

说明：взять на себя́ *что* 是固定短语，意思是"担负起来"。这句话中，这个动词短语被副词 сме́ло（勇敢地）修饰，照直翻译成"勇敢地担负起"或"勇敢肩负起"同样合乎汉语的搭配要求，所以不需要作出调整。

4) Он **картинно стоит** в дверях своей лавочки, выпятив грудь, окунув пальцы в жилет.

(Ю. Кокошко, *Любовь к восемьдесят пятому году*)

<u>他优雅地站</u>在自己小店的门口，挺着胸，手指插在马甲口袋里。

说明：上句中，картинно 的意思是"优美如画地"，与"站"这个动词不太搭配，需要进行调整。

5) Эти и многие другие факты ошеломляли, заставляли [его] **крепко задумываться**.

这些事实以及许多其他事实令他震惊，令他<u>深思</u>。

说明：这句话中，крепко 用作俗语词，意思是"очень，сильно"，指"强烈地，很有力地，很厉害地"，在字面上难以与"思考"（задумываться）搭配。翻译时，可对 крепко 这个词进行引申，把它处理成"深入地"这样的意思。

第八讲

成语的翻译

本讲导言

　　词与词的组合便构成了词组。俄语中，有的词组是词的自由组合，有的词组则是词的固定组合。上一讲我们介绍了词组的翻译，当中的词组都是词的自由组合。而词的固定组合便是成语，成语的翻译就是本讲所要探讨的内容。

课前思考

　　1. 下面两个译文中，哪个译文对原文黑体词处理得更好？请说明理由。

　　Одно́ пла́тье на Та́ню, кото́рое взяла́сь шить англича́нка, **испо́ртило мно́го кро́ви** Да́рье Алекса́ндровне.

　　a) 英国女人给塔尼娅缝的一件连衣裙，花了达丽娅·阿列克山德罗夫娜许多心血。

　　b) 为了英籍家庭女教师替塔尼雅改制的那件衣服，陶丽大为生气。

　　解答：译文 a 因为没有准确识别原文中的成语而导致理解有误，译文 b 是正确的。详细的解释可参阅"技法学习"中的例 1。

　　2. 俄语成语 руко́й пода́ть 有时可以译作"伸手可及"，有时可以译为"抬脚就到"，有时还翻译成"很近"。比较一下，这三个译法有什么共同之处，又有什么不同的地方？

　　解答：这三个译法的共同之处是有着相同的含义，不同的地方是前两个译文带有形象性。另可参阅"技法学习"中的例 11。

技法学习

成语（фразеологи́зм）是语言中经过长期使用、锤炼而形成的固定短语。俄语成语可以分为四个类别。

第一类成语是成语的意义与构成成语的各个词语的意义之间毫无联系。例如 соба́ку съесть，这个成语的字面意思是"吃狗"，可是实际含义是"很内行，精通"，两者之间没有任何联系。这类成语被称为溶合性成语（фразеологи́ческое сраще́ние）。

第二类成语是成语的意义可以从各个词的意义中推导出来，即利用隐喻的方式，由字面义获得新的含义。例如 бе́лая воро́на，这个成语的字面意思是"白乌鸦"。我们知道，乌鸦一般都是黑的，"白乌鸦"显然是与众不同的，所以这个成语的实际含义是"与众不同的人"。这类成语被称作接合性成语（фразеологи́ческое еди́нство）。

第三类成语是组合性成语（фразеологи́ческое сочета́ние）。这类成语中，只有一个词用于非自由意义，其他词语都用于自由意义。例如，закады́чный друг（挚友）这个成语中，закады́чный 一词用于非自由意义，只与表示"友谊"一类意义的词语，如 дру́жба（友谊），прия́тель（朋友）等搭配。

第四类成语最为松散，是一些习用的固定词组，被称为联合性成语（фразеологи́ческое выраже́ние），如 междунаро́дная аре́на（国际舞台），вы́сшее уче́бное заведе́ние（高等学校）等。另外，还有人把谚语（посло́вицы）、俗话（погово́рки）、名言（крыла́тые слова́）、套话（речевы́е шта́мпы）等语言单位也看作成语，并把它们归入联合性成语当中。

一、俄语成语的识别

我们知道，汉语成语大多由四个字构成，比较直观，而俄语成语在构成上没有相对固定的词数，因此，识别俄语成语是一个基本问题。如果把成语当作自由词组来理解和翻译，就会影响译文的正确性。例如：

1) Одно́ пла́тье на Та́ню, кото́рое взяла́сь шить англича́нка, **испо́ртило мно́го кро́ви** Да́рье Алекса́ндровне. (Л. Толстой, *Анна Каренина*)

［译文一］※英国女人给塔尼娅缝的一件连衣裙，<u>花了</u>达丽娅·阿列克山德罗夫娜<u>许多心血</u>。

［译文二］※唯有丹妮娅穿的那件连衣裙，英国家庭女教师拿去缝的那一件，让达丽雅·亚历山德罗芙娜<u>费了许多的心血</u>。

［译文三］为了英籍家庭女教师替塔尼雅改制的那件衣服，陶丽<u>大为生气</u>。（草婴 译）

【译法分析】pópτить кровь *кому* 是一个成语，意思是"пópτить настрое́ние кому́-л., раздража́ть кого́-л."，指"触怒、使生气""使扫兴"，没有"费……的心血"的意思。上面三个译文，只有译文三是正确的，译文一和译文二可能是把这个成语当自由词组来理解了，并不准确。

2) Говори́ли ли ... об вы́делке горя́чего вина́, и в горя́чем вине́ **знал** он **прок**. (Н. Гоголь, *Мёртвые души*)

［译文一］※谈到加工烧酒，他也<u>知道</u>烧酒里有什么<u>益处</u>。

［译文二］提到造酒——他在这方面也<u>很在行</u>。（陈殿兴、刘广琦 译）

【原文释疑】

вы́делка: вы́делать – выде́лывать（制造）的动名词。

【译法分析】прок 的意思是"益处、用处、好处"，于是译文一把 знать прок в горя́чем вине́ 处理为"知道烧酒里有什么益处"。不过，这只是字面的理解，并不准确。实际上，знать прок *в чём* 是一个成语，意思是"быть све́дущим, разбира́ться в чём-л."，指"（对……）内行，懂行"。译文一把它当成自由词组，仅仅照字面来处理了，译文二才是正确的理解。

3) Рабо́ты у ста́рого ма́стера **хоть отбавля́й**, но он всегда́ нахо́дит вре́мя, что́бы позабо́титься о молоды́х.

［译文一］※虽然把老匠人的活儿<u>减轻</u>了一些，但他还是找时间关照一下年轻人。

［译文二］老师傅的活儿<u>多得不行</u>，但他总是能找出时间关照年轻人。

【原文释疑】

отбавля́ть: 分出，去掉，减去（一部分）。

【译法分析】译文一有望文生义之嫌，误以为 хоть отбавля́й 的意思是"虽然减轻"。实际上，хоть отбавля́й 是一个成语，带有口语色彩，意思是"о́чень мно́го"，指"多得不得了，太多"。

另一方面，有些成语是自由词组固化而来，但是同样的搭配形式有时也可以作为自由词组来使用，因此，不能把自由词组当作成语来理解和翻译。例如：

4) Тут он на́чал щипа́ть ле́вый ус, **пове́сил го́лову** и призаду́мался. (М. Лермонтов, *Герой нашего времени*)

［译文一］※他开始揪左边的胡子，<u>垂头丧气</u>，沉思起来。

［译文二］他动手捻捻左边的小胡子，<u>低下头沉思起来。</u>（草婴　译）

【原文释疑】

щипа́ть：揪，拔。призаду́маться：〈口语〉寻思起来，思量起来。

【译法分析】俄语中有 ве́шать (пове́сить) го́лову 这样一个成语，意思是"垂头丧气""悲观失望"。但是 ве́шать 与 голова́ 搭配，也可以是一个自由词组，表示"低头"。译文一把这个自由词组当作成语翻译了，不太准确；译文二的表达是正确的。

二、俄语成语的基本译法

如果从形象性的角度看，俄语成语有的不包含形象性，如 перочи́нный нож（铅笔刀），трудовы́е успе́хи（劳动成就），ни в чью（平局）等；有的则包含一定的形象，如 пуска́ть кра́сного петуха́（放火、纵火），де́ло в шля́пе（事情妥了）等。

从翻译的角度来说，没有形象性的成语相对简单一些，只要把它的含义表达出来就可以了；而有形象性的成语除了要将它的含义准确表达出来，还要考虑形象性的保留与否以及如何保留等问题。实际操作时，能复制的尽量复制，不能复制的应选取汉语中适当的形象进行替换，实在没有适当形象可替换的，那就只好舍弃形象，只传达俄语成语的实际含义。

（一）复制形象

俄、汉语中，有少量成语在形象意义和实际含义上完全相同，例如，лови́ть ры́бу в му́тной воде́（浑水摸鱼）；как гром среди́ я́сного не́ба（晴天霹雳）；Во́лос до́лог, да ум коро́ток（头发长，见识短——轻视妇女的说法）。这些成语翻译起来并不难，汉语有现成的说法。

这里所说的复制形象，是指那些俄语成语形象在汉语中并不存在，但是复制成汉语后，读者能从形象意义推断出实际含义。也就是说，复制俄语成语的形象，是能够被理解和接受的。既然如此，翻译这类成语时，就应当复制它们的形象。例如：

5) — Ка́жется, он ей нра́вится, а впро́чем, госпо́дь её ве́дает! Чужа́я душа́, ты зна́ешь, **тёмный лес**, а де́вичья и пода́вно. (И. Тургенев, *Дворянское гнездо*)

［译文一］"看样子她喜欢他，不过天知道她！你知道，别人的心思就像一座<u>黑暗的森林</u>，姑娘的心思更不用说。"（林纳 译）

［译文二］"好像她喜欢他，不过，天知道她！别人的心，你要知道，就像<u>不透光的树林</u>，女孩子的心就更不用说了。"（非琴 译）

【原文释疑】

ве́дать：知道，晓得。госпо́дь ве́дает：天晓得；谁知道怎么回事。пода́вно：〈俗〉（多半与 и 连用）更不用说，自然更……。

【译法分析】俄语成语 тёмный лес *для кого́* 的意思是"о чём-л. соверше́нно непоня́тном и́ли совсе́м незнако́мом для кого́-л."，指"完全不清楚（不懂）的事情"。上面两个译文并没有直接把这层意思点破，而是保留了原文的形象——"黑暗的森林"和"不透光的树林"，相信读者能够理解它的含义。

6) Моде́ль образова́ния не должна́ быть стати́чной, она́ должна́ развива́ться, **идти́ в ногу** со вре́менем.

教育模式不能一成不变，它应当不断发展，与时代<u>步调一致</u>。

【原文释疑】

стати́чный：静态的，静止的。

7) Вот я стари́к, стою́ **одно́й ного́й в моги́ле**, це́лый век про́жил, как и други́е, с грехо́м попола́м.

我老了，<u>一只脚已经在坟墓里了</u>，我一辈子过得跟其他人一样，马马虎虎。

【原文释疑】

век：（带定语）一生，一辈子。с грехо́м попола́м：勉勉强强，马马虎虎。

【译法分析】俄语成语 (стоя́ть) одно́й ного́й в моги́ле 的意思是"быть бли́зким к сме́рти"（快死了），直译成"一只脚已经在坟墓里了"，能够表达俄语原文的含义。

小贴士

有些俄语成语的形象虽然可以直接复制成汉语，但是两者的实际含义并不相同，翻译时要特别小心。例如，лица́ нет *на ком*，汉语似乎可以照直翻译成"没脸"。不过，这个成语的实际意思是"（由于惊惧、病痛、激动）面如土色，面无血色，面色苍白"，而"没脸"的意思是"没有面子""不好意思"等。

当然，有些形象如果简单复制的话，读者未必能理解，因此需要进行文内加词解释或文外加注说明。例如：

8) Что бу́дет да́льше с э́той шко́лой — неизве́стно. Её и́ли снесу́т, и́ли отремонти́руют. "Но капремо́нт тре́бует о́чень больши́х фина́нсовых вложе́ний", — **разво́дят рука́ми** чино́вники.

今后这所学校会怎样，没人知道。要么拆掉，要么维修。"可是大修需要一大笔资金，"官员们<u>无奈地两手一摊</u>。

【原文释疑】

снести́：拆除，拆掉。капремо́нт：大修（капита́льный ремо́нт）。

【译法分析】成语 развести́ рука́ми 的意思是"повести́ рука́ми в ра́зные сто́роны, выража́я недоразуме́ние, удивле́ние"，所表达的动作是"两手一摊"，这个身势语汉语中没有，读者难以理解它所表达的实际含义——"不解""惊讶""没有办法"。上面这个译文在复制俄语成语形象的同时，在译文中添加了"无奈"一词，从而点明了"两手一摊"的含义。

9) — Сего́дня ещё э́та глу́пая Анна Заха́ровна, при Ко́ле, сказа́ла мне, намека́я на моего́ отца́, что **я́блоко от я́блони недалеко́ па́дает**! (И. Тургенев, *Новь*)

"今天，那个糊涂老太婆安娜·扎哈罗夫娜还当着科里亚的面，暗指我父亲，说什么<u>苹果总落在苹果树不远的地方</u>[①]！"（[①]意思相当于"有其父必有其子"。）

（冀刚　译）

【原文释疑】

намека́ть：暗示，暗指。

【译法分析】上例所在的小说中，主人公涅日丹诺夫（Нежда́нов）是他的父亲和家庭女教师所生的私生子，因而受到歧视。他在西皮亚金（Сипя́гин）家中辅导科利亚（Ко́ля）的功课时，爱上了西皮亚金的外甥女玛丽安娜（Мариа́нна）小姐。安娜·扎哈罗芙娜（Анна Заха́ровна）对涅日丹诺夫非常不满，于是对他说了 я́блоко от я́блони недалеко́ па́дает。这则谚语的字面意思是"苹果总落在苹果树不远的地方"，如果只是这样简单复制原文形象，读者未必能理解它的寓意。俄语这则谚语的寓意是"о том, кто унасле́довал плохо́е, неблагови́дное поведе́ние от отца́, ма́тери"。因此，要保留原文的形象，必须加以解释和说明。上面这个译文在正文之外作了注解，指明这则谚语的言外之意，从而帮助读者理解安娜·扎哈罗芙娜是在讽刺涅日丹诺夫像他的父亲那样道德败坏。

（二）替换形象

俄语中有些形象性成语，如果简单复制原文的形象，读者难以从字面意思推导出实际含义。为了让读者既理解俄语成语的含义，又使译文同样具有形象性，翻译时可以变动原文的形象，利用汉语中的形象进行替代。例如：

10) Они́ [не́мцы] ведь то́же **пти́цы стре́ляные** — в тако́е де́ло не пошлю́т кого́ ни попа́дя... (Б. Васильев, *А зори здесь тихие...*)

　　要知道，他们也是些精于此道的老油条：碰到这种差事是决不会随便派几个人来充数的……（施钟　译）

【译法分析】стре́ляная пти́ца 如果照字面翻译成"遭过射击的鸟"，读者难以理解它的实际意思，弄不好还会误以为是"惊弓之鸟"。实际上，стре́ляная пти́ца 的意思是"о многоо́пытном челове́ке, кото́рого тру́дно обману́ть, провести́"，指"老于世故的人，不易上当的人，老手"。上例中，这个成语指的是德国鬼子，所以译文用了"老油条"这个汉语中的形象，并用"精于此道的"加以修饰，既传达了原文意思，也获得了一定的形象性。

11) Ведь от него́ [гости́ничного ко́мплекса] до Изма́йловского па́рка культу́ры и о́тдыха — буква́льно **руко́й пода́ть**.

　　要知道，从宾馆去伊斯梅洛沃文化休息公园，真的是抬脚就到。

【原文释疑】

　　изма́йловский：地名 Изма́йлово（伊斯梅洛沃）的形容词。Изма́йловский парк культу́ры и о́тдыха：伊斯梅洛沃文化休息公园，位于莫斯科市内。

【译法分析】руко́й пода́ть *до чего́* 这个成语的字面意思是"用手就可以递到"，

实际含义是"о́чень бли́зко, совсе́м ря́дом"，指"很近"。上面这个译文将原文中的"手"（рука́）换成了"脚"，用"抬脚就到"这样的说法，既能准确表达 руко́й пода́ть 的意思，同时也有一定的形象性。

12) О необходи́мости введе́ния антибелору́сских са́нкций заяви́л президе́нт Литвы́. Он заяви́л, что ЕС не мо́жет **смотре́ть** на ситуа́цию **сквозь па́льцы**.

立陶宛总统提出必须制裁白俄罗斯。他指出，欧盟不能对局势<u>睁只眼闭只眼</u>。

【原文释疑】

антибелору́сский：反白俄罗斯的。

【译法分析】смотре́ть сквозь па́льцы *на что* 的字面意义是"透过手指看……"，实际含义是"де́лать вид, что не замеча́ешь чего́-л. предосуди́тельного, недозво́ленного"，指"佯装没有看见"。上面这个译文将原文"透过手指（看）"这个形象，替换成"睁只眼闭只眼（看）"，表达出相同的含义。

需要注意的是，替换形象属于归化翻译，因此在选用汉语形象性语言手段时，汉民族文化色彩不能过于鲜明，否则就会引起归化过头的弊病。

三）舍弃形象

对于那些形象无法直接复制，又没有适当形象可以替换的形象性成语，翻译时只好舍弃原文形象，将成语的含义表达出来。例如：

13) — В наш не́рвный век мы рабы́ свои́х не́рвов; они́ на́ши хозя́ева и де́лают с на́ми, что хотя́т. Цивилиза́ция в э́том отноше́нии оказа́ла нам **медве́жью услу́гу**... (А. Чехов, *Дуэль*)

"在我们这个神经紧张的时代，我们都成了神经的奴隶，神经变成我们的主人，由着性儿摆布我们。在这方面，文明给我们<u>帮了倒忙</u>。……"（汝龙　译）

【译法分析】медве́жья услу́га 这个成语源于克雷洛夫（И. Крыло́в）寓言《隐士和熊》（Пусты́нник и Медве́дь），讲的是熊看到熟睡的朋友（隐士）额头上有只苍蝇，为了赶走苍蝇，就捡起石头砸去，结果把朋友砸死了。所以 медве́жья услу́га 的实际意思是"неуме́лая услу́га, причиня́ющая то́лько неприя́тность"，即"帮倒忙""弄巧成拙"。翻译时，俄语成语的形象无法直接复制，汉语也没有适当的形象可替换，所以只好舍弃形象，只传达成语的含义了。

14) — Тяжело́ сотру́дничать, когда́ у челове́ка **семь пя́тниц на неде́ле**.

"一个人要是反复无常，那就很难合作了。"

【译法分析】семь пя́тниц на неде́ле *у кого́* 的字面意思是"一个星期里有七个星期五"，实际含义是"о том, кто ча́сто меня́ет свои́ реше́ния"，指"反复无常"。翻译时，这则成语的形象难以复制，如果在汉语中找不到合适的形象进行替换，可以像上面这个译文那样，完全舍弃俄语成语的形象性，只传达它的含义。

15) Он сра́зу **взял быка́ за рога́** и приня́лся́ перечисля́ть пробле́мы, с кото́рыми столкну́лся парк аттракцио́нов в э́том сезо́не.

他立刻抓住关键，开始列举游乐园在这一季遇到的各种问题。

【原文释疑】

аттракцио́н：［常用复数］（游艺场所的）游戏设备，娱乐设备（秋千、旋转木马、靶场等）。парк аттракцио́нов：游乐园。

【译法分析】брать (或 взять) быка́ за рога́ 这个成语的表面意思是"抓住公牛的角"。这一形象如果照直翻译，难以反映这个成语的实际含义。因此，在没有适当形象可替换的情况下，可舍弃俄语的形象，将该成语的含义"抓住要害、抓住关键"表达出来就可以了。

16) Свои́м посту́пком энтузиа́сты показа́ли, что не ну́жно **ждать у мо́ря пого́ды**, а сами́м меня́ть жизнь к лу́чшему.

充满热情的人用自身行动表明，不能消极等待，要自己去改善生活。

【原文释疑】

энтузиа́ст：充满热情的人，满腔热情的人。

【译法分析】ждать у мо́ря пого́ды 的字面意义，也就是形象意义是"在海边等好天气"，这个形象意义背后的含义不易为汉语读者所理解，因此翻译时可以舍弃形象意义，直接表达出这个成语的含义，即"消极地等待，毫无把握地等待"。

三、俄语成语活用的翻译

成语活用是对成语创新使用的结果，是对固有成语作部分的变动与调整，使之获得新的意思。成语活用涉及语义更新、仿造成语、替换某个词语等，这给我们理解与翻译都带来了困难。翻译时要注意识别这种经过"改装"的成语。

17) Кро́ме Терно́вского, все преподава́тели хо́дят с ног до головы́ в мелу́. "Все мы **одни́м ме́лом ма́заны**", — говори́т Спива́к. (И. Грекова, *Кафедра*)

［译文一］※除捷尔诺夫斯基外，所有的教师平时浑身上下都是粉笔面子。"我们大家都是<u>用同样的白粉子刷的</u>，"斯皮瓦克说。

［译文二］除了捷尔诺夫斯基外，所有教师从头到脚都是粉笔灰。"我们<u>都是吃粉笔灰的</u>，"斯皮瓦克说。

【译法分析】把 одни́м ме́лом ма́заны 翻译成"用同样的白粉子刷的"，字面上是没有错的，可是，одни́м ме́лом ма́заны 带有一定的幽默色彩，而"用同样的白粉子刷的"则没有什么幽默效果。原文的幽默是从哪儿来的呢？原来，одни́м ме́лом ма́заны 是成语 одни́м ми́ром ма́заны 的活用形式。одни́м ми́ром ма́заны *кто* 的意思是"о лю́дях с одина́ковыми недоста́тками"，带有藐视色彩，指"一丘之貉""难兄难弟""一路货"等。上例中，说话人将 ми́ром 换成了 ме́лом，一词之差，意义却发生了根本的转变，语言也生动、风趣起来。为了使译文也获得一定的形象性和幽默感，译文二作了调整，把"抹白粉"译成"吃粉笔灰"。

18) **Вы́йдем из ха́ты, что с кра́ю**, и попыта́емся жить так, что́бы бы́ло хорошо́ не то́лько в пра́здники.

<u>让我们不再事不关己，高高挂起</u>，试着过上节日般美好的生活。

【译法分析】俄语中有这样一个成语：моя́（或 твоя́, его́ 等）ха́та с кра́ю，意思是"э́то меня́ не каса́ется, э́то не моё де́ло"，即"这不干我（你、他等）的事""此事与我（你、他等）无关"。上例中，"вы́йдем из ха́ты，что с кра́ю"就是这个成语的活用形式。上面这个译文把它处理成"让我们不再事不关己，高高挂起"，意思完全正确。

四、汉语成语及四字格的恰当使用

　　与成语翻译相关的一个问题，是翻译中恰当使用汉语成语及四字格。这既涉及俄语成语本身的翻译，也涉及非成语的翻译。用汉语成语翻译俄语成语，这叫套译，如将 мета́ть би́сер пе́ред сви́ньями 译成"对牛弹琴"。这里重点介绍恰当使用汉语成语及四字格翻译非成语的积极作用。

汉语成语大多是四字格。四字格也叫四字结构，是由四个音节组成的词或短语，包括四字成语、四字叠音词、四字熟语和所有临时组合而具有类似四字成语修辞功能的四字短语。四字格言简意赅，整齐匀称，形象生动，是汉语中特有的词语组合现象。翻译中，如果能恰当使用汉语成语及四字格，可以起到明确原文含义、达成译文简练、增强译文感染力等效果。

〇 明确原文含义

俄语中有些说法本身并不难理解，可是翻译成汉语时，如果只按字面来表达，意思会显得有些模糊。这时，一个恰当的汉语成语或四字格就能准确地表达原文的意思。例如：

19) О! я престу́пник... ви́жу, и тобо́й завладе́л э́тот злой дух, и в тебе́ посели́лась э́та боле́знь, кото́рая **по́ртит жизнь и подде́рживает её**. (М. Лермонтов, *Вадим*)

哦，我是一个罪人……我知道，这恶鬼也把你缠住了，你也染上了这种让人<u>不死不活</u>的毛病。（冯春 译）

【原文释疑】

посели́ться：〈转〉（感情、情绪等）产生，形成。

【译法分析】по́ртит жизнь и подде́рживает её 的字面意思是"伤害生命又维持着生命"，但是这样翻译，意思不很明朗，上面这个译文用"不死不活"来表达，十分恰当。类似的说法还有"半死不活"等。

20) Он по́нял, что она́ не то́лько близка́ ему́, но что он тепе́рь не зна́ет, **где конча́ется она́ и начина́ется он**. (Л. Толстой, *Анна Каренина*)

［译文一］※他明白了她不只是自己最亲近的人，而且甚至不知道，<u>她在什么地方结束，他又在什么地方开始</u>。

［译文二］他明白了，他跟她不仅十分亲密，而且已经<u>合二为一</u>，<u>难割难分</u>。

（李忠清、余一中 译）

【译法分析】上例中，где конча́ется она́ и начина́ется он 的意思是"她"与"他"关系亲密，俩人成为一个整体。对于这个从句，译文一只是作了字面翻译，意思不很明了；译文二利用两个四字结构，准确而清晰地传达了原文意思。

21) Отря́д его́ [Федо́та Евгра́фыча] на́чал отхо́д; где́-то бря́кнула винто́вка, где́-то сорва́лся ка́мень. Зву́ки э́ти **физи́чески отдава́лись** в нём, и, хотя́ не́мцы бы́ли ещё

далеко́ и ничего́ не могли́ слы́шать, Федо́т Евгра́фыч пережива́л са́мый настоя́щий страх. (Б. Васильев, *А зори здесь тихие...*)

他们队伍开始向后撤走：这儿枪碰枪叮当，那里石撞石乒乓。这些声音使他<u>心惊肉跳</u>，尽管德寇还在远处，根本听不见，但费多特·叶弗格拉菲奇依然是吓得魂飞魄散。（施钟　译）

【原文释疑】

отхо́д：退却，后退，撤离。бря́кнуть：〈口语〉发出金属或玻璃等相撞的声响。отдава́ться：（声音）引起回声。

【译法分析】上例中，Федо́т Евгра́фыч 就是瓦斯科夫（Васко́в）准尉。在小说中，当他发现敌人不是两个人，而是十六个人时，决定带领姑娘们撤向后备阵地。上例就是描写后撤时的情景与他的感受。如果把 зву́ки э́ти физи́чески отдава́лись в нём 直译为"这些声音在他体内回响"，意思就不很清晰，上面这个译文运用"心惊肉跳"这个成语，准确地传达了原文的意思。

（二）达成译文简练

俄语中有的表达手段比较长，照字面翻译过来虽然也可以理解，但是运用表示相同意义的汉语成语或四字格，可以使译文更加简练。例如：

22) Если вы отвернётесь от нас, вы **потеря́ете бо́льше, чем приобретёте**. Если вы хоти́те боро́ться с терро́ром, окажи́те уваже́ние ара́бскому ми́ру.

你们同我们断交，会<u>得不偿失</u>。你们要想反恐，就尊重阿拉伯世界吧。

【原文释疑】

отверну́ться：〈转〉*от кого́-чего́* 和……断绝来往，断交。терро́р：恐怖（手段）。

【译法分析】上例中，"потеря́ете бо́льше, чем приобретёте"可以按字面翻译为"失去的会比得到的多"。不过，同样的意思完全可以用成语"得不偿失"来表达。这样，译文就变得更加简练了。

23) Госду́ма **сде́лает всё от неё зави́сящее** для того́, что́бы гра́ждане Росси́и име́ли полноце́нные нового́дние кани́кулы.

国家杜马将<u>尽其所能</u>，以保障俄罗斯公民有一个实实在在的新年假期。

【原文释疑】

полноце́нный: 货真价实的；完全合乎要求的，够格的。

【译法分析】上例中，сде́лает всё от неё зави́сящее 可以直译为"将做所有取决于它的事情"，但是用"尽其所能"来表达，会更简洁一些。

（三）增强译文感染力

有些俄语表达手段，照直翻译当然可以。然而如果能选用适当的成语或四字格，就会使译文变得形象生动，富有感染力。

24) И вско́ре они́ [ю́ноши] уве́рились, что она́ непобеди́мая и чудна́я же́нщина; вздыха́ющий рой **разлете́лся в ра́зные сто́роны.** (М. Лермонтов, *Княгиня Лиговская*)

不久，他们便认定，她是个无法战胜的怪女人。这群唉声叹气的年轻人作鸟兽散了。（冯春 译）

【原文释疑】

чудно́й: 〈口语〉古怪的，奇怪的，令人奇怪的。вздыха́ть: 叹气，叹息。рой: 一群（会飞的鸟、虫），这里喻指前面的они́。

【译法分析】把 разлете́лся в ра́зные сто́роны 翻译成"飞往不同方向"虽然也可以，但是不如上面这个译文用"作鸟兽散"来翻译好。上例中，用"作鸟兽散"或"如鸟兽散"来形容这群追逐者，既形象生动，又概括有力。

25) Он [Никола́й Никола́евич] был зол на себя́ за то, что вы́болтал чурба́ну Вы́волочнову часть свои́х заве́тных мы́слей, **не произведя́ на него́ ни мале́йшего впечатле́ния.** (Б. Пастернак, *Доктор Живаго*)

他恼恨自己把心中一些隐秘的思想泄露给了没有头脑的维沃洛奇诺夫，这几乎是对牛弹琴。（顾亚铃、白春仁 译）

【原文释疑】

зол: 恼怒，生气，злой 的短尾形式。вы́болтать: 〈口语〉（闲谈中）泄露，道出（秘密）。чурба́н: 〈骂〉木头人儿（指愚笨）。заве́тный: 秘藏的，珍藏的。

【译法分析】如果把 не произведя́ на него́ ни мале́йшего впечатле́ния 翻译成"没有给他留下一点印象"，这当然没有什么错，不过，上面这个译文用成语"对牛弹琴"，既表达了原文的意思，也表达了"他"对维沃洛奇诺夫的憎恶之情。

⚠ 本讲结语

> 在翻译俄语成语时，关键是准确表达成语的含义。对于形象性成语，应当努力以形象译形象。只要不影响读者理解原意，能直接复制形象的应当直接复制；不能直接复制的，可以考虑用汉语适当的形象去替换，但是要注意避免归化过头；如果在汉语中找不到适当的形象替换，那就舍弃原文的形象，将俄语成语的含义表达出来。此外，在俄汉翻译中，可恰当使用汉语成语及四字格，以便实现明确原文含义、达成译文简练、增强译文感染力等目的。

📝 翻译练习参考答案

1. **译文校对，注意俄语成语的识别与翻译。**

1) Ожидáя егó возвращéния, онá **мéста себé не находи́ла**: то сади́лась за стол, то при кáждом звýке шагóв выбегáла на лéстницу.

等他回来的时候，她没有找到自己的座位：一会儿坐到桌子后面，要么一有脚步声就跑向楼梯。

改译：等他回来时，她坐立不安：时而坐到桌子旁，时而一听到脚步声就跑到楼梯上。

说明：не находи́ть себé мéста 是一个成语，有着固定的意思，指"быть в состоя́нии си́льного беспокóйства, волнéния"，即"坐立不安""坐卧不宁"。原译把它当作自由词组来处理了，结果只译出字面意思，并不正确。

2) — Ны́нче ýтром Ли́за заезжáла ко мне ... и расскáзывала про ваш **афи́нский вéчер**. Какáя гáдость! (Л. Толстóй, *Áнна Карéнина*)

"今天早晨丽莎拐到我这儿来过……她把你们的雅典晚会讲给我听了。真是太下流了！"

改译："今天上午，丽莎到我这儿来过……她讲了你们那个狂欢放荡之夜。真卑鄙呀！"（李忠清、余一中 译）

说明：原译把 афи́нский вéчер 照字面译成了"雅典晚会"，其内涵恐怕不能为读者所理解。俄语中有 афи́нские вечерá（或 нóчи）这个成语，意思是"разнýзданные óргии, кутежи́", 指"狂欢的夜宴""狂饮之夜"。

3) Но Васи́лий Ива́нович, не обора́чиваясь, то́лько **руко́й махну́л** и вы́шел. (И. Тургенев, *Отцы и дети*)

然而瓦西里·伊万诺维奇没有转过身来，只是不予理睬，然后走了出去。

改译：但是瓦西里·伊万诺维奇并没有转过身来，只是<u>摆了摆手</u>，出去了。（磊然　译）

说明：махну́ть руко́й *на кого́-что* 作为成语，意思是"переста́ть обраща́ть внима́ние на кого́-, что-л.; переста́ть занима́ться кем-, чем-л.", 指"不再注意……，不再关心……；对……不予理睬，对……不抱希望，对……置之不理"。不过，махну́ть руко́й 也可以用作普通的自由词组，指"挥手""摆手"。原句中，руко́й махну́л 是用作自由词组，原译把它错当成语了。

4) Что́бы в жи́зни всё шло **как по ма́слу**, мно́гих прихо́дится ума́сливать.

要想生活中一切都顺利，得讨好很多人。

改译：要想生活没有<u>磕磕绊绊</u>，就得经常请客吃饭。

说明：как по ма́слу 是一个成语，字面意思是"像在油上一样"，实际含义是"гла́дко, без затрудне́ний, легко́", 汉语通常译作"非常顺利"。ума́сливать 的本义是"抹上油"，这里用作转义，是口语用法，意思是"讨好，笼络，搞好关系（以达到某种目的）"。在这个句子中，由于使用了 ума́сливать 这个以 ма́сло 为词根的词，使得 как по ма́слу 这个成语在某种程度上恢复了它的字面意思。这也是成语活用的一种。原译只是译出了句子的基本意思，没有体现成语活用后所带来的讽刺色彩。

2. 将下列各句翻译成汉语，注意俄语形象性成语的翻译。

1) — Кто я? развра́тная же́нщина. **Ка́мень на** твое́й **ше́е**. Я не хочу́ му́чать тебя́, не хочу́! Я освобожу́ тебя́. (Л. Толстой, *Анна Каренина*)

［译文一］"我是什么人？一个堕落的女人。是<u>拴在你脖子上的磨石</u>。我不想折磨你，不想！我一定让你自由。"（李忠清、余一中　译）

［译文二］"我是什么人？一个堕落的女人呀。是<u>一块吊在你脖子上的石头</u>。我不想折磨你，不想啊。我给你自由。"（智量　译）

说明：ка́мень на ше́е 的字面意思是"挂在脖子上的一块石头"，实际含义是"包

"袱""累赘"。上面两个译文复制了原文的形象，同样可以理解。另外，му́чать 是一个俗语词，等于му́чить。

2) Душа́ её, вся её психоло́гия у него́ **как на ладо́ни**. (А. Чехов, *Загадочная натура*)

她的灵魂，她的全部心理，他已经<u>了若指掌</u>。（汝龙　译）

说明：как на ладо́ни 的意思是 "о́чень я́сно, отчётливо"，即 "一目了然、清清楚楚""了如指掌、一清二楚"。上面这个译文基本上复制了原文形象。

3) "Инве́стор — не **до́йная коро́ва**", — заяви́л он, подчеркну́в, что "неразу́мные" тре́бования к компа́ниям мо́гут отпугну́ть их от регио́на.

"投资者不是<u>摇钱树</u>，"他宣称，并强调说，对公司提出"不理智的"要求会把它们从当地吓跑的。

说明：до́йная коро́ва 的字面意思是 "产奶的奶牛"，实际含义是 "о ком-, чём-л., явля́ющемся при́быльным исто́чником дохо́да, извлека́емого в тече́ние дли́тельного вре́мени"，并带有俗语色彩，即 "摇钱树""聚宝盆"。上句中，俄语"奶牛"的形象在翻译中无法直接复制，但是"摇钱树"可以表达同样的意思，并且也有一定的形象性，所以可以用来替换原文的形象。另外，句中 отпугну́ть 的意思是 "吓跑，吓走"。

4) Мы должны́ **рука́ о́б руку** создава́ть откры́тую эконо́мику и установи́ть ра́мки региона́льного сотру́дничества, чтобы соде́йствовать стройтельству зо́ны свобо́дной торго́вли АТР на осно́ве ду́ха откры́тости и инклюзи́вности.

我们要<u>携手</u>建设开放型经济和区域合作框架，以开放包容精神推进亚太自由贸易区建设。

说明：рука́ о́б руку 有两个意思：一是"手挽手地"，二是"齐心协力、志同道合"。在这句话中，рука́ о́б руку 用作第二个意思。汉语"携手"也可以表达这个意思，所以可以保留"手"这个形象。АТР：Азиа́тско-тихоокеа́нский регио́н（亚太地区）。инклюзи́вность：包容性。

5) В те дни **чёрная ко́шка пробежа́ла** ме́жду компози́тором Алекса́ндром Заце́пиным и певи́цей Аллой Пугачёвой.

在那些日子里，作曲家亚历山大·扎采平和歌手阿拉·普加乔娃之间<u>发生了不和</u>。

说明：чёрная ко́шка пробежа́ла *между кем* 的字面意思是"一只黑猫从……之间跑过"，实际意思是 "произошла́ размо́лвка, поссо́рились"，指"有了嫌隙，发生

不和"。俄罗斯民间认为，黑猫是不吉祥的动物，遇到黑猫横穿道路，是不祥之兆，会遭遇不幸或失败，由此产生了上面这个成语。汉语文化中没有这样的迷信，所以俄语成语的形象无法简单复制（如果复制，必须添加注解）。翻译时，要是在汉语中找不到可以替换的形象，那就只好舍弃原文形象，将成语的含义表达出来。

6) А челове́ка, кото́рый попыта́лся **"вы́нести сор из избы́"** Се́верного фло́та, обвини́ли в изме́не Ро́дине.

而那个企图<u>泄露北方舰队秘密</u>的人被控犯有叛国罪。

说明：вы́нести сор из избы́ 的字面意思是"把垃圾倒到屋外"，实际含义是"разгласи́ть вну́тренние раздо́ры, ссо́ры, каса́ющиеся то́лько у́зкого кру́га лиц, свя́занных семе́йными и́ли дру́жескими, делевы́ми отноше́ниями"，指"家丑外扬""泄露内情"。这个成语的形成源于俄罗斯一个民间说法：如果把垃圾从屋子里倒出去，垃圾被风吹得到处飞扬，会引起魔鬼对家人作祟，招来灾难，所以人们总是把垃圾放在炉子里烧掉。上句中，如果将 вы́нести сор из избы́ 这个成语的形象直接复制出来，汉语读者肯定会不理解。上面这个译文舍弃了原文形象，将成语的含义表达了出来。

3. 试将下列各句中的黑体词翻译成汉语成语。

1) Два могу́чих объёма **как бы выраста́ют** здесь **из земно́й пове́рхности**.

两座巨大的建筑物在这里 ＿＿＿＿＿＿＿＿＿＿。

拔地而起

说明：如果把 как бы выраста́ют из земно́й пове́рхности 翻译成"似乎是从地面长出来的"，意思显得不很明确，用成语"拔地而起"来表达，意思就清楚了。

2) Па́па брал нас на коле́ни, па́хнул табако́м и ро́мом, позволя́л нам игра́ть креста́ми и меда́лями, кото́рые украша́ли его́ грудь, коло́л на́ши щёки о́строй, давно́ небри́той бородо́й и **не по́мнил себя́ от ра́дости**.

爸爸把我们抱到大腿上，身上有一股烟酒味，他让我们玩他胸前挂满的十字勋章和奖章，还拿好久没剃过的生硬的胡子扎我们的脸，简直 ＿＿＿＿＿＿＿＿＿＿。

乐不可支

说明：не по́мнить себя́ *от чего́* 是个成语，意思是"находя́сь в кра́йнем волне́нии, возбужде́нии, не отдава́ть себе́ отчёта в свои́х де́йствиях, посту́пках", 即"忘形, 因……难于自我控制"。上句中, не по́мнил себя́ от ра́дости 如果翻译成"高兴得忘形"或者"因为高兴难以自我控制", 表达上显得有些生硬; 如果译成"高兴得忘了自我", 程度上似乎又有点过了。汉语有个成语, 叫"乐不可支", 能较为贴切地传达原文意思。另外, па́хнуть: (чем 或无补语) 发出……气味, 有……气味。игра́ть: чем 摆动着玩。коло́л: коло́ть (刺痛) 的过去时形式。

3) Всеми́рная вы́ставка **с её грандио́зными пото́ками люде́й** каза́лась Та́нге испыта́тельным полиго́ном для но́вых градострои́тельных иде́й.

_____ 的世界博览会在丹下看来是新的城建思想的试验场。

熙熙攘攘

说明: с её грандио́зными пото́ками люде́й 如果按字面翻译, 就是"有着巨大人流的"。显然, 这么翻译有点生硬。所谓"有着巨大人流的", 实际上指人很多, 来来往往, 所以可以用成语"熙熙攘攘"来概括表达。另外, 句中的 Та́нге 是指日本著名的建筑师 Ке́ндзо Та́нге (丹下健三, 1913～2005)。полиго́н 的意思是"试验场"。

4) Два часа́ продолжа́лась ле́кция, но никто́ не заме́тил, как прошло́ вре́мя. Ковале́вская **говори́ла об о́чень тру́дных веща́х так я́сно и про́сто**, что никто́ не уста́л.

讲座持续了两个小时, 但谁都没有察觉时间过得这么快。科瓦列夫斯卡娅讲得 _____ , 没有人觉得疲倦。

深入浅出

说明: 这句话中, говори́ла об о́чень тру́дных веща́х так я́сно и про́сто 可以直译为"把非常难以理解的东西讲得简单明了", 而成语"深入浅出"的意思就是"内容或道理很深刻, 但表达得浅显通俗", 所以这里用"深入浅出"来翻译, 译文可以更加简洁。

5) — Вас оскорбля́ет его́ превосхо́дство — вот что! — заговори́ла с жа́ром Алекса́ндра Па́вловна, — вот что вы ему́ **прости́ть не мо́жете.** (И. Турге́нев, *Ру́дин*)

"他的优越感使您觉得受到了侮辱——原来是这么回事啊!"亚历山德拉·巴甫洛芙娜兴致勃勃地说。"怪不得您对他 _____ 。"(徐振亚 译)

耿耿于怀

说明: ему́ прости́ть не мо́жете 完全可以照字面翻译成"不能原谅他……", 不过,同样是这个意思，翻译成"对他耿耿于怀"，译文会变得更加生动。另外，句中 жар 的意思是"激动情绪"。

6) Смерть! Смерть со всех сторо́н явля́лась му́тным его́ оча́м, то гро́зная, высо́кая с распростёртыми рука́ми, как ви́селица, то **неожи́данная**, внеза́пная, как изме́на, как **уда́р гро́ма небе́сного**. (М. Лермонтов, *Вадим*)

死！死神从四面八方出现在浑浊的眼睛前面，一会儿张开双臂，又高又大，面目狰狞，一会儿 _____ ，不期而至，像众叛亲离，像 _____ 。（冯春 译）

突如其来，晴天霹雳

说明：原句黑体词部分或为普通的形容词，或为普通的词组，利用成语来翻译，可以增强译文的表现力与感染力。句中 распростёртый 的意思是"伸开的，展开的（指双臂）"；ви́селица 的意思是"绞刑架"。

句子内部调整

📑 本讲导言

我们已经分析了词、词组、成语的翻译问题，更大的语言单位就是句子了。在接下来的 7 讲里，我们将介绍句子层面上的翻译问题。句子的翻译当然需要以词、词组、成语的翻译为基础，但也有句子层面独有的特点。本讲主要介绍句子内部调整的基本方法与技巧。运用这些方法与技巧的目的，是摆脱俄语句子形式上的束缚。

💡 课前思考

1. 如果有人把"легко́ ра́нен кто-н."翻译成"……轻微地受了伤"，你觉得需要修改吗？怎样修改？为什么？

   解答：需要修改，可改为"受了轻伤"。详细的解释可见"技法学习"中的例 3。

2. 看下面这个句子：

   — Ты меня́ поняла́ и понима́ешь.

   俄语 поня́ть 和 понима́ть 是一对完成体和未完成体动词。поняла́ 是过去时，понима́ешь 是现在时。翻译成汉语时，怎样才能体现这两个词的时间含义呢？

   解答：可分别加上"过去（了解）"和"现在（了解）"，以体现过去时和现在时的意义。详见"技法学习"中的例 9。

3. "Улицы очи́щены от сне́га."这个句子怎么翻译？是"街道被清除了雪"还是"街道上的雪被清除了"？为什么？

解答：前一个译文比较生硬，不太符合汉语表达习惯，所以译成"街道上的雪被清除了"更好。详见"技法学习"中的例 18。

4. 选择一个你认为最恰当的译文，并说明没有选择其他两个译文的原因。

Кана́да наста́ивает на своём пра́ве открыва́ть в Росси́и филиа́лы ба́нков и страховы́х компа́ний и сниже́нии по́шлин на иностра́нные самолёты.

a) 加拿大坚持自己在俄罗斯开办银行与保险公司的分支机构的权利和降低外国飞机的关税。

b) 加拿大坚持有权在俄罗斯开办银行与保险公司的分支机构和降低外国飞机的关税。

c) 加拿大坚持有权在俄罗斯开办银行与保险公司的分支机构，坚持要求降低外国飞机的关税。

解答：最为恰当的译文是 c，因为前两个译文要么难以理解，要么有一定的歧义。具体的解释可参看"技法学习"中的例 24。

5. 下面两个译文哪个更好？为什么？

Дебоши́ра бы́стро спрова́дила охра́на.

a) 保安很快赶走了吵闹的家伙。

b) 这个吵闹的家伙很快叫保安给赶走了。

解答：译文 b 更好，因为这个译文体现的已知信息与新信息和俄语原文完全一致。详细的解释见"技法学习"中的例 30。

6. 填空：

Моя́ ве́ра в коммунисти́ческое бу́дущее челове́чества сейча́с **не ме́нее горяча́**, но бо́лее крепка́, чем в дни мое́й ю́ности.

与我的青年时代相比，我对人类共产主义前途的信念 ＿＿＿＿＿＿，而且更加坚定。

解答：这句话翻译成汉语时，俄语原文的否定形式难以直接保留。可将否定形式改成肯定形式，如"同样炽烈"。详见"技法学习"中的例 40。

📖 技法学习

在俄汉翻译中，句子内部调整的方法和技巧主要包括词类转换、成分变通、词量增减、句构调整、拆句与并句、句式转换等。其中，句式转换是指根据汉语表达的需要，改变俄语句子的表达方式，将俄语的句式转换成另一种句式。句式转换主要涉及主动句和被动句的转换、肯定句与否定句的转换。

一、词类转换与成分变通

由于俄、汉语表达习惯的不同，翻译中完全保留原句中所有词的词类属性或者保留原句中的各个成分都是不可能的。为了准确表达原文意思，并使译文符合汉语的表达规范，原文中某个词的词类属性可能会发生变化，某个成分也有可能得到变通。例如：

1) Тóнкие сапóжки на высóком и неустóйчивом каблукé хотéлось скúнуть, зря онá **их** надéла, зря.

又薄又不稳当的高跟靴她想给脱下来，她白穿<u>靴子</u>了，白穿了。

【原文释疑】

　　скúнуть：〈口语〉脱下，摘掉（穿戴的衣物）。

【译法分析】上例中，如果把 их 翻译成"它们"，前后衔接会不够顺畅，因此有必要将它的指代对象还原，译作"靴子"。这样一来，их 作为人称代词就被转换为名词了。

2) **Мáшку** действúтельно обвинúли в том, что онá спёрла телефóн. (А. Клепаков, *Опекун*)

<u>玛什卡</u>真的被指控偷了手机。

【原文释疑】

　　обвинúть：控告，控诉。спорéть：〈俗〉偷，窃。

【译法分析】上例中，Мáшка 在原句中作补语，翻译成汉语后，"玛什卡"在句中作主语。

以上两个例子，前一例中的 их 只发生了词类变化，成分没有改变，仍然做宾语（补语）；后一个例子中，Мáшка 的词类没有发生变化，只是成分得到了变通。然而在多数情况下，词类转换与成分变通往往同时发生在某一个词上。当某一个词所充当的成分在翻译中需要调整时，这个词的词类属性也经常会发生变化。例如：

3) В результáте взрыва **легкó** рáнен водúтель-милиционéр.

爆炸造成一名警察司机受了<u>轻伤</u>。

【译法分析】上例中，легкó рáнен 不能译成"轻微地受了伤"，这样太生硬了。为了表达更加自然，可将作状语的副词 легкó 转换成作定语的形容词"轻（的）"，来修饰"受伤"中的"伤"字。

需要指出的是，实践中，我们会下意识地进行词类转换和成分变通，觉得这是一件自然而然的事情。不过，如果能有意识地运用这种翻译技巧，可以使译文的表达更加准确、自然。例如：

4) Но в подавля́ющем большинствé ситуáций **глубúнной оснóвой** такúх конфлúктов явля́ется борьбá за ресýрсы.

［译文一］※然而在绝大多数情况下，争夺资源是这些冲突的<u>深层原因</u>。

［译文二］然而在绝大多数情况下，这些冲突的<u>深层原因</u>是争夺资源。

【译法分析】我们都知道，俄语句子的词序比较灵活。就拿上面这个例子来说，作补语的 оснóвой 可以位于作谓语的 явля́ется 之前，而作主语的 борьбá 可以处在谓语 явля́ется 之后。而汉语通常按照"主语－谓语－宾语"的顺序来表达。译文一保留了原文的主语、谓语和补语（宾语），并按照汉语"主语－谓语－宾语"的顺序重新排列了一下。译文二进行了成分转换，将原文的补语译成了主语，将原文的主语译成了宾语，从而保留了原文的词序。有什么区别吗？简单来说，译文一强调的是"争夺资源是什么"，译文二强调的是"什么是深层原因"。后者正是原文所要强调的。如果这么说还不够直观的话，那我们把这句话放进它所在的上下文吧。

Внéшне мнóгие **конфлúкты** в Центрáльной Азии имéют этнúческий харáктер, то есть вы́глядят как столкновéние разнонапрáвленных интерéсов разлúчных этнúческих óбщностей. [Но в подавля́ющем большинствé ситуáций глубúнной оснóвой такúх **конфлúктов** явля́ется борьбá за **ресýрсы**.] В прóшлом такúе **ресýрсы** бы́ли необходúмы для физúческого выживáния разлúчных э́тносов в сурóвых услóвиях, где вóйны и прирóдные катаклúзмы бы́ли обы́чным явлéнием.

表面上，中亚的许多<u>冲突</u>具有民族性质，也就是说，看上去像是不同民族不同利益之间的<u>冲突</u>。［……］过去，这些<u>资源</u>是不同民族在恶劣条件下得以存活的必需品。在恶劣条件下，战争和大自然剧变都是常见的现象。

先解释一下几个词语：этни́ческий：〈人类学〉民族的，种族的；разнонапра́вленный：有不同目的的，有不同方向的；э́тнос：（历史形成的）民族共同体（如部族、民族等）；катакли́зм：〈文语〉（自然界和社会生活中）大变动，大动乱，破坏性剧变。如果我们把前面所列的那两个译文分别放进上面这个译文的方括号中，就会发现，译文一影响了上下文的连贯，而译文二则与前、后句衔接紧密，通畅自然。可见，虽然俄语句子的词序比较灵活，但是在具体上下文当中，词序的排列并不是随意的。上例虽然可以保留原句的基本成分，但是如果不能有意识地进行成分转换，既影响句子本身意思的准确性，也影响上下文的连贯性。

5) В Лива́не наста́ивают на вы́воде сири́йских вое́нных подразделе́ний до проведе́ния в стране́ парла́ментских вы́боров, кото́рые наме́чены на май э́того го́да.

［译文一］在黎巴嫩，人们坚持要求在国内 5 月议会选举前撤走叙利亚的武装部队。

［译文二］黎巴嫩坚持要求在今年 5 月国内议会选举前撤走叙利亚的武装部队。

【译法分析】上例中，译文一由于要保留 Лива́н 的地点状语作用，因而在翻译 наста́ивают 时，需要添加"人们"一词作主语。相比较而言，译文二把 Лива́н 转换成主语，可以使译文更加简练一些。

二、词量的增减

俄语翻译成汉语后，原文中的词语数量和译文中的词语数量基本上不可能相等。作为一种翻译技巧，词量增减表现为加词和减词。

（一）加词

加词是把隐含于原文字里行间的意义表达出来的一种翻译技巧。需要注意的是，加词并不是随意增加原文没有的意思，而是为了更加准确地揭示原文的意思。在俄译汉过程中，加词的情形有以下几种。

情形一：俄语习惯上可以省略的词，翻译时不能同样省略，否则不仅意思上会出现偏差，也不符合汉语的表达习惯。例如：

6) Быва́ло, холосты́м, **гля́дя на** чужу́ю супру́жескую жизнь, **на** ме́лочные забо́ты,

ccóры, ре́вность, он то́лько презри́тельно улыба́лся в душе́. (Л. Толсто́й, *Анна Каренина*)

在他独身的时候，<u>看到</u>别人的夫妇生活，<u>看到</u>他们琐碎的家务、争吵、吃醋，他就在心里嘲笑他们。（草婴　译）

【原文释疑】

　　забóта：［常用复数］忙碌，张罗，杂事。

【译法分析】上例中，两个带 на 的前置词短语都是 гля́дя 的补语。在内容上，супру́жеская жизнь 带有总括意义，"ме́лочные забо́ты, ссо́ры, ре́вность"是前者的具体表现，所以俄语用了两个 на，体现了层次感。汉语翻译时，如果只用一个"看到"，就没有层次感了。为了使译文同样具有层次感，上面这个译文添加了一个"看到"，非常合理。

7) "Яшви́н говори́т: он хо́чет меня́ оста́вить без руба́шки, а **я его́**. Вот э́то пра́вда!" (Л. Толсто́й, *Анна Каренина*)

"亚什文说：'他想让我倾家荡产，<u>我对他也是如此</u>。'这是有道理的！"（李忠清、余一中　译）

【原文释疑】

　　оста́вить *когó* без руба́шки：使……一贫如洗，使……破产。

【译法分析】上例原文中，я егó 是省略形式，相当于 я егó то́же хочу́ оста́вить без руба́шки，但是翻译成汉语时，不能像俄语这样只用省略形式，汉语没有这样的表达习惯，所以必须像上面这个译文那样，利用加词法，通过添加"也是如此"几个字，将省略的意思补充完整。

8) По мне́нию экспе́ртов, в обще́ственных Wi-Fi-сетя́х **не сле́дует** посеща́ть фина́нсовые се́рвисы, почто́вые я́щики и соцсе́ти, а та́кже соверша́ть онла́йн-поку́пки.

专家们认为，在公共 Wi-Fi 下，<u>不要</u>使用金融服务、邮箱和社交网络，也<u>不要</u>网上购物。

【原文释疑】

　　се́рвис：服务。соцсе́ть：социа́льная сеть（社交网络）。онла́йн-поку́пка：网上购物。

【译法分析】上例原文中，не сле́дует 支配两个动词，语法关系很清晰，但是翻译成汉语时，需要在后一个动词 соверша́ть 之前重复一下 не сле́дует 的意思"不需要"，以便清楚地表达原文意思。

情形二：传达俄语的语法意义。俄语中的某些语法现象，在汉语中没有对应的语法范畴。这样一来，要表达俄语这些语法意义，汉语需要通过词汇手段来实现，这就要用到加词的方法。例如：

9) — Ты меня **поняла́** и **понима́ешь**. Проща́й, моя́ пре́лесть! (Л. Толстой, *Анна Каренина*)

"你<u>过去了解我</u>，<u>现在也了解我</u>。再见吧，我的好妹妹！"（力冈　译）

【译法分析】俄语动词通过词尾可以体现时间概念。上例中，поняла́ 表示过去时，понима́ешь 表示现在时。汉语动词要体现时间意义，需要借助词汇手段，所以上面这个译文通过添加"过去（了解）"和"现在（也了解）"这两个词，准确地传达了原文的意思。

10) Их оппоне́нтами, напро́тив, бы́ли о́чень о́пытные адвока́ты — **доктора́ юриди́ческих нау́к** Нау́м Со́нькин и Михаи́л Федо́тов.

相反，他们的对手却是两个非常老到的律师——<u>法学博士</u>瑞姆·松金和<u>法学博士</u>米哈伊尔·费多托夫。

【原文释疑】

оппоне́нт：（公开讨论，学术辩论中）提出反对意见的人，论敌。адвока́т：律师；辩护人。юриди́ческий：法律（上）的，法学的。

【译法分析】上例中，доктора́ 是复数形式，表明后面的两个人都是博士。如果不注意到俄语的这一表达习惯，把 доктора́ юриди́ческих нау́к Нау́м Со́нькин и Михаи́л Федо́тов 简单翻译成"法学博士瑞姆·松金和米哈伊尔·费多托夫"，那么读者未必能看出费多托夫也是法学博士。为了明确原文的意思，上面这个译文在"米哈伊尔·费多托夫"前重复了"法学博士"这个词组，很有必要。

11) За у́жином **разгова́ривали** ма́ло. Осо́бенно База́ров почти́ ничего́ не говори́л, но ел мно́го. (И. Тургенев, *Отцы и дети*)

晚饭桌上<u>大家</u>很少<u>说话</u>，特别是巴扎罗夫，几乎一句话没有说，但吃倒吃得很多。（石枕川　译）

【译法分析】上例前一句是不定人称句，不需要有主语。而汉语句子通常需要有主语，所以上面这个译文根据上下文，添加了主语"大家"一词，以符合汉语的表达习惯。

情形三：为了充分揭示词语在具体语境中的含义，有时也需要运用加词的方法。例如：

12) Они́ то́лько что прие́хали из Москвы́ и ра́ды бы́ли своему́ **уедине́нию**. (Л. Толстой, *Анна Каренина*)

　　［译文一］※他们刚从莫斯科回来，很高兴可以<u>独处</u>了。

　　［译文二］他们刚从莫斯科回来，很高兴又可以<u>两个人单独在一起</u>了。（智量　译）

　　［译文三］他们刚从莫斯科回来，<u>两个人单独生活在一起</u>，很是惬意。（李忠清、余一中　译）

　　【译法分析】上例中，уедине́ние 的意思是"пребыва́ние в одино́честве, без обще́ния с кем-л."，指"独处，幽居"。译文一用"独处"来翻译，不太恰当，因为"独处"通常是指"一个人单独生活"，而句子的主语是"他们"，所以"他们独处"这样的表达似乎有点不通。由于主语是两个人，所以这里 уедине́ние 的意思重在"без обще́ния с кем-л."，也就是说，他们俩单独在一起生活，不同别人交往。译文二和译文三都通过加词的方法，将这层意思表达了出来。

二 减词

　　减词是在不减少原文意思的前提下，将俄语中某个（某些）词略去不译的一种翻译方法。在俄译汉当中，需要减词的情形主要有以下两种。

　　情形一：浓缩法。这种方法是将俄语中多个词语表达出来的意思，用一个或较少的词语翻译出来。被略译的部分有的属于俄语行文习惯但没有什么实质意义的词，有的属于不需要落实到文字上就可以暗含在译文当中的词。例如：

13) Она́ сама́ не зна́ла, заче́м и для чего́, но дома́шнее хозя́йство неудержи́мо **влекло́ её к себе́**. (Л. Толстой, *Анна Каренина*)

她本人并不知道究竟是什么原因和什么目的，但家务事却不可抗拒地<u>吸引着她</u>。（李忠清、余一中　译）

【原文释疑】

　　влечь: 使向往，吸引。

【译法分析】上例中，влекло́ её к себе́ 中的 к себе́ 属于俄语的表达习惯，省略不译并不影响全句的意思。

情形二：同义合并法。这种方法是指将俄语两个或两个以上的同义词用一个词翻译出来。例如：

14) — Нет, слушай: у него [твоего отца] был добрый сосед, его **друг и приятель**, занимавший первое место за столом его, товарищ на охоте, ласкавший детей его. (М. Лермонтов, *Вадим*)

"不，你听我说：你父亲有一个好邻居，也是他的<u>好友</u>，家宴上是他的上宾，打猎时是他的猎友，这位邻居对你父亲的孩子也很疼爱。"（冀刚 译）

【译法分析】друг 和 приятель 意思相近，是同义词。上面这个译文将这两个词合并译成一个词——"好友"，并不损害原文的意思。

三、句构调整

句构调整是对句子结构所作的局部调整。由于俄、汉语表达习惯不同，有时需要对俄语的句子结构进行调整，以适应汉语的表达习惯。句构调整主要涉及搭配关系的调整、表达顺序的调整等。

（一）搭配关系的调整

搭配关系涉及修饰关系与支配关系，除了前面提到的各种搭配不一致的词组外，还有其他一些情况。例如：

15) Уже почти неделю в Женеве идёт очередной **раунд переговоров** по вступлению России в ВТО.

新一轮俄罗斯入世<u>谈判</u>在日内瓦已经持续近一周了。

【译法分析】在俄语词组 очередной раунд переговоров 中，раунд 是被 переговоры 修饰的，其字面意思是"谈判的新一轮"。但是这样的表达并不符合汉语的习惯，上面的译文用"轮"来修饰"谈判"，就比较自然了。

16) Она отвечала не без робости, но без той **торопливой застенчивости**, которую так часто и выдают и принимают за стыдливость. (И. Тургенев, *Рудин*)

她的回答多少有点胆怯，但决没有那种故意装出来，又往往被视为羞涩的<u>慌张和腼腆</u>。（徐振亚 译）

【原文释疑】

выдавать: *кого-что за кого-что* 冒充，把……冒充为……

【译法分析】торопли́вый 在词典上有这样的释义："性急的；急忙的，急促的；赶忙的，赶快的；匆匆忙忙的"。这些释义很难与"腼腆"或"羞怯"（засте́нчивость）直接搭配。上面这个译文把 торопли́вая засте́нчивость 这两个词由修饰与被修饰关系，转换成了并列关系，从而解决了搭配问题。

17) На ка́ждом шагу́ он находи́л **разочарова́ние** в пре́жних мечта́х и но́вое неожи́данное очарова́ние. (Л. Толсто́й, *Анна Каренина*)

他时刻感到以前的梦想破灭了，同时却遇到新的意料不到的赏心乐事。（草婴 译）

【原文释疑】

на ка́ждом шагу́：不停地，时时；到处，处处。

【译法分析】上例中，находи́л разочарова́ние в пре́жних мечта́х 如果照直译成"在以前的梦想中发现失望"，就显得很生硬。上面这个译文把它翻译成了兼语式结构"感到以前的梦想破灭了"。这样一来，原文中受 находи́л 支配的名词 разочарова́ние，在译文中被调整为兼语式结构中主谓词组"梦想破灭"的谓语。

18) Как сообща́ют в четве́рг у́тром корреспонде́нты "Интерфа́кса", **у́лицы** в це́нтре столи́цы **очи́щены от сне́га**.

据国际文传电讯社记者星期四早晨报道，首都中心街道上的雪已被清除。

【原文释疑】

Интерфа́кс：国际文传电讯社。

【译法分析】上例中，原句的主要结构是 у́лицы очи́щены от сне́га，但是翻译成汉语时，不能译成"街道被清除了雪"。这样表达有点生硬。因此需要改变一下支配关系，不说"街道被清除了雪"，而说"街道上的雪被清除了"。

(二) 表达顺序的调整

原文中某些词组或短语在翻译成汉语后，位置可能需要进行调整，以适应汉语的表达习惯，这就改变了原文的表达顺序。例如：

19) **В тени́ высо́кой ли́пы, на берегу́ Москвы́-реки́, недалеко́ от Ку́нцева, в оди́н из са́мых жа́рких ле́тних дней 1853 го́да** лежа́ли на траве́ два молоды́х челове́ка. (И. Турге́нев, *Накануне*)

［译文一］※一株高大的菩提树的浓荫下，莫斯科河岸上，离昆卓沃不远，1853

年夏日酷热的一天里，两个年轻人躺在一片草地上。

[译文二] 一八五三年夏天一个酷热的日子里，在离昆错沃不远的莫斯科河畔，一株高大的菩提树的荫下，有两位青年人在草地上躺着。（丽尼　译）

【原文释疑】

　　Ку́нцево：（莫斯科市）昆采沃。

【译法分析】上例中，原文黑体词表达的内容是先地点、后时间，并且地点的排列顺序是由小到大。译文一完全保留了原文的表达顺序，有零乱之感。译文二对原文的表达顺序进行了调整，先将时间调到地点的前面，并且在排列地点时，又按照由大到小的顺序进行，比较符合汉语的表达习惯。

20) Не́сколько челове́к поги́бли в результа́те схо́да пассажи́рского автобуса с тра́ссы неподалёку от го́рода Дюссельдорф, на За́паде Герма́нии, **сообща́ет BBC**.

据 BBC 报道，在离德国西部城市杜塞尔多夫不远的地方，一辆客车冲出道路，造成数人死亡。

【原文释疑】

　　тра́сса：道路。Дюссельдорф：杜塞尔多夫（德国城市）。BBC：英国广播公司（British Broadcasting Corporation）。

【译法分析】俄语新闻报道中，表示消息来源的语言手段可以位于消息之前、消息中间或消息之后，汉语则通常位于消息之前。上例中，表示消息来源的语言手段位于消息之后，翻译时通常要将它的位置调整到消息之前。

21) В настоя́щее вре́мя в Росси́и прямо́е регули́рование цены́ на бензи́н, **в отли́чие от цены́ на газ**, законода́тельно не закреплено́.

如今在俄罗斯，与天然气价格不同的是，汽油价格的直接调控还没有法律依据。

【译法分析】上例中，插入语 в отли́чие от цены́ на газ 的位置在翻译时需要适当调整。

22) Нет и не мо́жет быть никаки́х ограниче́ний **для по́длинно нау́чного по́иска**.

对于真正的科学探索来说，没有也不可能有任何限制。

【译法分析】上例中，原文中 для по́длинно нау́чного по́иска 翻译成汉语时，位置需要提前。如果照字面译成"没有也不可能有任何限制，对于真正的科学探索来说"，就不符合汉语表达习惯了。

四、拆句与并句

(一) 拆句

拆句也叫断句，是指将原句拆成若干个句子（或小句）的一种翻译方法。由于汉语表达多用较短的句子，而俄语容易形成较长的句子，因此，俄译汉过程中，经常要利用拆句的方法，以使译文变得简练明确。拆句时，有时要加上适当的词语，以使上下文实现连贯。例如：

23) Несколько минут Печорин и она сидели друг против друга в молчании затруднительном для обоих. (М. Лермонтов, *Княгиня Лиговская*)

彼乔林和她面对面默默无言地坐了几分钟，这种情况使两人都感到很尴尬。（冯春 译）

【译法分析】上例如果译作"彼乔林和她在令两人都很尴尬的沉默中面对面地坐了几分钟"，虽然没什么错，但是在表达上有些累赘，并且没有充分体现原文的重点，即 в молчании затруднительном для обоих。上面这个译文将原句分成两个小句来翻译，既可促成译文简洁，又能突出原文重点。在拆句时，译文通过添加词组"这种情况"，实现了前、后句的衔接。

24) Канада настаивает на своём праве открывать в России филиалы банков и страховых компаний и снижении пошлин на иностранные самолёты.

［译文一］※加拿大坚持自己在俄罗斯开办银行与保险公司的分支机构的权利和降低外国飞机的关税。

［译文二］※加拿大坚持有权在俄罗斯开办银行与保险公司的分支机构和降低外国飞机的关税。

［译文三］加拿大坚持有权在俄罗斯开办银行与保险公司的分支机构，坚持要求降低外国飞机的关税。

【原文释疑】

филиал：分支机构。страховой：（生命、财产等）保险的。пошлина：税；关税。

【译法分析】上例中，праве 和 снижении 是同等成分，都受到谓语动词 настаивает 的支配。译文一完全照搬原句的结构，读起来比较费力，难以一下子理解句子的意思。译文二把"настаивает на своём праве открывать..."这个结构变通处理了一下，译成了"坚持有权开办……"，这一点比译文一好一些，但是由于后面还有"降低关税"，使得读者难以确定"降低关税"是受"坚持"支配还是受"有权"支配，句子也因此产生了歧义。为了解决前两个译文出现的问题，译文三利用拆句的方式，并通过重复谓语 наста́ивает 的意思，准确而清晰地表达了原句的意思。

25) Я в ближа́йшее вре́мя наме́рен вы́ехать в Москву́ с но́выми предложе́ниями об экономи́ческом сотру́дничестве.

［译文一］※最近我打算带着有关经济合作问题的新建议前往莫斯科。

［译文二］最近我打算去莫斯科，就经济合作问题提出一些新建议。

【译法分析】译文一在意思上虽然没什么问题，但是"带着建议去……"这样的表达，汉语中比较少见。为了使译文表达更加自然，译文二运用了拆句法，具体方法是单独处理前置词短语 с но́выми предложе́ниями об экономи́ческом сотру́дничестве，通过添加"提出"一词，把这个短语变成了一个小句。值得注意的是，将较长的前置词短语翻译成汉语小句，是拆句中常用的技巧之一。

（二）并句

并句也叫合句，是指将原文若干个句子合并成一个句子的翻译方法。相对于拆句而言，俄译汉过程中运用并句法的情形不多。并句更多是借助汉语兼语式、连动式等结构，将俄语主从复合句翻译成一个独立的汉语句子。所谓兼语式，是指一个动宾词组和一个主谓词组套在一起，前一个动宾词组的宾语是后一个主谓词组的主语，如"请朋友吃饭""叫小王来一下"等。所谓连动式，是指两个或两个以上动词连用，动词之间有先后、方式、目的等关系，但是没有语音停顿和关联词，如"上网打游戏""乘飞机去莫斯科"等。

26) — Я хочу́, что́бы вы наказа́ли э́ту же́нщину! (А. Чехов, *Ненужная победа*)

"我希望您惩办那个女人！"（汝龙 译）

【译法分析】上例翻译中，译文利用兼语式结构"希望您惩办"，将主、从句合二为一，翻译成一个独立的句子。

27) — Вот я тебе́ ча́ю и са́хару принесла́. **Е́сли захо́чется, вы́пей**... Ведь самова́р у вас есть? (И. Тургенев, *Рудин*)

"你看，我给你带来了茶叶，还有糖。<u>你想喝就喝一点吧</u>……你们有茶炊吗？"

（徐振亚 译）

五、主动句与被动句的转换

（一）主动句转换成被动句

俄语主动句需要转换成汉语被动句的原因有很多。

首先，俄、汉语语法范畴的不对应性，有时使得这种转换成为必然。比方说，俄语中的不定人称句、无人称句，在翻译成汉语时，往往需要处理成被动句。需要注意的是，汉语被动句不仅可以利用"被"字来表达，还可以借助"所""由""为""让""叫"等字来表达。

28) В ЮАР бе́лую актри́су **обвиня́ют** в раси́зме за отка́з целова́ть актёра не́гра.

在南非，一名白人女演员因拒绝亲吻一名黑人男演员而被指责是种族主义者。

【原文释疑】

ЮАР：南非共和国（Южно-Африка́нская Респу́блика）。обвиня́ть：*кого́-что в чём* 指责，责难。раси́зм：种族主义。

【译法分析】俄语不定人称句没有主语，翻译成汉语时经常要将原句中的补语（上例中的 актри́су）转换成汉语主语，并使用被动句来表达全句的意思。

29) Хоте́л [он] ве́село кри́кнуть — не вы́шло, го́рло **сдави́ло**. (Б. Васильев, *А зори здесь тихие...*)

他本想开心地喊上一声——不行，嗓子被什么堵住了。（施钟 译）

【原文释疑】

сдави́ть：使憋闷，使哽咽。

【译法分析】上例中，го́рло сдави́ло 是无人称句，上面这个译文把它处理成了被动句，以明确原文的意思。当然，汉语中表示被动的句子有时不用"被"字，因为汉语中的主语既可以是施事者，也可以是受事者，如"他打败了"就是"他被打败了"的意思。所以"嗓子被什么堵住了"也可以表达成"嗓子堵住了"。

其次，如果原句强调的是动作及其发出者，有时也有必要将原文的主动句转换成被动句。例如：

30) Дебоши́ра бы́стро **спрова́дила охра́на**.

［译文一］※保安很快赶走了吵闹的家伙。

［译文二］这个吵闹的家伙很快被保安赶走了。

【原文释疑】

дебоши́р：〈口语〉好吵闹的人，好打闹的人。спрова́дить：〈口语〉打发走，赶走，送走（不喜欢的人）。

【译法分析】上例中，原句中 дебоши́р 是已知信息，所要强调的是新信息 спрова́дила　охра́на。译文一中，"保安"成了已知信息，"赶走了吵闹的家伙"成了新信息。这与原句的意思不符。为了达到相同的效果，可以像译文二那样，将原句主动句形式转换成汉语的被动句。

最后，为了保持叙述角度的一致性，使得汉语译文衔接自然，往往也会将俄语主动句转换成被动句。例如：

31) Узна́в, что прие́хала Анна, Ки́ти хоте́ла не выходи́ть; но **До́лли уговори́ла её**. Собра́вшись с си́лами, Ки́ти вы́шла и, красне́я, подошла́ к ней и подала́ ру́ку. (Л. Толсто́й, *Анна Каренина*)

吉蒂听说安娜来了后，原想不出去见她，但被多莉说服了。她鼓起勇气出来，红着脸走到安娜面前，伸出了手。（李忠清、余一中　译）

【原文释疑】

собра́ться:（*с чем* 或无补语）集中精力、思想、意志等。собра́ться с си́лами: 集中精力；鼓足劲。

【译法分析】在"До́лли уговори́ла её"这句话中，До́лли 是主语，补语是代词 её，指代对象是 Ки́ти。不过，在这句话之前，主语是 Ки́ти；在这句话之后，主语还是 Ки́ти。只有中间这一句，指代 Ки́ти 的 её 作了补语。原文如果照直翻译，叙述主体就会发生跳跃：吉蒂——多莉——吉蒂。上面这个译文，为了保持叙述主体不变，没有把"До́лли уговори́ла её"照直翻译成主动句"多莉说服了她"，而是把它转换成被动句"（她）被多莉说服了"，从而达到很好的叙述效果。

二 被动句转换成主动句

如果俄语被动句中出现了动作或行为的发出者，翻译成汉语时，常常要将被动句转换成主动句。

32) Пока́ неизве́стно, каки́е и́менно **вы́воды бу́дут сде́ланы** прави́тельствами стран, омыва́емых во́дами Инди́йского океа́на.

目前还不清楚，环印度洋各国政府到底会作出什么样的结论。

33) Если на́ми **бу́дут решены́ э́ти две зада́чи**, то в ближа́йшее десятиле́тие предстои́т реше́ние сле́дующих пробле́м.

假如我们要完成这两项任务，那么未来 10 年内就要解决以下一些问题。

同样，为了保持叙述角度统一，增强前、后句的连贯性，有的被动句在翻译成汉语时，需要转换成主动句。

34) С концá 70-х годóв США нарáщивали своё присýтствие в зóне Персúдского залúва. С э́той це́лью **был сóздан** 5-й флот США, в состáве котóрого постоя́нно находúлся удáрный авианóсец.

从 70 年代末开始，美国不断扩大自己在波斯湾地区的存在，并为此<u>建立</u>了第 5 舰队，其编成内始终有一艘攻击航空母舰。

【原文释疑】

нарáщивать：增强，增大，扩大。Персúдский залúв：波斯湾。флот：舰队。удáрный авианóсец：攻击航空母舰。

六、肯定句与否定句的转换

肯定与否定的转换也称反面着笔。之所以需要使用这种翻译技巧，是因为同样的意思，由于表达习惯的不同，俄语用肯定语气表达，汉语可能需要用否定语气来表达。反过来也是如此。翻译中，应当根据实际情况，适时进行肯定与否定之间的转换。

（一）肯定句转换成否定句

35) Онá повернýлась и ме́дленно пошлá из кóмнаты. Он ещё мог вернýть её, но онá дошлá до две́ри, он всё **молчáл**, и слы́шен был тóлько звýк шуршáния перевёртываемого листá бумáги. (Л. Толстóй, *Анна Каренина*)

［译文一］她转过身，慢吞吞地走出房去。他还来得及把她唤回来，但她走到门口，他还是<u>不作声</u>。只听见他翻阅信件的飒飒声。（草婴 译）

［译文二］她转过身，慢慢地从房里往外走。他还是可以把她唤回来的，但她快走到门口了，<u>他还没有做声</u>，只能听到他翻信纸的沙沙声。（力冈 译）

［译文三］她转过身，慢慢地走出房间。他还能把她叫回来，但她已走到门口了，他还<u>不吱声</u>，只听到翻动信纸时发出的沙沙声。（李忠清、余一中 译）

【原文释疑】

шуршáние：沙沙声。перевёртывать：翻转；翻动。

【译法分析】上例所在情景中，он 本应该开口叫回 онá，但是他仍然 молчáл。这里 молчáл 一词如果照字面译作"沉默"，在意思上没什么错，但是不如从反面着笔，把它译成"不吱声"，这样更能贴切地传达原文的意思。所以，上面三个译文都将原文的肯定语气转换成了否定语气，这并不是偶然的，而是汉语表达习惯的需要。

36) Если курс до́ллара продо́лжит па́дать так же, как э́то происхо́дит сейча́с, о како́м-либо реа́льном дохо́де на до́лларовые вкла́ды **мо́жно бу́дет забы́ть**.

如果美元汇率继续像现在这样跌下去，那对美元存款有什么实际收入就<u>别指望了</u>。

【原文释疑】

вклад: 存款。

【译法分析】上例如果照直翻译成"……实际收入就可以忘记了"，意思显得不够明了，但是换个说法，从否定的角度，用"别指望"，可以明确传达原文的意思。

肯定语气转换否定语气这种翻译技巧，有时也会用在句子局部内容的翻译转换上。也就是说，转换的对象不是原文的谓语，而是其他成分，所以转换后的译文句子，只是局部否定，而不是整个句子的否定。例如：

37) Пугачёв задрема́л, си́дя на своём ме́сте; това́рищи его́ вста́ли и да́ли мне знак **оста́вить** его́. (А. Пушкин, *Капита́нская до́чка*)

普加乔夫坐在自己的位子上打起盹儿；他的伙伴站起来，示意叫我<u>不要打扰他</u>。

（**力冈　译**）

【译法分析】上例中，оста́вить 的意思是"丢下（不管）"，翻译时，用肯定形式难以准确表达原文的意思。上面这个译文从反面着笔，用"不要打扰"来翻译，很好地解决了表达上的难题。

（二）否定句转换成肯定句

38) Ру́дин на́чал ходи́ть по плоти́не. Ната́лья **не спуска́ла с него́ глаз**. (И. Тургенев, *Рудин*)

罗亭开始沿着堤岸来回走动。<u>娜塔里娅的眼睛紧紧盯着他</u>。（**徐振亚　译**）

【译法分析】не спуска́ть глаз *с кого́-чего́* 是成语，意思是"при́стально, не отрыва́ясь смотре́ть на кого́-, что-л."，字面意思是"不把目光从……移开"，翻译时，为了方便表达，只能将原文的否定形式转换成肯定形式。

39) Пе́рвая за 30 лет премье́ра но́вой о́перы в Большо́м теа́тре **не оправда́ла ожида́ний**.

30 年来，大剧院第一次出现新歌剧首演<u>失败</u>的情况。

【译法分析】оправда́ть ожида́ния 的意思是"不辜负期望"，所以上例中，не оправда́ла ожида́ний 不能翻译成"没有不辜负期望"，而只能采取肯定形式"辜负期望"。上面这个译文用"失败"来形容"首演"是完全可以的。

40) Моя́ ве́ра в коммунисти́ческое бу́дущее челове́чества сейча́с **не ме́нее горяча́**, но бо́лее крепка́, чем в дни мое́й ю́ности.

与我的青年时代相比，我对人类共产主义前途的信念<u>同样炽烈</u>，而且更加坚定。

【译法分析】ме́нее горяча́ 的意思是"不那么炽烈"，而原句中是否定形式 не ме́нее горяча́，这里不能译成"没有不那么炽烈"，而应该转换成肯定形式，如上面这个译文那样，处理成"同样炽烈"。

否定语气转换成肯定语气这种翻译技巧，适用的情况不仅是整个句子的否定，也适用局部内容的否定。我们知道，否定结构位于谓语位置时，是对整个句子的否定；否定结构位于非谓语位置时，是对句子局部内容的否定。例如：

41) Глаза́ всех ма́льчиков подняли́сь к не́бу и **не ско́ро** опусти́лись. (И. Тургенев, *Бежин луг*)

所有孩子的眼睛都抬起来望着天空，望了<u>好一阵子</u>。（**力冈 译**）

【译法分析】上例中，否定的对象并不是谓语，而是修饰谓语的副词 ско́ро。如果把 не ско́ро опусти́лись 照直翻译成"不是很快放下来"，显得比较生硬。上面这个译文将原文的部分否定转换成了部分肯定形式，用"望了好一阵子"来表达，准确而又自然。

42) **Не случа́йно** во всём ми́ре при́знана фо́рмула: како́в у́ровень валово́го национа́льного проду́кта в стране́, такова́ и связь.

<u>难怪</u>全世界都承认这样一个说法：一个国家的国民生产总值有多高，其通信水平就有多高。

【原文释疑】

фо́рмула：准确、简练的表述。

【译法分析】上例前一句如果译成"全世界不是偶然地承认这样一个说法"，表达上有点生硬的感觉；如果译成"全世界承认这样一个说法不是偶然的"，就这句话本身而言是完全可行的，只是这句话后面还有一个句子。为了使这两句话的衔接更加流畅，可以像上面这个译文那样，从反面着笔，将 не случáйно 译作"难怪"。

⚠ 本讲结语

词类转换、成分变通、词量增减、句构调整、拆句与并句、主动句与被动句的转换、肯定句与否定句的转换，是翻译中摆脱俄语形式束缚的几种常用方法与技巧。

虽然我们会下意识地使用词类转换与成分变通的技巧，但是为了使译文的表达更加地道，应该有意识地运用这两种技巧。

词量增减方面，无论是加词还是减词，都不能增加或减少原文的意思，加词通常是为了明确原文的意思，减词是为了达成译文简练。

句构调整是对俄语句子进行局部调整，目的是使译文既准确传达原文意思，又符合汉语表达习惯。

拆句是为了避免译文冗长，使表达简练，方便读者理解。并句与拆句相对，但是在俄译汉过程中，使用的频率要低于拆句。

主动句与被动句的转换有的是俄、汉语语法范畴不对应造成的，有的是为了准确表达俄语句子强调的重点，有的是为了符合汉语习惯，保持叙述角度一致。肯定与否定的转换，大都是出于表达需要，以便准确传达原文意思或方便汉语表达。需要注意的是，无论是主动与被动的转换，还是肯定与否定的转换，都不是为了转换而转换，不需要转换的就不必转换了。

✍ 翻译练习参考答案

1. **翻译下列句子，注意黑体词可能发生的成分转换。**

    1) По дéйствующему пáспорту **вас** пýстят в любóе госудáрство.

        拿着有效护照，<u>您</u>可以去任何一个国家。

        说明：вас 在原句中作补语，译成汉语后需要转换成主语。

    2) В правозащи́тные организáции поступи́ло бóлее 3 ты́сяч **обращéний** от призывникóв

и их роди́телей.

人权组织收到了 3000 多份来自应征入伍者及其父母的呼吁书。

说明：правозащи́тный 的意思是"人权保护的"，обраще́ние 这里指"（提出的）请求，呼吁（书）"，призывни́к 的意思是"应征公民、（适龄）应征服兵役者"。原句如果照直翻译成"3000 多份呼吁书到达了人权组织"，读起来有些生硬，所以要改变表达角度，译成"人权组织收到了 3000 多份呼吁书"的结构。这样一来，обраще́ний 在原句中是主语，译成汉语后，"呼吁书"则成了宾语。

3) Определённая до́ля отве́тственности за совершённый тера́кт лежи́т на **шве́дских власти́х**.

对于这起恐怖活动，瑞典当局应负一定的责任。

说明：这句话如果要保留原文的成分，译成"对于这起恐怖活动，一定的责任落在瑞典当局身上"或者"……一定的责任由瑞典当局来负"，都显得不够自然。如果把作补语的 шве́дские вла́сти 转换为主语，并相应地将作主语的 определённая до́ля отве́тственности 转换为宾语，译文就通顺多了。

4) **На XVIII съе́зде КПК** была́ подчёркнута необходи́мость ста́вить на центра́льное ме́сто институциона́льное строи́тельство в це́лях максима́льного выявле́ния преиму́ществ на́шего социалисти́ческого полити́ческого стро́я.

党的十八大强调，要把制度建设摆在突出位置，充分发挥我国社会主义政治制度优越性。

说明：俄语原文中，на XVIII съе́зде КПК 在句中作状语，翻译成汉语时，可转换成主语。

5) **В мою́ зада́чу** входи́ло следи́ть за бортовы́ми систе́мами.

我的任务是监视机载系统。

说明：这句话如果不作任何成分变通，译成"监视机载系统被列入我的任务中"，就比较生硬了。另外，句中 бортова́я систе́ма 的意思是"机载系统"。

2. 翻译下列句子，注意加词法的运用。

1) Несмотря́ на нали́чие я́дерного ору́жия в ря́де стран, **я́дерная** и всео́бщая обы́чная война́ маловероя́тны.

尽管许多国家拥有核武器，但是爆发核战争和全面常规战争的可能性很小。

说明：如果把 я́дерная и всео́бщая обы́чная война́ 翻译成"核的和全面常规的战争"，就不符合汉语表达习惯，更不利于准确传达原文的意思，所以在翻译 я́дерная 时，要加上"战争"这个词。

2) И вот друзья́ предложи́ли [ему́] **пое́хать** в Ита́лию, к Средизе́мному мо́рю.

于是朋友们建议他<u>去</u>意大利，<u>去</u>地中海。

3) **Мо́жет показа́ться**, что обору́дование, выпуска́емое мно́жеством компа́ний, не сли́шком отлича́ется друг от дру́га.

<u>或许有人觉得</u>，很多公司生产的设备之间没有太大的区别。

说明：原文中的主句是无人称句，并且没有主体，所以翻译成汉语时，要根据上下文适当补出主体，并使这个主体充当句子的主语。

4) Социалисти́ческий путь с кита́йской специ́фикой — **неизбе́жный путь** к осуществле́нию в на́шей стране́ социалисти́ческой модерниза́ции и созда́ния прекра́сной жи́зни для наро́да.

中国特色社会主义道路，是实现我国社会主义现代化的<u>必由之路</u>，是创造人民美好生活的<u>必由之路</u>。

3. 翻译下列句子，注意减词法的运用。

1) Вся́кая неуда́ча **заключа́ет в себе́** це́нный уро́к.

任何失败都<u>含有</u>宝贵的教训。

说明：俄语 заключа́ет в себе́ 翻译成汉语，只需要一个词"含有"就可以了。

2) В суббо́ту **в пе́рвой полови́не дня** на ю́ге Москвы́ обру́шилось кафе́.

<u>星期六上午</u>，莫斯科南部一咖啡馆倒塌。

说明：俄语 в пе́рвой полови́не дня 是一个前置词短语，共有四个单词，翻译成汉语，只需一个词，即"上午"就可以了。另外，句中 обру́шиться 的意思是"倒塌，坍塌"。

3) Мини́ровались **заво́ды, фа́брики**, мосты́, гото́вились к взры́ву корабли́.

<u>工厂</u>、桥梁埋上了地雷，舰艇也准备被炸掉。

说明：俄语中，заво́д 和 фа́брика 在意思上不尽相同，фа́брика 主要指轻工业和食品工业工厂。汉语对此一般不作区分，统称工厂，所以 заво́д 和 фа́брика 这两个词可以合并译成一个词——"工厂"。另外，句中 мини́роваться 是 мини́ровать（布地雷）的被动形式。

4. 翻译下列句子，注意搭配关系的调整。

1) Распа́хивается дверь, в ка́меру броса́ют **изби́тую и окрова́вленную** Ната́шу. (Б. Горбатов, *Юность отцов*)

   门开了，<u>被打得血迹斑斑的</u>娜塔莎给扔进了牢房。

   说明：изби́тый 是 изби́ть（毒打，痛殴）的被动形动词形式，окрова́вленный 的意思是"沾满鲜血的，血迹斑斑的"。原句中这两个词是并列关系，翻译时如果仍然保持并列关系，译作"被毒打的和血迹斑斑的（娜塔莎）"，就会非常生硬。调整时，可将并列关系转换为修饰与被修饰关系。

2) Но уже́ ины́м показа́лся мне в э́ти мину́ты **ско́рбного молча́ния** безбре́жный мир. (М. Шолохов, *Судьба человека*)

   可是在这<u>默默无言的悲怆</u>时刻里，……广漠无垠的世界，在我看来也有些两样了。（草婴 译）

   说明：在 мину́ты ско́рбного молча́ния 这个词组里，мину́ты 被 ско́рбного молча́ния 修饰，而 молча́ния 被 ско́рбного 修饰。如果仅照字面翻译成"悲伤的沉默时刻"，显得有点生硬。上面这个译文，将 ско́рбного 的修饰对象由 молча́ния 调整为 мину́ты，意思丝毫没有改变，表达上更加合理了。另外，句中 безбре́жный 的意思是"无边的，一望无际的"。

3) По да́нным ме́диков, состоя́ние актёра оце́нивается как "**стаби́льно тяжёлое**".

   据医生们说，这位演员的病情"<u>稳定，但很严重</u>"。

   说明：这个句子中，стаби́льно тяжёлое 是副词修饰形容词，如果照直翻译成"稳定地严重"，不符合汉语的表达习惯，因而需要调整。可将这两个词的修饰与被修饰关系调整为转折关系。另外，句中 ме́дик 的意思是"医生"。

4) Э́то то́же необходи́мо приня́ть, как **факти́ческую неизбе́жность**.

   这一点作为<u>必然的事实</u>，也必须接受。

   说明：如果把 факти́ческая неизбе́жность 照直翻译成"事实上的必然性"，那么与动词"接受"就不太搭配。然而，只要把这两个词的修饰与被修饰关系颠倒一下，将"事实上的必然性"调整为"必然的事实"，译文就通顺了。

5. 翻译下列句子，注意表达顺序的调整。

1) В ри́жских больни́цах в настоя́щее вре́мя нахо́дятся на лече́нии **13 тури́стов**,

пострада́вших у́тром 31 декабря́ в результа́те ава́рии авто́буса в Ла́твии.

<u>12 月 31 日早晨因车祸在拉脱维亚受伤的 13 名旅游者</u>，现正在里加几所医院接受治疗。

说明：ри́жский 是 Ри́га（里加）的形容词。

2) **Мо́жно поня́ть** нетерпе́ние обще́ственности, жела́ние поскоре́е взгляну́ть на закры́тые страни́цы на́шего про́шлого.

舆论界情绪急躁，希望尽快看到我们被掩盖的历史<u>是可以理解的</u>。

说明：如果按字面翻译成"可以理解公众的急躁情绪，尽快看到我们被掩盖的历史的愿望"，前后有点脱节。另外，句中的 обще́ственность 是集合名词，意思是"舆论；舆论界"。

6. 翻译下列句子，注意拆句法的运用。

1) Ме́стные вла́сти бы́ли вы́нуждены пусти́ть под нож миллио́ны дома́шних кур и у́ток с це́лью сдержа́ть эпизоо́тию э́той боле́зни.

当地政府被迫宰杀数百万只鸡鸭，以控制这种流行病的蔓延。

说明：эпизоо́тия：〈兽医〉动物流行病，兽疫。

2) Депута́ты недово́льны ме́стной исполни́тельной вла́стью и по други́м причи́нам.

议员们对地方执行权之所以不满，还有其他一些原因。

说明：исполни́тельная власть 指"执行权"。

3) Пе́рвым из грузовико́в к фи́нишу пришёл "КАМАЗ" россия́нина Влади́мира Ча́гина с результа́том 2 часа́ 49 мину́т 57 секу́нд.

第一个到达终点的卡车是俄罗斯人弗拉基米尔·恰金驾驶的"卡马斯"车，成绩是 2 小时 49 分 57 秒。

说明：句中 КАМАЗ 是指卡马汽车制造厂（Ка́мский автомоби́льный заво́д）生产的"卡马斯"汽车。

4) Кита́й и ЕС должны́ прилага́ть совме́стные уси́лия для соде́йствия процвета́нию всех культу́р и цивилиза́ций челове́чества.

中欧要共同努力，促进人类各种文明之花竞相绽放。

5) В нача́ле про́шлого ве́ка неме́цкий учёный Ва́гнер иссле́довал строе́ние мо́зга выдаю́щихся люде́й в наде́жде найти́ "осо́бые приме́ты гениа́льности".

上世纪初，德国科学家瓦格纳研究了许多杰出人物的大脑结构，希望发现"天才的特征"。

说明：翻译这个句子，除了要将时间状语利用逗号隔开外，还需要将原句中前置词短语"в наде́жде найти́..."翻译成小句，从而简化表达，方便理解。另外，句中гениа́льность 的意思是"天才（指才能）"。

6) Посо́л Росси́и Никола́й Са́дчиков вы́разил наме́рение потре́бовать от шве́дских власте́й приня́ть дополни́тельные ме́ры по защи́те ли́чной безопа́сности росси́йских диплома́тов.

俄罗斯大使尼古拉·萨奇科夫表示，打算要求瑞典当局采取补充措施，以保护俄外交官的人身安全。

7. 翻译下列句子，注意并句法的运用。

1) Он хо́чет, что́бы счита́ли его́ инко́гнитом. (Н. Гоголь, *Ревизор*)

他愿意人家把他看作是隐姓埋名的。（芳信 译）

说明：这句的翻译可以利用兼语式结构，将主、从句合并翻译。另外，句中инко́гнито 用作名词，意思是"匿名者，化名人"。

2) Об э́том мо́жно суди́ть по тому́, что мы сего́дня име́ем.

这一点可以通过我们今天所拥有的东西来评价。

8. 翻译下列各句，试将主动句转换成被动句。

1) Алекса́ндра Пума́нэ **задержа́ли** в ночь на 18 сентября́ на у́лице Спиридо́новка в Москве́.

亚历山大·普马内于 9 月 17 日夜在莫斯科的斯皮里多诺夫卡大街被捕。

2) Одно́й же́нщине **врачи́ поста́вили диа́гноз** — о́страя серде́чная недоста́точность.

一名妇女被医生诊断为急性心力衰竭。

说明：о́стрый：急性的（指病）。недоста́точность：〈医〉机能不全，衰竭。серде́чная недоста́точность：心力衰竭。

3) В э́том году́ значи́тельные объёмы урожа́я са́харной свёклы в восто́чных областя́х [Украи́ны] **уничто́жила за́суха**, а на за́падных регио́нах **уничто́жил град**.

今年，大量的糖用甜菜在东部地区被旱死，在西部地区被冰雹毁了。

说明：урожа́й 的意思是"成熟的庄稼"，свёкла 的意思是"甜菜"，са́харная свёкла 指"糖用甜菜"，за́суха 的意思是"旱灾、干旱"。

4) Одна́ко уже́ че́рез три часа́ допро́са отставно́го подво́дника **увезла́ "ско́рая"**. А ещё че́рез два часа́ он сконча́лся в Институ́те им. Склифосо́вского.

然而在审讯 3 小时后，这个退伍的潜艇艇员<u>就被急救车拉走了</u>，2 小时后便死于斯克利福索夫斯基医院。

说明：原文由两句构成。将第一句由主动句转换成被动句，既能起到强调原文所要强调的 увезла́ "ско́рая" 的内容，又可以与后句保持叙述主体的一致。另外，подво́дник 的意思是"潜艇艇员"，Институ́т им. Склифосо́вского 的全称是 НИИ ско́рой по́мощи им. Склифосо́вского（斯克利福索夫斯基急救科研所），是莫斯科著名的急救医院。

9. 翻译下列各句，试将被动句转换成主动句。

1) Ими факти́чески бы́ло **при́знано существова́ние** не́скольких ка́чественно отли́чных обще́ственных укла́дов.

他们实际上<u>承认存在</u>几个完全不同的社会类型。

说明：укла́д：（社会经济的）类型；社会经济结构、成分、制度。

2) Представи́тели обе́их сторо́н полага́ют, что встре́ча была́ продукти́вной и **сде́лан шаг** вперёд в стремле́нии подписа́ть оконча́тельный догово́р.

双方代表认为，会见卓有成效，为签订最终合同向前<u>迈出了一步</u>。

说明：продукти́вный 的意思是"大有成效的"。

10. 翻译下列各句，试将肯定句转换成否定句。

1) Росси́я — сосе́д Украи́ны. Лу́чше два ра́за поссо́риться с жено́й, чем оди́н раз — с **сосе́дом**.

俄罗斯是乌克兰的邻居。常言道：<u>宁可跟妻子吵两架，也不和邻居吵一次</u>。

说明：如果照直翻译成"跟妻子吵两架胜过和邻居吵一次"，难以清晰传达原文的意思。

2) [Он] пожа́л мне ле́вую, **здоро́вую** ру́ку и, сказа́в "Поправля́йтесь", ушёл.

他握了握我<u>没有受伤</u>的左手，说了句"祝您早日康复"就走了。

说明：如果把 "ле́вая, здоро́вая рука́" 译成 "健康的左手"，不仅在表达上不太自然，也难以准确表达原文意思。这句话讲的是握手。我们知道，握手通常要握右手，这儿握的是左手，原因是右手受伤了，握不成，所以原文用 здоро́вый 这个词来形容左手。翻译成汉语时，用 "没有受伤的" 来表达，更能准确地体现 здоро́вый 一词在上下文中的含义。

11. 翻译下列各句，试将否定句转换成肯定句。

1) Несмотря́ на заявле́ния Сно́у, США **не де́лают ничего́**, что́бы удержа́ть до́ллар от паде́ния.

尽管斯诺作了上述声明，但是美国仍旧听任美元继续下跌。

说明：约翰·斯诺（Джон Сно́у）是美国的前财政部长（мини́стр фина́нсов）。

2) На про́шлой неде́ле так и **не удало́сь** договори́ться с Кана́дой.

上个星期与加拿大的谈判最终还是失败了。

3) Ни для кого́ **не явля́ется секре́том**, что здоро́вье закла́дывается в де́тстве.

人人都清楚，健康的基础打在童年。

说明：上面这句话，有人译作 "健康在童年时就奠定基础，这对于任何人都不是秘密"。这当然也可以，只是稍稍改变了原句的叙述顺序。

4) — Автома́т [биле́тный] **не рабо́тает**? — спра́шивает меня́ де́вушка уча́стливо.

"自动售票机坏啦？" 姑娘关切地问我。

说明：уча́стливо 的意思是 "关心地"。

5) У экспе́ртов **нет сомне́ний**, что самолёт был це́лым и гермети́чным до моме́нта столкнове́ния с землёй.

专家们肯定飞机在撞击地面前是完好无损的。

说明：гермети́чный 同 гермети́ческий，意思是 "密封的，密闭的，不透气的"。

6) **Не ме́нее** 11 челове́к поги́бли в результа́те паде́ния вертолёта в одно́м из го́рных райо́нов Ме́ксики.

一架直升机在墨西哥的一个山区坠毁，至少造成11人死亡。

7) Водоснабже́ние в пострада́вших регио́нах бу́дет восстано́влено **не ра́нее чем** че́рез две неде́ли.

受灾地区的供水至少需要两个星期才能恢复。

说明：водоснабже́ние 的意思是 "给水，供水（设施）"。

第十讲

副动词短语的翻译

📤 本讲导言

翻译中，时不时会遇到一些特别长的句子，即通常所说的长难句。长难句结构复杂，层次繁多，往往包含多个同等成分和各种各样的短语（如独立短语、说明短语、比较短语等）或结构（如插入结构、嵌入结构等），而若干从句的同时使用，更是长难句形成的重要原因。

从本讲开始我们将介绍长难句翻译基础。为了能正确理解与翻译长难句，首先需要各个击破，也就是说，要准确把握各类短语和结构的意义和翻译方法，全面把握各种从句的意义与翻译技巧。这既是各类短语和从句翻译的自身要求，也是长难句翻译的基础。对于各种短语和结构来说，最有特色的当属副动词短语和形动词短语。至于俄语中的从句，类型丰富多样，我们将介绍其中几个常用从句的翻译方法。这一讲主要介绍副动词短语的翻译。

💡 课前思考

1. 对比下面两个译文，指出它们在副动词短语翻译上的区别，并选择正确的译法。

   Прочтя письмо, он поднял на неё глаза, и во взгляде его не было твёрдости.

   a) 他<u>一面看信</u>，一面抬起眼睛来看她。他的眼神里没有果断的表情。

   b) 他<u>看完了信</u>，抬起眼睛看了看她，在他的眼神里没有毅然决然的神情。

   解答：译文 a 表示同时关系，译文 b 表示先后关系。正确的译文是 b。具体解释可见"技法学习"中的例 5。

2. 将下面这个句子翻译成汉语，然后比较一下，看看自己对副动词短语的翻译与下面这个译文有什么异同，再仔细推敲下面这个译文，看看是否存在不妥之处。

После оконча́ния "холо́дной войны́" США и други́е я́дерные держа́вы оказа́лись в тупико́вой ситуа́ции, **накопи́в в больши́х коли́чествах я́дерное ору́жие**.

"冷战"结束后，美国和其他核大国陷入了困境，储存了大量核武器。

解答：译文不妥，译者没有真正领会句中副动词短语的含义。详细的解释可见"技法学习"中的例10。

3. 对比下面两个译文，指出哪个译文更加合理，并说明原因。

"Е́сли то́лько оно́ [проше́ние] попадёт в ру́ки госуда́ря, оно́ мо́жет возбуди́ть неприя́тные вопро́сы и недоразуме́ния", — поду́мал он, **дочита́в проше́ние**.

a) "万一状子落到皇帝手里，那就会引得皇帝提出不愉快的问题，惹出一场纠纷，"他心里暗想，读完状子。

b) "万一状子落到皇帝手里，那就会引得皇帝提出不愉快的问题，惹出一场纠纷，"他读完状子，心里暗想。

解答：译文 a 不合情理。原因可参看"技法学习"中的例26。

📖 技法学习

副动词说明句中的谓语动词，表示该动作的伴随动作或特征。副动词既有副词的某些特点，也有动词的一些特点。在翻译副动词短语之前，先要从整体上分析副动词短语在句中的作用，通俗地讲，就是确定它是以副词功能为主还是以动词功能为主。以副词功能为主，可以翻译成状语或状语从句；以动词功能为主，可以翻译成谓语的一部分或并列分句。

一、译成方式状语

如果副动词短语表示主要行为的方式、方法或状态，可以将它译成方式状语。例如：

1) Наконéц однáжды ýтром Савéльич вошёл ко мне, **держá в рукáх письмó**. (А. Пушкин, *Капитанская дочка*)

终于有一天早晨，萨维里奇手里拿着一封信走进我房里来。（**力冈** 译）

【译法分析】держá 是未完成体动词 держáть 的副动词，在句中表示谓语动词 вошёл 的状态，因而可以翻译成方式状语。

2) — Ты приéхала сюдá и сдéлала дóброе дéло, — сказáла Дóлли, **внимáтельно высмáтривая её**. (Л. Толстой, *Анна Каренина*)

"你这次来做了一件好事，" 陶丽凝视着她的脸说。（草婴 译）

【译法分析】上例中，высмáтривая 是未完成体动词 высмáтривать（盯着瞧）的副动词，表示 сказáла 这个动作发生时的状态，所以能翻译成方式状语。

3) — Знáем! — **улыбáясь**, сказáл Пáвел. — Бои́шься? (М. Горький, *Мать*)

"知道了！" 巴维尔微笑着回答说。"你害怕吗？"（夏衍 译）

【译法分析】上例中，副动词 улыбáясь 是谓语动词 сказáл 这个动作发生时的状态，因而可以翻译成方式状语。

4) Он замéтил своегó молодóго гóстя и, **опéршись на лопáтку**, воскли́кнул... (И. Тургенев, *Отцы и дети*)

他发觉站在窗内的年轻客人，便手支着铲子招呼道……（石枕川 译）

二、译成时间状语

副动词本身没有独立的时间意义，它的时间意义需要根据句中谓语动词的时间来确定。翻译时，应当注意分析副动词的体的形式以及谓语动词体与时的形式。例如：

5) **Прочтя́ письмó**, он пóднял на неё глазá, и во взгля́де егó нé было твёрдости. (Л. Толстой, *Анна Каренина*)

［译文一］※他一面看信，一面抬起眼睛来看她。他的眼神里没有果断的表情。

［译文二］他看完了信，抬起眼睛看了看她，在他的眼神里没有毅然决然的神情。（**力冈** 译）

【译法分析】上例中，прочтя 是完成体动词 прочесть 的副动词，表示在句中谓语（поднял）动作之前已经完成的动作。译文一可能以为 прочтя 是未完成体，认为 прочтя 和 поднял 之间是同时关系，所以处理成了并列复句"一面……一面……"的形式。不过，这样理解并不准确。实际上，прочтя 的动作发生在 поднял 之前，在时间上是先后关系，译文二的理解才是正确的。

6) **Проходя́ по гости́ной**, она́ услыха́ла, что у подъе́зда останови́лся экипа́ж. (Л. Толстой, *Анна Каренина*)

走过客厅时，她听见一辆马车在大门口停下来。（李忠清、余一中 译）

【原文释疑】

гости́ная：［名词］客厅。услыха́ть：＝услы́шать（听见，听到）。экипа́ж：轻便马车。

【译法分析】副动词 проходя́ 是未完成体，谓语动词 услыха́ла 是完成体，两者之间存在部分同时关系。上面这个译文把副动词短语翻译成时间状语，准确地传达了原文的意思。

7) **Очну́вшись**, я не́сколько вре́мени не мог опо́мниться и не понима́л, что со мно́ю сде́лалось. (А. Пушкин, *Капитанская дочка*)

我清醒过来以后，一时间还没有回过神来，不明白我出了什么事儿。（力冈 译）

【原文释疑】

очну́ться：恢复知觉，苏醒过来。сде́латься：［第一、二人称不用］发生，有（某）事。

【译法分析】上例中，очну́вшись 是完成体动词 очну́ться 的副动词，所表示的行为发生在句子主要行为之前，因而可以像上面这个译文那样，把它处理成时间状语。

8) Но тепе́рь, **дости́гнув эффе́кта**, я вдруг стру́сил. (Ф. Достоевский, *Записки из подполья*)

但是现在达到效果以后，我倒突然害怕起来。（臧仲伦 译）

9) По описа́ниям очеви́дцев, шарова́я мо́лния ведёт себя́ стра́нным о́бразом — мо́жет влете́ть в ко́мнату и, **облете́в её**, вы́лететь че́рез ту же дверь.

据目击者描述，球状闪电的行动很奇怪：它能飞进房间，在里面转一圈后再从同一个门飞出去。

【原文释疑】

облете́ть：飞遍。шарова́я мо́лния：球状闪电。

三、译成状语从句

如果副动词短语表示主要行为的原因、条件、目的等意义，翻译时，可通过加上相应的关联词语，把副动词短语译作各种状语从句。

10) По́сле оконча́ния "холо́дной войны́" США и други́е я́дерные держа́вы оказа́лись в тупико́вой ситуа́ции, **накопи́в в больши́х коли́чествах я́дерное ору́жие**.

［译文一］※"冷战"结束后，美国和其他核大国陷入了困境，<u>储存了大量核武器</u>。

［译文二］"冷战"结束后，<u>由于储存了大量核武器</u>，美国和其他核大国陷入了困境。

【原文释疑】

тупико́вый：тупи́к（死胡同；绝境）的形容词。

【译法分析】译文一对原文中的副动词短语没有作特别处理，只是顺着译了下来。这也是有些人在翻译副动词短语时的习惯做法。不过，这种做法有时行得通，有时行不通。上例中，译文一在语义逻辑上不连贯，其原因是没有吃透副动词短语在句中的意义。实际上，副动词短语 накопи́в в больши́х коли́чествах я́дерное ору́жие 是谓语 оказа́лись в тупико́вой ситуа́ции 的原因。需要能把这层因果关系点破（如译文二），译文的连贯性才能顺利达成。

11) **Зна́я всё э́то**, почему́ же нам так тру́дно сде́лать что́-нибудь просто́е, наприме́р, нача́ть занима́ться физкульту́рой?

<u>既然知道所有这些</u>，我们怎么还那么难去做点小事，比如说，开始体育锻炼？

【译法分析】上句中，副动词短语 зна́я всё э́то 是后面疑问句的前提条件，所以可以用"既然"来表达。

12) Он попра́вил бакенба́рды, **скрыва́я зево́к**, и встряхну́лся. (Л. Толсто́й, *Анна Каре́нина*)

他理了把连鬓胡子<u>以掩饰打哈欠</u>，并将身子抖了抖。（靳戈 译）

【原文释疑】

бакенба́рды：络腮胡子，连鬓胡子。зево́к：哈欠。встряхну́ться：（全身）抖动一下。

【译法分析】上例如果翻译成"他理了把连鬓胡子，掩饰打哈欠……"，前后句就显得不连贯；如果翻译成"他在掩饰打哈欠的时候理了把连鬓胡子……"，基本意思倒是没错，就是有点生硬，不很贴切。上面这个译文揭示出副动词短语 скрыва́я зево́к 的目的意义，非常到位。

不难看出，副动词短语在表示不同疏状意义时，并没有连接词等具体的语言手段，因此，翻译时必须根据上下文的逻辑关系来确定，这也是副动词短语翻译的一个难点。

四、译成谓语的一部分

如果副动词在句中主要起动词功能，作次要谓语，并且原文句子不长，那么副动词短语有时可以翻译成谓语的一部分。

13) Впереди́ Гу́рвич брела́, **ю́бку подобра́в**. (Б. Васильев, *А зори здесь тихие...*)

古尔维奇<u>撩起裙子</u>蹒跚地走在前面。（施钟　译）

【原文释疑】

подобра́ть：提起，撩起。

【译法分析】上面这个译文中，"撩起裙子蹒跚地走"是连谓词组作谓语。原文中的副动词短语 ю́бку подобра́в 被译成了这个谓语中的一部分，即"撩起裙子"。

14) **Широко́ откры́в глаза́**, она́ смотре́ла на сы́на, он каза́лся ей чу́ждым. (М. Горький, *Мать*)

她<u>睁大眼睛望着</u>儿子，她觉得儿子好像是个陌生人。（夏衍　译）

【原文释疑】

чу́ждый：陌生的。

【译法分析】上面这个译文，把副动词短语 широко́ откры́в глаза́ 与谓语动词 смотре́ла 处理成连谓词组"睁大眼睛望着"，充当译文中前一句的谓语。

15) "Уе́хал! Ко́нчено!" — сказа́ла себе́ Анна, **сто́я у окна́**. (Л. Толстой, *Анна Каренина*)

"他走了！全完了！"安娜<u>站在窗前</u>自言自语。（草婴　译）

【译法分析】上例中，副动词短语 стóя у окнá 被翻译成"站在窗前"，谓语动词 сказáла себé 被翻译成"自言自语"。"站在窗前自言自语"构成连谓词组，共同作句子的谓语。

16) — Зáвтра мы éдем реши́тельно? Не прáвда ли?

— Вы, но не я, — сказáла онá, **обора́чиваясь к нему́**. (Л. Толстóй, *Анна Каренина*)

"明天我们一定走，是不是？"

"是您走，而不是我走！"她<u>边转身</u>边对他说道。（李忠清、余一中 译）

【译法分析】上面这个译文把副动词短语 обора́чиваясь к нему́ 译作"转身"，把谓语动词 сказáла 译作"（对他）说道"，并且用"边……边……"将这两个动作连接起来。这样，"边转身边对他说道"便形成联合词组，共同充当句子的谓语。

五、译成并列分句

副动词如果在句中主要行使动词功能，作次要谓语，没有状语意义，而且无法处理成谓语，那么可以翻译成并列分句的形式。

17) **Не име́я ещё предме́та для ре́вности**, онá оты́скивала егó. (Л. Толстóй, *Анна Каренина*)

<u>她还没有吃醋的对象</u>，她正在找寻。（草婴 译）

【原文释疑】

предме́т：对象，目标。

【译法分析】上例中，副动词 не име́я 不起状语作用，只作次要谓语，所以需要译成并列分句形式。

18) Онá [Анна] подошлá к нему́ и, **све́рху освеща́я его́ лицо́**, дóлго смотре́ла на негó. (Л. Толстóй, *Анна Каренина*)

安娜走到他身边，<u>用烛光照亮他的脸</u>，久久地望着他。（李忠清、余一中 译）

19) Сре́дняя скóрость движе́ния на дорóгах ни́же, чем в обы́чные дни. Води́тели éдут осторóжно, **избега́я ре́зких манёвров**.

路上的平均速度低于平时。司机们开得很小心，<u>避免急刹车</u>。

20) Фина́нсовая систе́ма Кита́я располага́ет акти́вами приме́рно на 40,7 триллиóна

до́лларов, **уступа́я то́лько США со 100 триллио́нами**.

中国的金融体系拥有约 40.7 万亿美元资产，<u>仅次于拥有 100 万亿美元的美国</u>。

【原文释疑】

акти́в：资产。триллио́н：万亿。

21) Он стоя́л, **не снима́я пальто́**, и что́-то достава́л из карма́на. (Л. Толстой, *Анна Каренина*)

他站着，<u>没有脱大衣</u>，正从口袋里掏什么。（靳戈　译）

22) Мать убрала́ посу́ду и, **вы́йдя из ку́хни**, осторо́жно подошла́ к нему́. (М. Горький, *Мать*)

母亲收拾了碗碟，<u>走出厨房</u>，小心地走到他的身边。（夏衍　译）

23) **Оказа́вшись в тако́й ситуа́ции**, вла́сти реши́ли хоть ка́к-то сохрани́ть лицо́ и сбить инфля́цию, наско́лько возмо́жно.

<u>处在这种境地</u>，当局决定怎么也得保住面子，尽可能降低通货膨胀。

24) Одна́ко он поспеши́л попроси́ть извине́ний, **заяви́в о глубо́ком раска́янии по по́воду случи́вшегося**.

不过他赶忙请求原谅，<u>声称对发生的事情深感懊悔</u>。

25) Тури́ст сел на экспона́т ра́ди фо́то, **отлома́в тем са́мым два па́льца ног у скульпту́ры**.

这名游客坐到展品上拍照，<u>结果碰断了塑像的两根脚趾</u>。

【原文释疑】

экспона́т：展品，陈列品。отлома́ть：折断，碰断。

需要注意的是，当谓语动词和副动词都是完成体的时候，在个别情况下，副动词短语虽然位于谓语动词之后，但是动作发生的时间却在谓语动词动作之前。翻译时要作出适当调整，不能照搬原文的顺序。例如：

26) "Е́сли то́лько оно́ [проше́ние] попадёт в ру́ки госуда́ря, оно́ мо́жет возбуди́ть неприя́тные вопро́сы и недоразуме́ния", — поду́мал он, **дочита́в проше́ние**. (Л. Толстой, *Воскресение*)

［译文一］※ "万一状子落到皇帝手里，那就会引得皇帝提出不愉快的问题，惹出一场纠纷，"他心里暗想，<u>读完状子</u>。

［译文二］"万一状子落到皇帝手里，那就会引得皇帝提出不愉快的问题，惹出一场纠纷，"他<u>读完状子</u>，心里暗想。（汝龙　译）

【原文释疑】

прошéние:〈旧〉禀贴，呈子。госудáрь：国王，国君。дочитáть：读（看）完。

【译法分析】上例中，он 肯定是读完状子后才作出思考的，所以副动词短语 дочитáв прошéние 虽然处在谓语动词 подýмал 之后，但是发生的时间却在谓语动词之前。译文一机械地保留了原文顺序，不合情理。译文二作了适当调整，先译副动词短语，后译谓语动词，完全正确。

27) Свобóдно вздохнýла Алексáндра Пáвловна, **очутúвшись на свéжем вóздухе**. (И. Тургенев, *Рудин*)

［译文一］※亚历山德拉·巴甫洛芙娜舒畅地透了口气，<u>来到空气清新的室外</u>。

［译文二］亚历山德拉·巴甫洛芙娜<u>来到空气清新的室外</u>，舒畅地透了口气。

（徐振亚 译）

【原文释疑】

очутúться：不知不觉地走到（某处）。

【译法分析】上例中，Алексáндра Пáвловна 是来到室外后才舒畅地透口气的。译文一只是按照习惯做法，保留了原文的顺序，不符合实际情况。译文二进行了调整，先翻译副动词短语 очутúвшись на свéжем вóздухе（来到空气清新的室外），然后才翻译谓语动词 вздохнýла（透了口气），合情合理。

28) Однáжды пóсле ýжина Пáвел опустúл занавéску на окнé, сел в ýгол и стал читáть, **повéсив на стéнку над своéй головóй жестянýю лáмпу**. (М. Горький, *Мать*)

有一次吃过晚饭，巴维尔放下窗帘，在屋子一角坐下，<u>把洋铁灯挂在头顶的墙壁上</u>，就读起书来。（夏衍 译）

【原文释疑】

жестянóй：铁皮（制）的，白铁的。

【译法分析】上例中，副动词 повéсив 虽然位于谓语动词 стал читáть 之后，但是实际情况显然是 повéсив 的动作在先，стал читáть 的动作在后。上面这个译文将副动词短语和谓语动词的位置进行了颠倒，准确地再现了实际情景。

⚠ 本讲结语

在翻译副动词短语时，首先应当确定它在句中的主要作用，也就是说，应当确定副动词主要行使副词功能还是动词功能，以决定将副动词译成状语或状语从句，还是译成谓语的一部分或并列分句。将副动词短语翻译成状语从句时，难点在于确定从句的类型。由于副动词短语没有表示具体疏状意义的语言手段，所以在确定从句类型时，只能依靠逻辑手段或上下文。最后，在翻译副动词短语时，要注意副动词与谓语动词各自体的形式，并且要特别关注它们在体的形式不一致时的理解与翻译。

📝 翻译练习参考答案

1. **翻译下列句子，试将副动词短语译成状语或状语从句。**

   1) — Ну-ка, кваску́ моего́! А, хоро́ш? — говори́л он, **подми́гивая**. (Л. Толстой, *Анна Каренина*)

      "请喝我的克瓦斯吧！喂，好喝吗？"他眨着眼睛说。（李忠清、余一中　译）

      说明：подми́гивая 是未完成体动词 подми́гивать（使眼色）的副动词，这里表示 говори́л 的伴随动作，可以翻译成方式状语。另外，句中 ну́-ка 是口语词，意思是"喂"，表示催促；квасо́к 是口语词，是 квас（克瓦斯）的指小形式。

   2) Хохо́л и Весовщико́в, **те́сно прижа́вшись друг к дру́гу**, стоя́ли в углу́. (М. Горький, *Мать*)

      霍霍尔和维索夫希科夫紧挨着站在屋角。（夏衍　译）

      说明：句中的副动词短语表示谓语动词 стоя́ли 的状态，因而可以翻译成方式状语。

   3) — Па́вел Вла́сов? — спроси́л офице́р, **прищу́рив глаза́**, и, когда́ Па́вел мо́лча кивну́л голово́й, он заяви́л, **крутя́ ус**: — Я до́лжен произвести́ о́быск у тебя́. (М. Горький, *Мать*)

      "你是巴维尔·弗拉索夫吗？"军官眯着眼睛问。巴维尔默默地点了点头，军官便捻着胡子郑重说："我现在要搜查你的房子。"（夏衍　译）

      说明：句中的两个副动词短语都可以译作方式状语。

4) Мужчи́нам не ну́жно напомина́ть, что они́ старе́ют. Они́ и са́ми э́то ви́дят, **гля́дя на себя́ в зе́ркало**.

男人不需要别人提醒他们老了。照镜子时，他们自己就能看到这一点。

说明：副动词短语与谓语动词之间是同时关系。

5) **Отосла́в телегра́мму**, она́ пошла́ одева́ться. (Л. Толсто́й, *Анна Каренина*)

她把电报发出去后，便去换衣服。（李忠清、余一中　译）

说明：句中 отосла́в 是完成体动词 отосла́ть 的副动词，表示在谓语动词 пошла́ 之前发生的动作。上面这个译文把副动词短语 отосла́в телегра́мму 译作"把电报发出去后"，完全正确。另外，句中 отосла́ть 的意思是"寄去""（派人）送去"。

6) **Встав с посте́ли**, Арка́дий раскры́л окно́ — и пе́рвый предме́т, бро́сившийся ему́ в глаза́, был Васи́лий Ива́нович. (И. Турге́нев, *Отцы и дети*)

阿尔卡季起床后打开窗子，第一眼就看到瓦西里·伊万诺维奇。（磊然　译）

7) И, **узна́в, что он в кабине́те**, она́ пошла́ к нему́. (Л. Толсто́й, *Анна Каренина*)

得知他在书房里后，她就到他那里去了。（李忠清、余一中　译）

说明：副动词短语与谓语动词之间是异时关系。

8) **Просну́вшись**, подозва́л я Саве́льича и вме́сто его́ уви́дел пе́ред собо́ю Ма́рью Ива́новну. (А. Пушкин, *Капитанская дочка*)

等我醒来，呼唤萨维里奇，却看到站在我面前的是玛莎小姐。（力冈　译）

9) **Разочарова́вшись в до́лларах**, они́ предпочита́ют переводи́ть свои́ сбереже́ния в рубли́.

由于对美元感到失望，他们宁愿把存款转成卢布。

说明：副动词短语表示原因意义。

10) **Бу́дучи инвали́дом** и **получа́я пе́нсию**, Михаи́л Дми́триевич, пока́ позволя́ли си́лы, продолжа́л труди́ться.

虽然米哈伊尔·德米特里耶维奇身体残疾，也有抚恤金生活，但他趁精力允许，继续坚持工作。

说明：两个副动词短语都表示转折意义。

2.　翻译下列句子，试将副动词短语译成谓语的一部分或并列分句。

1) Ку́чер спал, **лёжа на ко́злах**. (А. Пушкин, *На углу маленькой площади*)

车夫躺在座上鼾鼾大睡。（姚锦荣 译）

说明：кýчер 的意思是"马车夫"，кóзлы 指"（马车前部）赶车人的座位"。

2) На другóй день в назнáченное врéмя я стоя́л ужé за скирдáми, **ожида́я моегó проти́вника**. (А. Пушкин, *Капитанская дочка*)

第二天，到了约定的时间，我就站在干草垛后面等待我的对手了。（力冈 译）

说明：скирд 的意思是"（干草或禾捆堆成的）垛，大垛"。

3) — Я понима́ю, что вы хоти́те сказа́ть, — промóлвил Рýдин, **садя́сь**, — и óчень рад вáшей открове́нности. Этак гора́здо лýчше. (И. Тургенев, *Рудин*)

"我知道您想说什么。"罗亭说着坐了下来。"您这样坦率我很高兴，这样事情就好办多了。"（徐振亚 译）

说明：原句中的"промóлвил Рýдин, садя́сь"，也可以译作"罗亭边坐边说道"。上面这个译文把它处理成"罗亭说着坐了下来"，当然也完全正确。

4) Уви́дев цунáми, нáдо бы́стро убегáть в сóпки, **забы́в обо всех драгоце́нностях дóма**.

［译文一］看到海啸后，要忘掉家里的金银财宝，迅速往山上跑。

［译文二］看到海啸后，要迅速往山上跑，别管家里的金银财宝。

说明：原句中，前一个副动词短语 уви́дев цунáми 表示时间意义，可以译作时间状语；后一个副动词短语则没有状语意义，可以译成并列分句。译文一是按照副动词短语的基本意义处理的，译文二稍稍作了调整。两种译法都是正确的。另外，句中 цунáми 是不变格的中性名词，意思是"津浪（由海底地震引起的海啸）"；сóпка 的意思是"山岗，山丘"。

5) И онá ши́ре откры́ла глазá, **жела́я э́тим уси́лить де́йствие взгля́да**. (Л. Толстой, *Анна Каренина*)

她把眼睛睁得大大的，想以此加强视力的影响。（李忠清、余一中 译）

6) Кита́й бýдет и впредь проводи́ть незави́симую и ми́рную вне́шнюю поли́тику, **сочета́я интере́сы кита́йского нарóда с óбщими интере́сами нарóдов разли́чных стран**.

中国将继续奉行独立自主的和平外交政策，把中国人民利益同各国人民共同利益结合起来。

7) Я оши́бся, **приня́в люде́й, сиде́вших вокрýг тех огне́й, за гуртовщикóв**. (И. Тургенев, *Бежин луг*)

［译文一］我把坐在火堆周围的人当成牲口贩子，弄错了。（力冈 译）

［译文二］我弄错了，误以为那些坐在火堆周围的人是牲口贩子。

说明：原句中，副动词 приня́в 虽然位于谓语动词 оши́бся 之后，但是动作肯定发生在 оши́бся 之前。因此，译文一先表达副动词短语的意思（把……当成……），然后再表达谓语动词的意思（弄错了），完全合理。译文二虽然没有对副动词短语和谓语动词的位置进行调整，但是意思上也是正确的。另外，гуртовщи́к 在句中是旧词，意思是"牲口贩子"。

形动词短语和 котóрый 连接的限定从句的翻译

📤 本讲导言

　　形动词短语结构简单，有较强的书面语色彩，较少在口语中使用；而 котóрый 连接的限定从句既可以用在书面语中，也可以用在口语中。不过，形动词短语和 котóрый 连接的限定从句在意义上基本相同，翻译方法也大体一致，所以把它们放在同一讲里进行介绍。

💡 课前思考

1. котóрый 连接的限定从句比较常见，经常被翻译成定语。下面这句话当中，котóрый 连接的从句就被翻译成定语了。你觉得翻译得怎么样？理由是什么？

   Он кѝнул бутѝлку англичáнину, **котóрый лóвко поймáл её**.

   他把瓶子扔给利索地接住它的英国人。

   解答：译文不符合事件描述的先后顺序。具体理由可参看"技法学习"中的例18。

2. 对比下面两个译文，分析它们在译法上有什么区别。你更喜欢哪个译文？为什么？

   Все ждáли Бéнигсена, **котóрый докáнчивал свой вкýсный обéд под предлóгом нóвого осмóтра позѝции.** (Л. Толстой, *Война и мир*)

   a) 所有人都在等着借口再视察一遍阵地，实际上是要吃完美味饭菜的贝尼格森。

   b) 大家都在等贝尼格森，他借口再视察一遍阵地，实际上是要吃完他那美味的饭菜。

解答：两个译文的区别在于将 кото́рый 连接的从句有没有译成汉语的定语形式。译文 b 更好，因为这里 кото́рый 连接的从句并不起纯限定作用，而是起扩展叙述作用，因此不必译成定语。详可参看"技法学习"中的例 19。

📖 技法学习

形动词短语和 кото́рый 连接的限定从句通常是修饰名词的，所以容易被习惯性地翻译成定语形式。不过，翻译成定语只是其中的一种方法。有时候，必须使用其他方法，才能准确传达形动词短语或 кото́рый 连接的限定从句的意思。

一、译成被说明词的定语

当形动词短语和 кото́рый 连接的限定从句起纯限定作用时，必须翻译成被说明词的定语，即"……的……"。所谓纯限定作用，是指形动词短语或 кото́рый 连接的限定从句与被修饰的名词之间关系紧密，与被修饰的名词共同表达一个完整的概念，缺少了就会影响概念的完整性，甚至整个句子的意思都难以形成。例如：

1) Есть же сейча́с лю́ди, **роди́вшиеся 29 февраля́**.

   现在就有<u>2 月 29 日出生的</u>人。

   【译法分析】上例中，形动词短语起纯限定作用，不可或缺，否则会影响句子意思的完整性，因此必须翻译成定语。

2) Тума́н, **застила́вший всё в её душе́**, вдруг рассе́ялся. (Л. Толсто́й, *Анна Каренина*)

   <u>笼罩着她整个心灵的</u>迷雾突然消散了。（草婴 译）

   【原文释疑】

   застила́ть：（云、烟等）遮蔽，遮住。

   【译法分析】上例中，形动词短语对 тума́н 起纯限定作用，如果不把它译成定语，句子意思就会不完整。

3) Раздраже́ние, **разделя́вшее их**, не име́ло никако́й вне́шней причи́ны. (Л. Толсто́й, *Анна Каренина*)

   <u>使他们产生隔阂的</u>火气，并没有任何外在的原因。（李忠清、余一中 译）

【译法分析】上例中，形动词短语是说明 раздражéние 的特征的，与 раздражéние 共同表达一个完整的概念，所以有必要把它翻译成定语。

4) Учёные вы́яснили, откýда взяли́сь огрóмные кáмни, **составля́ющие чýдо архитектýры кáменного вéка — Стоунхéндж.**

科学家们已弄清楚构成石器时代建筑奇迹——巨石阵的那些大石块是从哪儿来的。

【原文释疑】

Стоунхéндж：巨石阵（Stonehenge）。

【译法分析】上例中，形动词短语起纯限定作用，与被修饰名词 кáмни 构成完整的概念，所以需要翻译成定语的形式。

5) Необы́чно мóщные наводнéния, **рáньше случáвшиеся примéрно раз в 100 лет,** к концý XXI вéка начнýт происходи́ть почти́ в 10 раз чáще.

过去百年一遇的超大洪水，21 世纪末开始会变成十年一遇。

【原文释疑】

наводнéние：水灾，洪灾。

【译法分析】上例中，缺少了形动词短语，全句的意思难以形成，所以形动词短语起着纯限定作用，有必要译成定语。происходи́ть в 10 раз чáще 的本义是"发生的频率是原来的 10 倍"，这里可以转换一下说法，表达成"十年一遇"。另外，由于汉语"百年一遇""十年一遇"中的"百年""十年"原本就是约略说法，所以原文中的 примéрно 和 почти́ 或可不译。

6) Интернéт мóжет быть недостýпным для детéй, **живýщих в отдалённых сёлах, посёлках.**

生活在边远村镇的孩子们可能上不了网。

【原文释疑】

отдалённый：遥远的。

【译法分析】上例中，形动词短语起纯限定作用，与被修饰名词 дéти 构成完整的概念，所以需要翻译成定语形式。

7) Да, э́то былá та мысль, **котóрая однá решáла всё**. (Л. Толстой, *Анна Каренина*)

是啊，这是可以了结一切的惟一办法。（李忠清、余一中　译）

【译法分析】上例中，限定从句起纯限定作用，如果没有这个从句，整个句子的意思无法形成。在这种情况下，限定从句应当翻译成定语。

8) Еди́нственная росси́йская киносту́дия, **кото́рая ре́зко проти́вится приватиза́ции**, — "Мосфи́льм".

俄罗斯唯一坚决反对私有化的电影制片厂是莫斯科电影制片厂。

【原文释疑】

киносту́дия：电影制片厂。проти́виться：*кому́-чему́* 反对，表示不同意。Мосфи́льм：莫斯科电影制片厂。

【译法分析】上例中，虽然 киносту́дия 已经有两个一致性定语（еди́нственная 和 росси́йская），但是限定从句仍然是对 киносту́дия 的直接限定，只能译成定语。如果分开翻译，那么主句的意思"俄罗斯唯一的电影制片厂是莫斯科电影制片厂"，就违背事实了。

9) Одна́ из гла́вных оши́бок, **кото́рую соверша́ют сейча́с лю́ди** — отка́з от ноше́ния защи́тных ма́сок при конта́ктах.

现在人们常犯的主要错误之一，是交往时不戴防护口罩。

【原文释疑】

конта́кт：联系，接触，交往。ма́ска：口罩。

【译法分析】上例中，限定从句起纯限定作用，应当翻译成汉语的定语形式。

10) Число́ мигра́нтов, **кото́рых на́няли для убо́рки помеще́ний и в ка́честве дома́шних рабо́тников**, за пять лет увели́чилось на 58%.

受雇打扫房间和做家务的外来人数 5 年内增加了 58%。

【原文释疑】

мигра́нты：迁居者，移居者。наня́ть：雇佣。

【译法分析】上例中，限定从句起纯限定作用，应当翻译成汉语的定语形式。

此外，如果被修饰的名词没有其他修饰成分或者其他修饰成分很少，那么形动词短语或 кото́рый 连接的限定从句也可以译成定语形式。例如：

11) Ми́тинги пенсионе́ров, **проходи́вшие в пе́рвой полови́не дня в суббо́ту в четырёх подмоско́вных города́х**, заверши́лись.

［译文一］星期六上午在莫斯科近郊四个城市举行的退休者集会已经结束了。

［译文二］星期六上午，莫斯科近郊四个城市举行了退休者集会。现在，集会已经结束了。

【译法分析】上例中，形动词短语与被说明的名词 ми́тинги 虽然没有严格的限定关系，但是 ми́тинги 只有一个二格名词 пенсионе́ров 作定语，因此可以像译文一那样，将形动词短语翻译成定语。不然的话，就要像译文二那样，用两个句子来翻译。

12) Эконо́мику США, **кото́рая всегда́ бы́стро восстана́вливалась**, ожида́ет са́мый затяжно́й в исто́рии страны́ кри́зис.

<u>过去总能迅速恢复的美国经济</u>，现面临该国史上最漫长的危机。

【原文释疑】

затяжно́й：持续很久的，拖很长时间的。кри́зис：危机。

【译法分析】上例中，限定从句与被说明词 эконо́мика 之间没有纯限定关系，但 эконо́мика 只有 США 这一个非一致定语，因而可以把限定从句译成定语，分开翻译反倒有可能破坏译文句子的连贯性。

二、译成兼语式结构的一部分

形动词短语和 кото́рый 连接的限定从句在起纯限定作用时，如果所表示的动作与前面的动作上递下接，紧密相连，可运用汉语兼语式结构来翻译。例如：

13) Украи́не ну́жен зако́н, **регули́рующий ста́тус экс-президе́нтов**.

乌克兰需要一部法律来<u>调整前总统的地位</u>。

【原文释疑】

ста́тус：地位。экс-президе́нт：前总统。

【译法分析】上例中，形动词短语起纯限定作用，在句中与被说明的名词 зако́н 构成完整概念，不可缺少。翻译时，既可以译成定语，即"调整前总统地位的（法律）"，也可以递序而下，用兼语式结构"需要法律调整……"来翻译。在后一种译法中，形动词短语被翻译成兼语式结构中主谓词组"法律调整"中的谓语。

14) Вдруг услы́шал я своё и́мя, **гро́мко произнесённое**. (А. Пушкин, *Капитанская дочка*)

［译文一］※突然我听见自己的<u>被大声呼唤的</u>名字。

［译文二］突然我听见有人<u>大声呼唤我的</u>名字。（力冈 译）

【译法分析】上例中，形动词短语虽然也起纯限定作用，可是真要像译文一那样译成定语，读起来别扭，不符合汉语表达习惯。译文二稍稍作了调整，通过添加 "有人" 作兼语，将谓语动词 услы́шал 与形动词合起来翻译成 "听见有人大声呼唤"，表述自然连贯。

15) Бо́лотов замеча́ет, что в Росси́и до сих пор есть шко́лы, **в кото́рых оди́н учи́тель ведёт сра́зу не́сколько предме́тов**.

博洛托夫说，俄罗斯至今还有学校<u>一个老师同时教多门课</u>。

【原文释疑】

предме́т：（教学的）科目，课程。

16) Одна́ко есть те, **кото́рые счита́ют, что раз в лаборато́рии шарова́я мо́лния не полу́чена, то её не существу́ет**.

然而有些人认为，既然实验室里制造不出球状闪电，那球状闪电就不存在。

17) Сего́дня нет ни одного́ украи́нского депута́та, **кото́рый мог бы сказа́ть, что ви́дел соглаше́ния по ЕЭП "от А до Я"**.

［译文一］※今天，没有一个<u>敢说自己从头到尾看过关于统一经济区的协议书的</u>乌克兰议员。

［译文二］今天，没有一个乌克兰议员<u>敢说自己从头到尾看过关于统一经济区的协议书</u>。

【原文释疑】

ЕЭП：缩略语，展开形式是 Еди́ное экономи́ческое простра́нство，指白俄罗斯、哈萨克斯坦、俄罗斯和乌克兰统一经济区。от А до Я：从头到尾，全部。

【译法分析】上例中，限定从句起纯限定作用，译文一把它翻译成定语，意思没什么错，但是这个限定从句中又包含了一个 что 连接的说明从句，所以译作定语会有些累赘。译文二利用汉语兼语式结构 "没有议员敢说"，将主句与从句连成一体，表达上更加清晰流畅。

三、译成并列分句

　　形动词短语和 кото́рый 连接的限定从句有时并不起纯限定作用，而是起扩展叙述作用。所谓扩展叙述作用，是指形动词短语和 кото́рый 连接的限定从句不是对被修饰名词的限定，不是直接说明所修饰名词的特征，而是对该名词作进一步叙述，扩展前面的内容。在这种情况下，形动词短语和 кото́рый 连接的限定从句通常不必甚至不可以翻译成定语，而应当译作并列分句。例如：

18) Он ки́нул буты́лку англича́нину, **кото́рый ло́вко пойма́л её**. (Л. Толсто́й, *Война и мир*)

　　［译文一］※他把瓶子扔给利索地接住它的英国人。

　　［译文二］他把酒瓶扔给英国人，英国人利落地接住。（刘辽逸　译）

　　【译法分析】上例中，кото́рый 连接的从句与被说明词 англича́нин 没有严格的限定关系，可以分开来译。像译文一那样硬要译成定语形式，反倒很别扭，因为瓶子"扔给"的对象还没出现，就已经被"利索地接住"了。译文二将主句和从句分开翻译，就没有这样的问题。

　　在译成并列分句时，要注意前、后句的衔接。为此，可以重复所修饰的名词（如上例译文二将 кото́рый 译作"英国人"），必要时应添加指示代词（如"这""那""该"等）以及相应的量词；可以使用相关的代词来指称所修饰的名词；有时还可以递序而下，利用汉语意合的特点，将 кото́рый 略去不译。例如：

19) Все жда́ли Бе́нигсена, **кото́рый дока́нчивал свой вку́сный обе́д под предло́гом но́вого осмо́тра пози́ции**. (Л. Толсто́й, *Война и мир*)

　　［译文一］※所有人都在等着借口再视察一遍阵地，实际上是要吃完美味饭菜的贝尼格森。

　　［译文二］大家都在等贝尼格森，他借口再视察一遍阵地，实际上是要吃完他那美味的饭菜。（刘辽逸　译）

　　【原文释疑】

　　　　пози́ция：〈军〉阵地。

　　【译法分析】上例中，限定从句与被说明的词 Бе́нигсен 之间并没有严格的限定关系，只是对 Бе́нигсен 的扩展叙述，因此无须翻译成定语。译文一习惯性地把限定从句翻译成了定语，造成定语过长，不利于阅读。译文二将主句和从句分开翻译，把限定从句处理成并列分句，并把 кото́рый 译成了"他"，这样既可以实现前后衔接，又可以避免译文累赘。

20) Облачко обрати́лось в бе́лую ту́чу, **кото́рая тяжело́ подыма́лась**, росла́ и постепе́нно облега́ла не́бо. (А. Пушкин, *Капитанская дочка*)

那片白云变成一片灰白色的阴云，沉甸甸地往上升，越来越大，渐渐把天空遮

住。（力冈　译）

【原文释疑】

подыма́ться: 同 поднима́ться（升起）。облега́ть: 遮蔽。

【译法分析】上例中，限定从句也是起扩展叙述作用，所以没有必要翻译成定语。上面这个译文除了将限定从句分开翻译外，在翻译 кото́рая 时，没有像之前几个译文那样，或者重复被说明的名词，或者使用代词，而是充分利用汉语意合的特点，将 кото́рая 省略不译。译文虽然没有任何衔接手段，却不影响连贯性，也无损原文的意思。

21) Кри́зис, вы́званный пандеми́ей, негати́вно отрази́лся на ку́рсе валю́т развива́ющихся стран, **к кото́рым отно́сится и рубль**.

疫情造成的危机影响了发展中国家货币的汇率，<u>其中也包括卢布的汇率</u>。

【原文释疑】

пандеми́я: 〈医〉大流行病。отрази́ться: *на ком-чём* 影响到。

【译法分析】上例中，形动词短语 вы́званный пандеми́ей 与被说明词 кри́зис 之间是纯限定关系，所以翻译成了汉语定语，而 кото́рый 连接的限定从句则是对被说明词 валю́ты 的扩展叙述，所以要分开翻译。

22) Э́то его́ то́чка зре́ния, **на кото́рую ка́ждый челове́к име́ет пра́во**.

这是他的观点，<u>这样的观点每个人都有权表达</u>。

【译法分析】上例中，кото́рый 连接的限定从句起扩展说明作用，须分开翻译。如果译成定语，译文反倒不通。

23) На президе́нтский пост претенду́ют пять челове́к, включа́я де́йствующего главу́ госуда́рства Алекса́ндра Лукаше́нко, **кото́рый бессме́нно руководи́т страно́й 26 лет**.

追逐总统宝座的人有 5 个，包括现任国家元首亚历山大·卢卡申科，<u>他已连续执政 26 年</u>。

【原文释疑】

пренендова́ть: 强烈追求。бессме́нно: 连续不断地。

【译法分析】上例中，кото́рый 连接的限定从句起扩展说明作用，宜分开翻译。当然，译成定语也不影响意思表达，只是略显累赘。

24) По их мне́нию, не сле́дует исключа́ть, что 19-ле́тний прави́тель Еги́пта у́мер от после́дствий перело́ма ноги́. Предположи́тельно, в органи́зм могла́ попа́сть

инфе́кция, **в коне́чном счёте приве́дшая к сме́рти**.

他们认为，不排除埃及这位 19 岁的统治者死于腿骨折。也许是体内受到感染，<u>最终导致了他的死亡</u>。

【原文释疑】

правитель：统治者，执政者。перело́м：〈医〉骨折。предположи́тельно：［用作插入语］大约，大概。инфе́кция：〈医〉传染，感染。в коне́чном счёте：最终，最后。

【译法分析】上例中，形动词短语是对被说明词 инфе́кция 的扩展叙述，而不是严格的限定，所以不必翻译成定语。上面这个译文在处理形动词短语时，递序而下，并且没有添加任何衔接性词语，结构简洁，意思明了。

四、译成状语或状语从句

形动词短语和 кото́рый 连接的限定从句有时含有原因、目的、转折、条件等意义。这时，可借助汉语中相应的连词，把它们翻译成状语或状语从句。例如：

25) На́до выдвига́ть молоды́е ка́дры, **кото́рые явля́ются на́шей надёжной сме́ной**.

应当提拔年轻干部，<u>因为他们是我们可靠的接班人</u>。

【原文释疑】

выдвига́ть：提拔，提升。

【译法分析】上例中，限定从句起扩展叙述作用，如果译成定语，如"应当提拔那些是我们可靠接班人的年轻干部"，译文似乎有歧义，强调只提拔那些是可靠接班人的年轻干部，不可靠的就不提拔。这是原文所没有的意思。原文中，从句是主句行为的原因。翻译时，可以通过添加"因为"一词，将因果关系表达出来。当然，根据汉语意合的特点，上面这个译文去掉"因为"二字，意思仍然通顺，同样表达因果关系。

26) Бо́лее 10 лет веду́тся иссле́дования и разраба́тываются прое́кты, **посвящённые испо́льзованию и охра́не ресу́рсов приро́ды Байка́льского бассе́йна**.

十多年来，人们一直在研究并制订方案，<u>以便利用和保护贝加尔湖区域的自然资源</u>。

【译法分析】上例中，形动词短语如果翻译成定语，如"……制订用于利用和保护贝加尔湖区域自然资源的方案"，意思并无不妥，只是表达上略显冗赘。实际上，句中的形动词短语带有目的意义。上面这个译文对它作了独立处理，并用"以便"连接，表达了目的意义。

27) Оди́н военнослу́жащий США пострада́л в результа́те произоше́дшего, он получи́л ране́ние, **кото́рое не угрожа́ет его́ жи́зни**.

一名美国军人遭遇了这次事件，他受了伤，但没有生命危险。

【原文释疑】

военнослу́жащий：军人，现役军人。

【译法分析】上例中，限定从句起扩展叙述作用，译成"伤势不危及他的生命"在意思上虽然没错，但不如译成带转折意义的"没有生命危险"更加流畅自然。

⚠ 本讲结语

> 遇到形动词短语和 кото́рый 连接的限定从句，切不可认为译作定语是一劳永逸的办法。翻译时，要根据它们在句中是否起纯限定作用，来决定译法上的"合"与"分"。如果起纯限定作用，就应当采用合的办法，即译成定语或兼语式结构。如果不起纯限定作用，只起扩展叙述作用，则应当采取分的办法，译成并列分句。在此基础上，如果能够进一步揭示形动词短语或 кото́рый 连接的限定从句可能存在的疏状意义，并利用汉语相应的结构来表达，可以使译文表达更趋完善。

✎ 翻译练习

1. **翻译下列各句，注意起纯限定作用的形动词短语或 кото́рый 连接的限定从句的翻译。**

1) Компа́ния заключи́ла соглаше́ние с ря́дом фирм, **рабо́тающих в сфе́ре гости́ничного се́рвиса**.

公司同许多宾馆服务公司签了协议。

说明：形动词短语起纯限定作用，应当译作定语。另外，се́рвис [сэ] 指"服务；服务业"。

2) Все де́йствия, **предпринима́емые в отноше́нии нефтяно́й компа́нии "ЮКОС" со**

стороны́ росси́йских правоохрани́тельных о́рганов, осуществля́ются в стро́гом соотве́тствии с на́шим законода́тельством.

俄罗斯护法机关对"尤科斯"石油公司所采取的一切行动，都严格遵循我国的法律。

说明：句中形动词短语虽然较长，但是起纯限定作用，只能译成定语。另外，ЮКОС 石油公司曾是俄罗斯石油业的巨头，后来宣布破产。

3) Он всегда́ стреми́лся выполня́ть те зада́чи, **кото́рые ему́ поруча́лись**.

他总是尽力完成交给他的那些任务。

说明：句中的限定从句起纯限定作用，必须译成定语。

4) Обме́н и учёба друг у дру́га в сфе́ре цивилиза́ции явля́ются важне́йшей дви́жущей си́лой, **продвига́ющей прогре́сс челове́ческой цивилиза́ции и разви́тие ми́ра во всём ми́ре**.

文明交流互鉴，是推动人类文明进步和世界和平发展的重要动力。

说明：这个句子中，形动词短语起纯限定作用，应当译成定语。

5) Инве́сторы, **кото́рые не гото́вы к ро́сту проце́нтных ста́вок**, мо́гут понести́ убы́тки.

那些对利率升高没有做好准备的投资者会遭受损失。

说明：句中的限定从句与被说明的名词 инве́сторы 表达一个完整的概念，所以要译成定语。另外，проце́нтная ста́вка 指"利率"。

6) Это сравни́мо с уще́рбом, **кото́рый причини́л в 1998 году́ урага́н Митч стра́нам Центра́льной Аме́рики**.

这相当于 1998 年飓风"米奇"给中美洲国家造成的损失。

说明：句中的限定从句起纯限定作用，不可或缺，应当译作定语。另外，句中 урага́н 的意思是"飓风（12 级风）"，Митч 是飓风的名称"米奇"。

7) Причи́ны, **по кото́рым был отпра́влен в отста́вку Леони́д Парфёнов**, уже́ изве́стны.

列昂尼德·帕尔菲奥诺夫被迫辞职的原因已经查明。

说明：句中的限定从句与被说明的名词 причи́ны 关系紧密，不可分开翻译，而要译成定语。

8) Ко́нкурс вы́играла фи́рма "Волна́", **кото́рую возглавля́л Андре́й Кра́йнов**.

比赛获胜者是安德烈·克赖诺夫的"波浪"公司。

说明：句中的限定从句与被说明的名词 фи́рма 之间没有严格的限定关系，分开翻译成"该公司是由安德烈·克赖诺夫领导的"，意思上虽然没什么错，但是不如直接译成定语简洁明了。

9) У меня́ мно́го друзе́й-актёров, **кото́рые рабо́тали вме́сте с роди́телями**, но из их сою́за ничего́ хоро́шего не получи́лось.

我有很多演员朋友和父母一起工作，但是他们的联手都以失败而告终。

说明：从句可译作兼语式结构"有演员朋友工作"的一部分，也可译作定语"和父母一起工作的（演员朋友）"。

10) Он припо́мнил оди́н го́лос, **предлага́вший вести́ его́ пря́мо в кварта́л**.

(Ф. Достое́вский, *Преступле́ние и наказа́ние*)

他想起，有一个人的声音提议把他送到警察局去。（非琴　译）

说明：形动词短语可译作兼语式结构"有声音提议"中的一部分。另外，句中 припо́мнить 的意思是"想起，记起"；кварта́л 指"（旧俄）城市警察分局"。

2.　翻译下列各句，注意起扩展叙述作用的形动词短语或 кото́рый 连接的限定从句的翻译。

1) Челове́ческий мозг соде́ржит о́коло 10 миллиа́рдов не́рвных кле́ток, **кото́рые посыла́ют и́мпульсы други́м кле́ткам че́рез осо́бые конта́кты — си́напсы**.

人脑中约有 100 亿个神经细胞，这些细胞通过特殊的接点——突触把冲动传给其他细胞。

说明：译作并列分句，将 кото́рые 译作"这些细胞"或"它们"，以便与前句实现衔接。另外，не́рвная кле́тка 指"神经细胞"，и́мпульс 的意思是"冲动"，конта́кт 的意思是"接点"，си́напс 是解剖术语，意思是"突触（神经细胞），神经键"。

2) В Свердло́вской о́бласти и́щут 25-ле́тнюю подозрева́емую в кра́же, **кото́рая накану́не ло́вко сбежа́ла из зда́ния суда́ в го́роде Ка́менск-Ура́льский**.

斯维尔德洛夫斯克州正在搜寻一名 25 岁的女盗窃嫌疑犯。该犯昨天从乌拉尔地区卡缅斯克市法院狡猾地逃走了。

说明：译作并列分句。为了与前句衔接，可将 кото́рая 译作"该犯""这名嫌疑犯"或"她"。另外，кра́жа 的意思是"盗窃"。

3) Это и́стинно ру́сский худо́жник, **кото́рый свои́м тво́рчеством воспи́тывает не квасно́й патриоти́зм, а глубо́кую любо́вь к свое́й стране́**.

这是一位真正的俄罗斯艺术家。他的作品培养的不是克瓦斯爱国主义，而是深深的爱国之情。

说明：译作并列分句，将 кото́рый 译作"他"，以便前后连贯。限定从句的字面意思是"他用自己的作品培养的不是……，而是……"，这样表达稍显生硬。调整时，可以把原句中的 свои́м тво́рчеством 转换成主语，把 кото́рый 变为定语，形成"他的作品培养的不是……，而是……"这样的结构。另外，句中 тво́рчество 的意思是"作品"。квасно́й патриоти́зм 是成语，意思是"克瓦斯爱国主义"。这个成语源于俄国人爱喝克瓦斯，指崇拜自己国家的一切，包括落后的风俗习惯，而盲目排斥外国的一切，也可译作"庸俗的爱国主义"。

4) С нача́ла января́ 2005 го́да люби́тели ко́фе полу́чат но́вый проду́кт — саморазогрева́ющуюся ба́нку, **кото́рая предоста́вит им горя́чий напи́ток в любо́м ме́сте и в любо́е вре́мя**.

从 2005 年 1 月初起，咖啡爱好者将获得一件新产品，即自动加热罐。这种加热罐可以随时随地提供热咖啡。

说明：译作并列分句，为了使译文前后连贯，可将 кото́рая 译作"这种加热罐""这种罐"或"它"。另外，句中 саморазогрева́ющийся 是合成词，意思是"自动加热的"。

5) Экс-чемпио́н ми́ра по ша́хматам Анато́лий Ка́рпов в сре́ду в Калинингра́де откры́л де́тскую ша́хматную шко́лу, **кото́рая бу́дет носи́ть его́ и́мя**.

国际象棋前世界冠军阿纳托利·卡尔波夫，星期三在加里宁格勒开办了一所儿童象棋学校。该校将以他的名字命名。

说明：译作并列分句，кото́рая 可译作"该校"或"这所学校"，但是译作"它"不太好，因为后面有一个同音的"他"字。

6) Измене́ние цен — э́то проце́сс, **не те́рпящий декрети́рования и администри́рования и тре́бующий учёта разнообра́зных усло́вий**, в том числе́ влия́ния мирово́го ры́нка, усто́йчивости национа́льной де́нежной едини́цы, у́ровня за́работной пла́ты и мно́гого друго́го.

价格的变化是一个过程。它不受政府法令和行政手段的操控，但需要考虑到各种各样的情况，其中包括国际市场的影响、本国货币单位的稳定性、工资水平等等。

说明：译作并列分句，通过添加代词"它"实现与前句的衔接。另外，句中 декрети́рование 是 декрети́ровать（颁布法令）的动名词。администри́рование 的意思是"行政管理"。де́нежная едини́ца 指"货币单位"。

7) А зате́м и сама́ програ́мма лиши́лась назва́ния, **кото́рое поменя́ли на "Сего́дня в 22.00"**.

随后节目本身也换了名，改成了《今晚10点》。

说明：译作并列分句，кото́рое 可略去不译。

8) Вели́кое возрожде́ние кита́йской на́ции — э́то сла́вное, но тру́дное де́ло, **кото́рое тре́бует о́бщих уси́лий мно́гих поколе́ний кита́йского наро́да.**

实现中华民族伟大复兴是一项光荣而艰巨的事业，需要一代又一代中国人共同为之努力。

说明：译作并列分句，кото́рое 可译为"这项事业"，也可略去不译。

9) Впро́чем, э́то мои́ со́бственные замеча́ния, **осно́ванные на мои́х же наблюде́ниях**. (М. Ле́рмонтов, *Герой нашего времени*)

不过这是我个人的看法，只是根据我的观察得出的结论。（冯春 译）

说明：译作并列分句，不需要添加衔接词语。

10) На всю жизнь оста́лся в мое́й па́мяти мой пе́рвый учи́тель, **сыгра́вший огро́мную роль в формирова́нии мое́й ли́чности, в вы́боре моего́ жи́зненного пути́.**

我终生难忘我的启蒙老师，因为他对我个性的形成、人生道路的选择起了重要作用。

说明：形动词短语含有原因意义。

как 连接的短语和从句的翻译

📤 本讲导言

как 的用法非常丰富，既可以连接短语，也可以连接从句。短语方面，как 可以连接同位语和比较短语；从句方面，как 可以连接比较从句、说明从句、限定－疏状从句等。此外，带 как 的常用句型也有不少。翻译时，要把握 как 的具体用法，并准确地将其意义表达出来。

💡 课前思考

1. 对比下面两个译文，注意 как 连接的短语的翻译。如何判断哪个译文是正确的？

— Позво́льте [мне] вас спроси́ть, **как отцу́**, со все́ю открове́нностью: како́го вы мне́ния о моём Евге́нии?

a) "请允许我像父亲一样坦率地问您：您对我的叶夫根尼怎么看？"

b) "请允许我这个做父亲的坦率地问您：您对我的叶夫盖尼怎么看？"

解答：脱离上下文，这两个译文都没错。不过，这句话实际是有上下文的。它是小说《父与子》中的一句话，正确的译文是 b。详可参看"技法学习"中的例 15。

2. 对比下面两个译文，注意 как 连接的从句的翻译。哪个译文是正确的？

Она́ ви́дела, **как он вы́рос и перемени́лся в её отсу́тствие.**

a) 她看到在她离家的这些日子里，他是怎样长大的，模样是怎么改变的。

b) 她看到在她离家的这些日子里，他长大了，模样也变了。

解答：译文 b 是正确的。具体的解释可参阅"技法学习"中的例 24。

📖 技法学习

> **как** 既可以作副词，也可以作连接词，还可以作语气词。每一种用法都包含若干个意思。这里主要介绍 **как** 连接的短语和从句的翻译方法。

一、连接同位语的翻译

как 连接的同位语可以起到不同的作用，如表明被说明词的身份或性质，进一步明确或解释被说明词，对被说明词进行界定等。各种用法在翻译方法上不尽相同。

一　表明被说明词的身份或性质

как 连接的同位语所说明的词，有时是句子主语或是行为主体，同位语则表明被说明词的身份或性质。也就是说，如果被说明词是人，同位语则表明他以某种身份或名义从事活动；如果被说明词是事物或现象，同位语则表明它所具有的某种性质或特点。在这种情况下，**как** 一般译成"作为""以……身份（名义）"等。例如：

1) Я гото́в сказа́ть **как че́стный экономи́ст и поли́тик**: на́ши двусторо́нние отноше́ния тре́буют формализа́ции.

   <u>作为一个诚实的经济学家和政治家</u>，我要说的是，我们的双边关系需要确定下来。

   【原文释疑】

   формализа́ция：形式化，定形。

   【译法分析】上例中，同位语表明被说明词 я 是以什么身份或名义来说的。

2) — Вы уве́рены, что мы уде́ржим Москву́? Я спра́шиваю вас об э́том с бо́лью в душе́. Говори́те че́стно, **как коммуни́ст**.

   "您确信我们能守住莫斯科吗？我问您这个，心是很痛的。<u>请以一个党员的身份说实话</u>。"

   【原文释疑】

   удержа́ть：守住。

3) Вое́нная поли́тика Кита́я та́кже стро́ится с учётом повыше́ния его́ ро́ли **как мирово́й держа́вы**.

中国在制定军事政策时，还考虑到自身作为世界大国，地位已经得到了提升。

【译法分析】上例中，как 连接的同位语表明被说明词 eró 的性质，как 可译成"作为"。

4) Одна́ко э́ра госпо́дства до́ллара **как основно́й мирово́й резе́рвной валю́ты** ме́дленно подхо́дит к концу́.

然而，美元作为世界主要储备货币的统治时代正慢慢地走向终结。

【原文释疑】

резе́рвный：储备的。

（二）进一步明确或解释被说明词

как 连接的同位语有时具有确切作用，用来进一步明确或解释所说明的词，同位语和被说明词有时实际上是同一个事物。在这种情况下，как 经常译作"是……""即……""这一……"等词语。例如：

5) В э́той передово́й статье́ подчёркнута необходи́мость бы́строго разви́тия нау́ки и те́хники **как перве́йшей производи́тельной си́лы**.

这篇社论强调必须快速发展科学技术这一第一生产力。

【原文释疑】

передова́я статья́：社论。

6) Всё э́то мо́жет осла́бить роль Аме́рики **как мирово́го экономи́ческого ли́дера и фина́нсового це́нтра**.

这一切会弱化美国这个世界经济领袖和金融中心的作用。

【原文释疑】

осла́бить：使衰弱，削弱。

（三）对被说明词进行界定

как 连接的同位语有时用来说明谓语行为或者限定谓语动作的范围，从而对被说明词起到界定作用。翻译时，要结合谓语动词的意义，将 как 翻译成"……作"（如看作、视作、用作），"……为"（如定为、理解为、规定为）等。例如：

7) На сего́дняшний день в структу́ре мирово́й эконо́мики Росси́я **рассма́тривается как поставщи́к ресу́рсов, гла́вным о́бразом энергоноси́телей и мета́ллов**.

当前，在世界经济结构中，俄罗斯<u>被视作各种资源，主要是能源和金属的供</u><u>应者</u>。

【原文释疑】

　　энергоноси́тель：载能体。

【译法分析】上例是 кто-что рассма́тривается как кто-что 的结构，可译成 "……被视作（看作）……" 的形式。

8) Одни́ счита́ют, что коли́чество ступе́ней должно́ быть не ме́нее трёх-четырёх, поско́льку одна́-две ступе́ньки ча́сто не **воспринима́ются как ле́стница** и их поро́й по́просту не замеча́ют.

一些人认为，台阶的数量应当不少于三四个，因为一两个台阶常常<u>不会被认为是</u><u>楼梯</u>，有时确实不会被注意到。

【原文释疑】

　　воспринима́ться：感觉到，领会到。

此外，как 连接的同位语有时兼表原因、结果、条件等意味，说明谓语行为产生的原因、结果或条件。此时，как 可译成表示原因、结果或条件意义的词语。例如：

9) Я нра́вился Же́не **как худо́жник**, я победи́л её се́рдце свои́м тала́нтом. (А. Чехов, *Дом с мезони́ном*)

任尼雅喜欢我是<u>因为我是画家</u>，我的才能征服了她的心。（汝龙　译）

【原文释疑】

　　Же́не 是人名 Же́ня，而不是普通名词 жена́ 的三格。另外，Же́ня 既是男名 Евге́ний（叶夫根尼），也是女名 Евге́ния（叶夫根尼娅）的指小表爱形式。上例中，Же́ня 指 Евге́ния。

【译法分析】上例中，同位语含原因意味，表明 "我" 被 Же́ня（叶尼娅）喜欢的原因。

10) Же́ня ду́мала, что я, **как худо́жник**, зна́ю о́чень мно́гое и могу́ ве́рно уга́дывать то, чего́ не зна́ю. (А. Чехов, *Дом с мезони́ном*)

［译文一］任尼雅认为我<u>既是艺术家</u>，就知道很多东西，而且能够准确地猜出我不知道的东西。（汝龙　译）

［译文二］叶尼娅认为，我是艺术家，<u>所以</u>知道很多东西，能够准确猜到我不知道的东西。

【译法分析】上例中，同位语含有前提条件意味，可以按照译文一那样把 как 处理成"既（然）"，也可以按照译文二那样，用"所以"来表达结果意义。

二、连接比较短语和比较从句的翻译

как 在连接比较短语和比较从句时，译法基本相同，可译成"同（像）……一样""仿佛""与……相同"等。例如：

11) Но он, **как и все мужчи́ны**, забыва́л, что и ей на́до рабо́тать. (Л. Толстой, *Анна Каренина*)

他也同一切男人一样，忘记她也需要工作。（草婴　译）

12) И, держа́ нож в кулаке́, **как меч**, он говори́л:

— Ка́ждый челове́к до́лжен име́ть свои́ обя́занности! (А. Чехов, *Анна на шее*)

他手里捏紧一把餐刀，像拿着一把剑似的，说：

"各人都应当有各人的责任！"（汝龙　译）

13) "Он что со́кол: захоте́л — прилете́л, захоте́л — улете́л; а мы с тобо́й, как опёнки на дупле́, сиди́м ря́дком и ни с ме́ста. То́лько я оста́нусь для тебя́ наве́к неизме́нно, **как и ты для меня́**". (И. Тургенев, *Отцы и дети*)

"他就像一只鹰，要来——就飞来，要走——就飞走；可是咱俩就像生在树洞里的两只草子，紧挨在一起，从来不挪动。只有我对你永远不变，就像你对我一样。"（磊然　译）

【原文释疑】

что：像，和……一样。опёнок：〈植〉（树根上生的可食的）蜜环菌。дупло́：树窟窿，树孔，树穴。ря́дком：〈口语〉在一起；挨着。ни с ме́ста：成语，一动不动。наве́к：永久，永远。

14) В э́том слу́чае, по его́ слова́м, мо́жно бу́дет верну́ться к дистанцио́нному образова́нию, **как э́то бы́ло в пери́од самоизоля́ции.**

据他说，遇到这种情况，可以重新采取远程教育，就像自我隔离时期那样。

【原文释疑】

дистанцио́нный：远距的。самоизоля́ция：自我隔离。

需要注意的是，как 连接的比较短语通常都是独立的，而 как 连接的同位语有时也是独立的。翻译时，要根据上下文进行区分，不可混淆。例如：

15) — Позво́льте [мне] вас спроси́ть, **как отцу́**, со все́ю открове́нностью: како́го вы мне́ния о моём Евге́нии? (И. Турге́нев, *Отцы́ и де́ти*)

　　［译文一］※ "请允许我像父亲一样坦率地问您：您对我的叶夫根尼怎么看？"

　　［译文二］"请允许我这个做父亲的坦率地问您：您对我的叶夫盖尼怎么看？"

　　（磊然　译）

　　【译法分析】上例中，说话人是句中 Евге́ний（叶夫根尼）的父亲 Васи́лий Ива́нович（瓦西里·伊万诺维奇）。可见，как 连接的不是比较短语，而是同位语。译文一的理解有误，译文二的理解才是正确的。

三、连接其他从句的翻译

　　在翻译 как 连接的其他从句时，需要区分 как 是作关联词还是作连接词。

（一）作关联词

　　как 作关联词时，除了可以连接上面提到的比较从句之外，还可以连接说明从句和限定－疏状从句。其中，限定－疏状从句可以表示方式、程度等意义，分别称作方式句、程度句等。翻译时，需要将 как 的实际意思表达出来，如"怎样""多么""像"等。例如：

16) А́нне Серге́евне хоте́лось сказа́ть ему́ како́е-нибудь до́брое сло́во, но она́ не зна́ла, **как заговори́ть с ним**... (И. Турге́нев, *Отцы́ и де́ти*)

　　安娜·谢尔盖耶夫娜想对他说两句亲切的话，可是又不知道怎么开口对他说……

　　（磊然　译）

　　【译法分析】как 连接的是说明从句，как 的意思是"怎么""如何"。

17) О́чень мно́гие лю́ди хоте́ли бы узна́ть, **как и куда́ инвести́рует свои́ сре́дства э́тот челове́к**.

　　很多人都想知道这个人是如何投资、往哪儿投资的。

　　【原文释疑】

　　　　инвести́ровать：〈经〉投资。сре́дство：［复］资金。

　　【译法分析】как 连接的是说明从句，как 的意思是"如何""怎样"。

18) Не зна́ю, отку́да пошла́ така́я тя́га к обще́нию с иностра́нцами, мо́жет, хоте́лось узнава́ть бо́льше и понима́ть, **как живу́т лю́ди в ра́зных то́чках земно́го ша́ра**.

我不知道哪儿来的这股渴望，渴望和外国人交流，也许是想知道更多，想了解<u>世界不同地方的人是怎样生活的</u>。

【原文释疑】

тя́га: *к кому́-чему́* 对……渴望，向往，追求。земно́й шар: 地球。

【译法分析】как 连接的是说明从句，意思是"如何""怎样"。

19) — Ты не пове́ришь, **как мне невыноси́мо бы́ло э́то**. (Л. Толстой, *Анна Каренина*)

"你都不会相信，<u>这件事对我来说是多么难以忍受</u>。"（李忠清、余一中　译）

【译法分析】как 连接的是说明从句，как 可译作"多么"。

20) Он был сча́стлив, но совсе́м не так, **как ожида́л**. (Л. Толстой, *Анна Каренина*)

他是幸福的，但完全<u>不像他期望的那样</u>幸福。（李忠清、余一中　译）

【译法分析】как 连接的是限定－疏状从句中的程度句，意思是"像……那样"。

21) Чино́вники пыта́ются объясни́ть, почему́ э́то стихи́йное бе́дствие не так стра́шно, **как его́ малю́ют в СМИ**.

官员们试图解释为什么这次自然灾害<u>不像媒体渲染得那么可怕</u>。

【原文释疑】

малю́ют 是动词 малева́ть（〈口语〉胡画乱画）的变位形式。СМИ 指 сре́дства ма́ссовой информа́ции（大众传媒）。

【译法分析】как　连接的是限定－疏状从句中的程度句，意思是"像……那么（那样）"。

22) Он отме́тил, что сезо́нность коронави́руса оказа́лась не так я́рко вы́ражена, **как счита́лось ра́нее**, и ле́том на фо́не жары́ ви́рус сни́зил свою́ акти́вность, но «не угомони́лся».

他指出，冠状病毒的季节性特征没有表现得<u>像之前认为的那样</u>明显，在夏天炎热环境下，这种病毒降低了活性，但"没有死掉"。

【原文释疑】

сезо́нность: 季节性。коронави́рус: 冠状病毒。угомони́ться: 安静下来，平静下来；〈转〉死亡，死。

【译法分析】как 连接的是限定－疏状从句中的程度句，意思是"像……那样"。

23) Погуля́вши с полчаса́, Нежда́нов присе́л наконе́ц на сру́бленный пень, окружённый се́рыми, ста́рыми ще́пками: они́ лежа́ли ку́чкой, так, **как упа́ли, отби́тые когда́-то топоро́м**. (И. Турге́нев, *Новь*)

涅日达诺夫信步走了半个小时，后来便在一段砍剩的树桩上坐下，树桩四周有好些灰色的旧木片，它们积成一小堆，<u>还是它们当初给斧头砍下时候的那个样子</u>。（巴金　译）

【原文释疑】

присе́сть：（不大舒适地）坐下。сру́бленный：сруби́ть（砍断，砍掉）的被动形动词。ще́пка：木片。ку́чка：ку́ча（一堆）的指小形式。отби́тый：отби́ть（打下，打掉，砸下）的被动形动词。

【译法分析】как 连接的是限定－疏状从句中的方式句。这句话的字面意思是"按照当初被斧头砍落下来那样"，上面这个译文作了调整，译成了"还是……那个样子"的结构。

二 作连接词

как 用作连接词时，主句中的谓语动词通常具有感受、知觉意义（如ви́деть，слу́шать，чу́вствовать，замеча́ть 等）。此时，как 的意思近似于 что，没有实际词汇意义，不需要翻译出来。例如：

24) Она́ ви́дела, **как он вы́рос и перемени́лся в её отсу́тствие**. (Л. Толсто́й, *Анна Каренина*)

［译文一］※她看到<u>在她离家的这些日子里，他是怎样长大的，模样是怎么改变的</u>。

［译文二］她看到<u>在她离家的这些日子里，他长大了，模样也变了</u>。（草婴　译）

【译法分析】上例中，как 用作连接词，无实际意义，译文一把它翻译成"怎样""怎么"，并不妥当。译文二的理解和翻译是正确的。

25) И пото́м мину́ты две я слы́шал, **как она́ бежа́ла**. (А. Че́хов, *Дом с мезонином*)
然后有两分钟光景我听见<u>她在奔跑</u>。（汝龙　译）

【译法分析】从句不可译作"……（听见）她如何在奔跑"。

26) Ви́дел Его́рушка, **как ма́ло-пома́лу темне́ло не́бо и опуска́лась на зе́млю мгла, как засвети́лись одна́ за друго́й звёзды**. (А. Чехов, *Степь*)

叶果鲁希卡看见天空渐渐变黑，雾落在大地上——看见星星接连地亮了……（汝龙 译）

【原文释疑】

ма́ло-пома́лу：［副］〈口语〉渐渐地。мгла：昏暗，黑暗；（由雾、尘、烟、雨、雪等形成的）幕。засвети́ться：开始发光，亮起来。

【译法分析】上例中，两个 как 都没有实际意义，无需翻译出来。

四、带 как 的常见句型的翻译

（一）тако́й..., как...

在这个句型中，как 连接的短语说明 тако́й 的具体内容，一般译成"……的""这样一些……如……"等。例如：

27) "Неуже́ли, — поду́мал я, — э́та приши́бленная, приплю́снутая фигу́рка уме́ет говори́ть **таки́е** слова́, **как** "фили́стер" и "свобо́да"?" (А. Чехов, *Двое в одном*)

"这个猥琐而窝囊的小人物，"我暗想，"难道能说出'庸俗之辈'和'自由'之类的字眼？"（汝龙 译）

【原文释疑】

приши́бленный：〈口语〉垂头丧气的，沮丧的。приплю́снутый：扁平的，扁的。фигу́рка：фигу́ра（人，家伙）的指小。фили́стер：〈文语〉市侩，庸人。

28) Впереди́ неё [Росси́и] в середи́не ве́ка бу́дут **таки́е** развива́ющиеся стра́ны, **как** Еги́пет, Уга́нда, Вьетна́м и Эфио́пия.

到本世纪中叶，排在俄罗斯前面的将有这样一些发展中国家，如埃及、乌干达、越南和埃塞俄比亚。

（二）сто́ит то́лько (едва́, то́лько что)..., как...

这类句型中，как 连接的句子含有时间、条件的意味，所以整个句型可译为"一……就……""只要……就……"等。例如：

29) Но **сто́ило то́лько** всем сфотографи́роваться, **как** Мутко́ вновь окружи́л пло́тный круг жела́ющих ли́чно пожа́ть мини́стру ру́ку и сказа́ть па́ру слов.

然而等大家一合完影，<u>就</u>又有人紧紧地围住穆特科，想握握这位部长的手，跟他讲两句话。

【原文释疑】

　　Мутко́：指 Вита́лий Мутко́（维塔利·穆特科），曾任俄罗斯体育部长。

30) Но **едва́** Влади́мир вы́ехал за око́лицу в по́ле, **как** подня́лся ве́тер и сде́лалась така́я мете́ль, что он ничего́ не взви́дел. (А. Пушкин, *Метель*)

但是弗拉基米尔<u>刚刚</u>出了村子，来到田野上，<u>就</u>刮起了大风，接着起了暴风雪，他就什么也看不见了。（力冈　译）

【原文释疑】

　　око́лица：（村子周围或入口处的）寨墙，栅栏；寨门。взви́деть：〈旧，俗〉（一般用于否定句）看见，看到。

31) Ра́ньше **сто́ило то́лько** ру́ку подня́ть, **как** сра́зу о́чередь из маши́н выстра́ивалась.

以前<u>只要</u>举起手，立刻<u>就</u>有车子排成队。

【原文释疑】

　　выстра́иваться：排成队。上例说的是现在打车很难，以前打车非常容易。

（三）**как...，так и ...**

这个句型连接的是两个并列成分，通常译作"既……也……" "……和……"等。例如：

32) Объясня́лось э́то мно́гими причи́нами, **как** объекти́вного, **так и** субъекти́вного хара́ктера.

造成这种情况的原因有很多，<u>既</u>有客观的，<u>也</u>有主观的。

33) Официа́льные ли́ца, **как** Росси́и, **так и** Изра́иля в сре́ду днём опрове́ргли сообще́ния о кри́зисе в двусторо́нних отноше́ниях.

星期三白天，俄罗斯<u>和</u>以色列的官方人士<u>都</u>驳斥了有关双边关系出现危机的报道。

（四）**не кто ино́й, как...**与 **не что ино́е, как...**

这类句型通常译作"不是……正是……" "……正是……"等。例如：

34) Тут я заме́тил па́рня, стоя́вшего на ле́стнице магази́на и маха́вшего мне руко́й. Я к нему́ прибли́зился и по́нял: э́тот па́рень **не кто ино́й**, **как** мой ста́рый друг Рубе́н.

这时我看见一个小伙子站在商店的楼梯上向我挥手。我走近了才看清，这个小伙子<u>不是别人</u>，<u>正是</u>我的老朋友鲁本。

【原文释疑】

Рубе́н [бэ́]：鲁本（男子名）。

35) По слова́м потерпе́вшей, уще́рб ей нанёс **не кто ино́й**, **как** её со́бственный девятиле́тний сын.

据受害人称，使她遭受损失的<u>正是</u>她 9 岁的儿子。

【原文释疑】

потерпе́вшая：〈法〉受害人。

36) — Да в тако́м слу́чае худо́жество, иску́сство вообще́ — **не что ино́е**, **как** мо́да, и говори́ть серьёзно о нём не сто́ит! (И. Турге́нев, *Новь*)

"照此说法，那么绘画乃至整个艺术<u>只不过是</u>一种时髦，根本不值得认真一谈！"（陆肇明　译）

【原文释疑】

худо́жество：〈旧〉造型艺术，美术。

【译法分析】上例中，"не что ино́е, как мо́да"的字面意思指"不是别的，就是一种时髦"，上面这个译文把它译作"只不过是一种时髦"，意思更加明确。

㈤ **не успе́л..., как...**

这个句型通常译作"还没来得及……就……"。例如：

37) **Не успе́ли** они́ останови́ться, **как** соба́ки, перегоня́я одна́ другу́ю, уже́ лете́ли к боло́ту. (Л. Толсто́й, *Анна Каре́нина*)

［译文一］他们<u>还没来得及</u>停下，两条狗<u>就</u>互相追逐着，飞一样向沼地奔驰而去。（周扬、谢素台　译）

［译文二］他们<u>还没有</u>停车，两条猎狗已经争先恐后地向沼地飞奔而去。（李忠清、余一中　译）

［译文三］<u>不等</u>他们停下车来，两条猎狗<u>就</u>争先恐后向沼泽飞奔过去。（草婴　译）

【译法分析】三个译文分别使用了"还没来得及……就……""还没有……（就）……"和"不等……就……"，都是正确的译法。

38) **Не успéл** грянуть крúзис, **как** извéстный реформáтор и экономúст Егóр Гайдáр написáл о нём кнúжку.

危机还没有爆发，著名改革者和经济学家叶戈尔·盖达尔就写出一本有关危机的书。

【原文释疑】

грянуть:〈转，雅〉突然爆发，突然发生。реформáтор：改革者，革新者。

⚠ 本讲结语

> как 连接同位语时，有三种不同的含义：一是表明被说明词的身份或性质，基本意思是"作为"；二是进一步明确或解释被说明词，基本意思是"即""这一"；三是对被说明词进行限定，基本意思是"……作""……为"。翻译时要仔细分析，区别对待。此外，как 连接的同位语还可能兼有原因、结果等疏状意义。как 连接比较短语和比较从句时，基本意思是"像……一样"。как 连接其他从句时，如果用作关联词，需要将 как 在句中的实际意思表达出来，如"怎样""多么""像"等；如果用作连接词，那么 как 没有实际意思，不需要也不可以把它翻译出来。
>
> 需要注意的是，как 连接的同位语在句中有时是独立的，而 как 连接的比较短语通常都是独立的。翻译时，要根据上下文分清比较短语和独立的同位语。

📝 翻译练习

1. 翻译下列各句，注意 как 连接的同位语的翻译。

1) Я **как президéнт** никогдá не пойдý на такúе мéры.

身为总统，我永远不会同意这些措施。

说明：как 连接的同位语表明被说明词 я 的身份，как 可译作"身为""作为"

等。另外，句中 пойти *на что* 的意思是"同意……"。

2) Базáров держáлся в отдалéнии от э́тих "дря́згов", да емý, **как гóстю**, не приходи́лось и вме́шиваться в чужи́е дела́. (И. Тургенев, *Отцы и дети*)

巴扎罗夫离"无谓的争吵"远远的，再说，<u>他是客</u>，不应参与别人的事。（石枕川 译）

说明：как 连接的短语用于进一步明确被说明词 емý，как 可以译作"是"。另外，句中 дря́зги 是复数名词、口语词，意思是"（因小事）口角，无谓的争吵"。

3) — Я, сме́ю сказа́ть, изве́стен **как челове́к убежде́ний либера́льных, прогресси́вных**. (И. Тургенев, *Новь*)

"我敢说，人家都知道<u>我是个主张自由进步思想的人</u>。"（冀刚 译）

说明：同位语有着进一步明确被说明词 я 的作用。另外，句中 либера́льный 的意思是"自由主义的"。

4) Во-пе́рвых, необходи́мо по́лностью вы́явить роль рабо́чего кла́сса **как гла́вной си́лы**.

第一，必须充分发挥工人阶级的<u>主力军</u>作用。

5) Экспе́рты реши́ли, что в да́нном слу́чае при́нца и его́ бу́дущую супру́гу сле́дует **рассма́тривать как обы́чную брита́нскую па́ру**, име́ющую по́лное пра́во заключи́ть гражда́нский брак.

专家们认为，在这种情况下，王子和他未来的夫人<u>应被视为英国普通的一对</u>，他们完全有权缔结世俗婚姻。

说明：как 连接的同位语用来说明 принц и его́ бу́дущая супру́га，как 可译作"（视）为"。另外，гражда́нский брак 指"世俗婚姻，不举行宗教仪式的结婚"。

2. 翻译下列各句，注意 как 连接的比较短语或比较从句的翻译。

1) Уровень дохо́дности вкла́дов в э́том году́, **как и в други́е го́ды**, бу́дет зави́сеть от тари́фной поли́тики Сберба́нка.

<u>同往年一样</u>，今年存款的收益情况将取决于储蓄银行的税率政策。

说明：句中 дохо́дность 的意思是"收入，收益"；тари́фный 指"税率的"；сберба́нк 的意思是"储蓄银行"，句中 Сберба́нк 指 Сберба́нк Росси́и（俄罗斯储蓄银行）。

2) Я ходи́ла на кинопро́бы вме́сте с ма́мой, **как и други́е де́ти**.

像其他孩子一样，我也是由妈妈带着去试镜的。

说明：句中 кинопро́ба 的意思是"（选演员的）试拍，试镜头"。

3) Мир необходи́м, **как во́здух и со́лнце**, он незаме́тен, но без него́ нельзя́ жить.

和平犹如空气和阳光，受益而不觉，失之则难存。

4) — Но как же ты не сказа́л мне, что у меня́ есть брат? Я бы уже́ вчера́ ве́чером его́ расцелова́л, **как я сейча́с расцелова́л его́**. (И. Тургенев, *Отцы и дети*)

"可是你怎么不告诉我，我有一个弟弟了呢？要不然我昨天就要好好地吻他，就像我刚才吻他那样。"（磊然　译）

说明：как 连接的是比较从句。句中 сейча́с 的意思是"刚才，刚刚"；расцелова́ть 的意思是"热烈地吻，好好地吻几下"。

3. 翻译下列各句，注意区分 как 是作关联词还是作连接词。

1) — Я уж и не приду́маю, **как мне вас благодари́ть**; тако́й вы до́брый, пра́во. (И. Тургенев, *Отцы и дети*)

"我实在想不出该怎么谢您才好，您真是个好人。"（磊然　译）

说明：как 连接的是说明从句，作关联词，可译为"怎么""怎样"等。另外，句中 пра́во 是插入语，意思是"真的"。

2) Респонде́нты расска́зывают о том, **как они́ оце́нивают э́то мероприя́тие**, что им понра́вилось, а что — нет.

被调查者讲述他们是如何评价这一措施的，以及他们喜欢什么，不喜欢什么。

说明：как 连接的是说明从句，作关联词，可译为"如何""怎么"等。另外，респонде́нт 这个词原来的意思是"回答者，应答者"，现在有了新义，指"（民意测验等的）被调查者"。

3) — Я зна́ю, — переби́ла она́ его́, — **как тяжело́ твое́й че́стной нату́ре лгать**, и жале́ю тебя́. (Л. Толстой, *Анна Каренина*)

［译文一］"我知道，"她打断他的话说，"你这个天性诚实的人说谎做假有多么难受，我为你可惜。"（力冈　译）

［译文二］"我知道，"她打断他的话，"你这人天生这样诚实，要你说谎确实是很痛苦的。我替你难过。"（草婴　译）

说明：как 连接的是说明从句，как 的意思是"多么"。译文二没有直接用"多么"一词，而是用"很"字来表达了，同样可行。

4) — Я говорю́, **как уме́ю**... Да и наконе́ц э́то деспоти́зм. (И. Турге́нев, *Отцы и дети*)

我想怎么说就怎么说……这简直是专制。（磊然 译）

说明：как 连接的是限定－疏状从句中的方式句，主句中的 так 在口语中可以省略。как 在句中的本义是"按照"。前一个主从复合句的字面意思是"我按我会的方式说话"，这样表达有些生硬，上面这个译文作了调整，意思更加明确，表达也通顺多了。另外，句中 деспоти́зм 的意思是"专制，专横霸道"。

5) — Говори́ же! Говори́! Где ты его́ ви́дел?

— Нигде́. Я пошути́л... Де́лай, **как зна́ешь**! — сказа́л бра́тец и ещё раз посту́кал па́льцем по са́хару. (А. Че́хов, *Братец*)

"那你就说出来！说呀！你在哪儿见过他？"

"我没在哪儿见过他。我那是说着玩的。……你想怎么办就怎么办好了！"哥哥说，又伸出手指头去敲敲糖块。（汝龙 译）

说明：как 连接的是限定－疏状从句中的方式句，主句中的 так 在口语中省略了。"Де́лай, как зна́ешь"的字面意思是"照你知道的做吧"，上面这个译文作了调整。另外，句中 посту́кать 的意思是"敲几下"。

6) Всё происхо́дит так, **как мы и ожида́ли**, ничего́ неожи́данного не произошло́.

一切都在意料之中，没有什么意外发生。

说明：как 连接的是限定－疏状从句中的方式句。

7) Пове́рьте мне, э́то не так тру́дно, **как ду́мают мно́гие из вас**.

相信我，这不像你们当中很多人认为的那么困难。

说明：как 连接的是限定－疏状从句中的程度句。

8) Пото́м я слы́шал, **как на терра́се [они́] пи́ли чай**. (А. Че́хов, *Дом с мезонином*)

后来我听见她们在露台上喝茶。（汝龙 译）

说明：как 连接的是说明从句，作连接词，不需要译出。

9) Я ча́сто ви́жу, **как ю́ные актри́сы придаю́т свои́м ли́цам сексуа́льное выраже́ние, вне зави́симости от того́, каку́ю роль они́ игра́ют**.

我经常看到，一些年轻女演员总做出一副性感的表情，也不管自己演的是什么角色。

说明：как 连接的是说明从句，作连接词，不需要译出。

10) — Я слы́шу, **как она́ [мать] вздыха́ет за стено́й**, а вы́йдешь к ней — и сказа́ть ей не́чего. (И. Турге́нев, *Отцы и дети*)

"我听见她在隔壁叹气，你要是出去看她吧——又没有话好对她说。"（磊然 译）

说明：как 连接的是说明从句，作连接词，不需要译出。

4. 将下面的句子翻译成汉语，注意带 как 的句型的翻译。

1) О ве́чном ми́ре и искорене́нии войн мечта́ли **таки́е** ви́дные мысли́тели про́шлого, **как** Руссо́, Кант, а други́е, напро́тив, счита́ли их есте́ственным состоя́нием челове́ческого о́бщества.

过去一些著名的思想家，如卢梭、康德，渴望根除战争，永远和平；相反，另一些人则认为战争是人类社会的自然状态。

说明：искорене́ние 是 искорени́ть（彻底铲除，根除）的动名词。

2) **Таки́е** фи́льмы, **как** "Ти́хий Дон" Серге́я Гера́симова, "Офице́ры" Влади́мира Рогово́го, "А зо́ри здесь ти́хие" Станисла́ва Росто́цкого, в своё вре́мя бы́ли ли́дерами оте́чественного прока́та.

诸如谢尔盖·格拉西莫夫导演的《静静的顿河》、弗拉基米尔·罗戈沃伊的《军官们》、斯坦尼斯拉夫·罗斯托茨基的《这里的黎明静悄悄》等一些电影，当年曾是国内影片的领导者。

3) Пла́вать я научи́лся в 4 или 5 лет. Люблю́ ещё **таки́е** ви́ды спо́рта, **как** футбо́л, волейбо́л, баскетбо́л, те́ннис и ушу́.

游泳我四五岁就学会了。我还喜欢足球、排球、篮球、网球、武术等运动。

4) **Сто́ит** самолёту уйти́ от аэродро́ма за полкиломе́тра, **как** его́ уже́ не ви́дно.

飞机刚离开机场半公里就已经看不见了。

5) Мы бы́ли про́тив **как** америка́нского, **так и** росси́йского вмеша́тельства.

我们既反对美国干涉，也反对俄罗斯干涉。

6) В настоя́щее вре́мя пе́ред ШОС стоя́т **как** беспрецеде́нтные возмо́жности, **так и** суро́вые вы́зовы.

当前，上海合作组织发展既面临难得机遇，也面临严峻挑战。

7) Паде́ние америка́нской валю́ты — **как** за рубежо́м, **так и** в Росси́и — отрица́тельно

ска́зывается на объёме до́лларовых депози́тов.

美元在俄罗斯国内外的全面下跌，给美元存款额带来了消极影响。

说明：депози́т 的意思是"存款"。

8) Владе́льцем фи́рмы явля́лся **не кто ино́й, как** сын чино́вницы — 23-ле́тний Рома́н Во́лков.

公司当时的老板<u>不是别人，正是</u>这位女官员的儿子——23 岁的罗曼·沃尔科夫。

说明：句中 чино́вница 的意思不是"官员的妻子"，而是"女官员"。

9) Вся кни́га была́ **не что ино́е, как** набо́р высокопа́рных слов, да ещё некста́ти употреблённых. (Л. Толсто́й, *Анна Каренина*)

整本书<u>不过是</u>一些华丽辞藻的堆砌而已，而且堆砌得很不恰当。（李忠清、余一中 译）

说明：набо́р 的意思是"一组"。высокопа́рный 指"词藻过分华丽的（指文体等），转文的"。некста́ти 的意思是"不是地方，不适当"。

10) **Не успе́л** Па́вка и пи́кнуть, **как** поп схвати́л его́ за о́ба у́ха и на́чал долби́ть голово́й об сте́нку. (Н. Остро́вский, *Как закаля́лась сталь*)

保尔<u>还没有</u>来得及分辩，神甫<u>就</u>揪住他的两只耳朵，把他的头往墙上撞。（黄树南 译）

说明：пи́кнуть 是口语词，意思是"犟一句嘴，说一句反对的话，说个不字"。долби́ть 在句中用作口语，意思是"捶打"。

11) Ещё Анна **не успе́ла** напи́ться ко́фе, **как** доложи́ли про графи́ню Ли́дию Ива́новну. (Л. Толсто́й, *Анна Каренина*)

安娜<u>还没有</u>喝完咖啡，仆人<u>就</u>来报告说，莉季娅·伊凡诺夫娜来了。（李忠清、余一中 译）

说明：句中 напи́ться 的意思是"喝够"，графи́ня 指"伯爵夫人"。

第十三讲

éсли 连接的从句的翻译

📥 **本讲导言**

　　éсли 连接的从句在翻译中经常出现，它不仅可以连接不同类型的条件句，还可以连接对比句。翻译时，应根据上下文，准确领会 éсли 的含义，再用恰当的汉语手段将其表达出来。

💡 **课前思考**

1. 下面几个译文在翻译 éсли 时，使用了"如果"或"若是"。这么翻译可不可以，好不好？为什么？

1) — Éсли ты позво́лил ей жить с тобо́й под одно́ю кро́влей, ста́ло быть она́ э́то заслу́живает.

　　"如果你允许她和你同在一个屋檐下，那就证明她配得上你。"

2) "Éсли мы и оста́немся в одно́м до́ме — мы чужи́е".

　　"若是我们还留在一幢房子里——我们也是陌生人。"

3) Éсли в нача́ле го́да «чёрное зо́лото» торгова́лось вы́ше \$65 за ба́ррель, то уже́ в ма́рте котиро́вки ма́рки Brent проби́ли отме́тку в \$30.

　　如果年初的石油销售价格每桶高于 65 美元，那么 3 月的布伦特原油价格跌到了 30 美元。

解答：都不太好。这三个例子中，éсли 分别表示条件 – 原因意义、条件 – 让步意义和对比意义，不宜用"如果"或"若是"来翻译，可分别译作"既然""就算""……，而……"。详细的解释可参阅"技法学习"中的例 15、例 17 和例 22。

📖 技法学习

  éсли 连接的从句通常是条件从句。不过，翻译时，éсли 却不能都翻译成"如果"，因为 éсли 连接的条件从句，所表示的条件可能是潜在条件，可能是虚拟条件，还可能是现实条件。不同性质的条件有着不同的翻译方法。

一、连接潜在条件句的翻译

  在潜在条件句中，从句提供的条件有存在的可能性（或者存在，或者不存在），因此主句的情节也具有两可的性质。éсли 在连接潜在条件句时，有以下几种基本译法：

○ 译作"如果"

  éсли 连接的条件句可以表示一般意义上的潜在条件，这是 éсли 最常见的用法，可译作"如果""假如""要是""假使""倘若"等。例如：

1) — Пóдлость? **Если вы хотúте употребúть э́то слóво**, то пóдлость — э́то брóсить мýжа, сы́на для любóвника и есть хлеб мýжа! (Л. Толстóй, *Анна Каренина*)

  "卑鄙？<u>如果您想用这个词的话</u>，那么，卑鄙是为了情人而抛弃丈夫、儿子，却又吃着丈夫的饭。"（李忠清、余一中　译）

  【原文释疑】

    пóдлость: 卑鄙；卑鄙行为，可耻行为。любóвник: 情夫，姘夫。

2) "Я провожý тебя́, **éсли ты бои́шься**, — сказáл он ей, — ты мне позвóлишь идти́ пóдле себя́?" (А. Пýшкин, *Барышня-крестьянка*)

  "<u>你要是害怕</u>，我陪你走走，"他对她说，"我可以跟你一起走吗？"（力冈　译）

  【原文释疑】

    пóдле: 〈旧，文语〉［前］（接二格）与……在一起，在……身边。

3) **Éсли погóда ухýдшится**, то прибывáющие в столи́цу самолёты бýдут отправля́ться на запасны́е аэродрóмы.

  <u>如果天气变坏</u>，到达首都的飞机将去备用机场。

  【原文释疑】

    запаснóй аэродрóм: 备用机场。

4) **Если нам пойду́т навстре́чу**, бу́дет здо́рово. Всё-таки Алёна — чемпио́нка Евро́пы.

<u>要是有人帮助我们就太好了</u>。毕竟阿廖娜是欧洲冠军。

【原文释疑】

идти́ навстре́чу：*кому́-чему́* 帮助，协助；迎合。здо́рово：真好，真棒。

（二）译作"只要"

éсли 连接的条件句有时表示充分条件（éсли 常有语气词 то́лько 修饰）。此时，éсли 一般译作"只要"。例如：

5) Нет никаки́х причи́н не жени́ться на де́вушке, кто бы она́ ни была́, **éсли то́лько он люби́т её**. (Л. Толстой, *Воскресение*)

［译文一］<u>只要他爱上了那个姑娘</u>，那么不管她是个什么样的人，他也没有任何理由不跟她结婚。（汝龙　译）

［译文二］［他］非同她结婚不可，不管她是个怎样的人，<u>只要他爱她就行</u>。

（草婴　译）

【译法分析】上例中，表达充分条件的从句位于主句之后，译文一按照习惯做法，将从句的译文放在主句的译文之前，形成了"只要……（就）……"的结构。译文二保留了俄语先主句后从句的顺序，形成了"……只要……就行"的结构，同样可以接受。需要注意的是，如果使用译文二这种结构，在表达充分条件时，有时不能单用"只要"二字，而需要在句末加上"……就行""……的话"等手段。

6) — Како́е, со́бственно, наме́рение?

— Ехать в Сиби́рь с той па́ртией аресте́нтов, в кото́рой нахо́дится же́нщина, пе́ред кото́рой я счита́ю себя́ винова́тым, — вы́говорил Нехлю́дов.

— Я слы́шал, что не то́лько сопровожда́ть, но и бо́лее.

— Да, и жени́ться, **éсли то́лько она́ э́того захо́чет**. (Л. Толстой, *Воскресение*)

"那么，究竟是什么打算呢？"

"我打算跟一批犯人一起到西伯利亚去，因为那批犯人当中有一个女人，我认为我对她有罪，"涅赫柳多夫说。

"我听说您不是单单陪着她去，另外还有别的打算。"

"对，我还打算跟她结婚，<u>只要她愿意这么办的话</u>。"（汝龙　译）

【原文释疑】

арестант：〈旧〉被捕者，被拘留者，囚犯。выговорить：讲出，说出来。

【译法分析】最后一句话的翻译也可以将俄语主句和从句的次序倒过来，译成"对，只要她愿意，我还打算跟她结婚"。

7) Главное — чтобы у вас была цель в жизни. И тогда никто и ничто не сможет помешать её осуществлению, **если только вы сами не спасуете**.

重要的是您要有生活目标。这样，任何人、任何事都不会阻碍它的实现，<u>只要您自己不气馁就行</u>。

【原文释疑】

спасовать：〈转〉（*перед кем-чем* 或无补语）屈服，认输，甘拜下风。

㈢ 译作"只有"

如果连接条件句的是复合连接词"в (том) случае, если"或者"при (том) условии, если"，并且受到语气词 только 或 лишь 限定，那么从句表达的是必需条件（或称唯一条件），应当用"只有"来表达。例如：

8) — **Только в том случае, если вы компрометируете себя**, я должен буду принять меры, чтоб оградить свою честь. (Л. Толстой, *Анна Каренина*)

"<u>只有在您自己毁坏自己的名誉的情况下</u>，我才不得不采取措施，来保全我的名誉。"（草婴 译）

【原文释疑】

компрометировать：［未］*кого-что* 损害……名誉，败坏……名声。
оградить：防护（使免受……）。

9) Монетарные власти США остановят падение доллара **только в том случае, если курс снизится до $1,45 за евро**.

<u>只有等到汇率降至 1 欧元兑换 1.45 美元</u>，美国货币当局才会制止美元下滑。

【原文释疑】

монетарный：货币的。

【译法分析】上例中，原文表达必需条件的从句位于主句之后，翻译成汉语时，通常要将从句译文的位置调至主句译文之前，形成"只有……才……"的结构。

10) Карта [пластиковая], как и любое средство, хороша, **если ей правильно пользоваться**.

和任何其他工具一样，信用卡只有得到正确使用，才是个好东西。

【原文释疑】

пла́стиковая ка́рта (ка́рточка)：也称 креди́тная ка́рточка，信用卡。

【译法分析】上例中，原文从句虽然没有 то́лько、лишь 等语气词修饰，但是也含有必需条件的意味。

二、连接虚拟条件句的翻译

在虚拟条件句中，从句提供的条件是不真实的，实际上并不存在，所以主句的情节也是虚构的。éсли 在连接虚拟条件句时，多译作"要是"，也可以译成"如果"等。例如：

11) **Éсли б Григо́рий Ива́нович мог предви́деть э́ту встре́чу**, то коне́чно б он повороти́л в сто́рону. (А. Пу́шкин, *Ба́рышня-крестья́нка*)

格里高力·伊凡诺维奇要是能预见到会碰上这位乡邻，那他当然会往别处去。
（力冈　译）

【原文释疑】

повороти́ть：〈俗〉＝поверну́ть，指"（人）拐弯，转过弯去"。

12) "Нет, у меня́ нет и го́рдости. **Éсли бы была́ го́рдость**, я не поста́вил бы себя́ в тако́е положе́ние". (Л. Толсто́й, *Анна Каре́нина*)

"不，我这人并不骄傲。我要是骄傲，也不会落到这个地步了。"（草婴　译）

13) Её семья́ мно́го где была́, и **éсли бы име́лось бо́льше де́нег**, то с ра́достью они́ объе́хали бы весь мир.

她一家去过很多地方，要是有更多钱的话，他们就高高兴兴地游遍全世界了。

【原文释疑】

мно́го где：与 ма́ло где 相对，意思是 во мно́гих места́х。объе́хать：（乘车、马等）走遍，访遍。

14) **Éсли бы во всём ми́ре показа́тель лета́льности был таки́м**, мы бы большо́го внима́ния на э́тот ви́рус и не обраща́ли. Наде́юсь, что э́то мо́жет стать о́бщей закономе́рностью: заболева́емость мо́жет быть бо́лее высо́кой, но лета́льность ста́нет ни́же.

要是全世界的致死率只是这样，那我们就不会太关注这种病毒了。我希望这能成为普遍规律：发病率可能更高，但致死率会变得更低。

【原文释疑】

лета́льность：〈医〉致死率。закономе́рность：（合乎）规律性。заболева́емость：患病率，发病率。

三、连接现实条件句的翻译

在现实条件句中，从句提供的条件或前提没有两可的性质，而是业已存在的事实。е́сли 在连接现实条件句时，可以表示条件－原因意义、条件－让步意义等，因此有着不同的译法。

（一）译作"既然"

连接词 е́сли 表示条件－原因意义时，从句是一个已经成为现实的前提，主句根据这个前提推出结论，所以应当译作"既然"。值得注意的是，е́сли 在表示条件－原因意义时，从句谓语动词通常用过去时或现在时形式，不用将来时，е́сли 常和语气词 уж 连用，或者与主句中的 зна́чит，ста́ло быть（这么说、因此），сле́довательно 等词语相对应。例如：

15) — **Если ты позво́лил ей жить с тобо́й под одно́ю кро́влей**, ста́ло быть она́ э́то заслу́живает. (И. Турге́нев, *Отцы и дети*)

［译文一］※"如果你允许她和你同在一个屋檐下，那就证明她配得上你。"

［译文二］"既然你允许她和你同在一个屋檐下，那就证明她配得上你。"（石枕川　译）

【原文释疑】

кро́вля：屋顶，房顶。под одно́й кро́влей *с кем*：和……住在一起，同住一所房屋。

【译法分析】上例中，从句谓语动词 позво́лил 是完成体过去时形式，表明"允许……"已经是一个既定的事实。译文一用"如果"来翻译 е́сли，意思上显得模棱两可，像是在表达潜在条件，而不是现实条件。译文二把 е́сли 翻译成了"既然"，准确地传达了原文的意思。

16) — Нет, **уж éсли мы разговори́лись**, то объясни́ мне с филосо́фской то́чки зре́ния, — сказа́л Ле́вин. (Л. Толсто́й, *Анна Каренина*)

"不，<u>既然我们已经讨论开了</u>，那你就从哲学观点上给我解释一番吧，"列文说。（草婴 译）

【原文释疑】

разговори́ться：〈口语〉兴致勃勃地畅谈起来，滔滔不绝地谈起来。

（二）译作"即使"

连接词 éсли 表示条件 – 让步意义时，从句暂让一步，表示承认某种事实，主句以此为前提作出进一步判断。此时，éсли 应当翻译成表示让步意义的词，如"即使""即便""就算""纵然"等。éсли 在表示条件 – 让步意义时，常与 и，да́же 或 да́же и 连用。例如：

17) "**Éсли мы и оста́немся в одно́м до́ме** — мы чужи́е". (Л. Толсто́й, *Анна Каренина*)

［译文一］※"<u>若是我们还留在一幢房子里</u>——我们也是陌生人。"

［译文二］"<u>就算是我们还住在一座房子里，我们也不是一家人。</u>"
（力冈 译）

【译法分析】上例中，éсли 和语气词 и 连用，表达的是条件 – 让步意义。也就是说，оста́немся в одно́м до́ме 是退一步而言的内容，主句 мы чужи́е 是在这个基础上得出的结论。译文一用"若是……也……"来翻译，不很确切。译文二用"就算……也……"的结构来翻译，准确地传达了原文的意思。

18) "Она́ послу́шается ма́тери, — ду́мал он, — она́ вы́йдет за Па́ншина; но **éсли да́же она́ ему́ отка́жет** — не всё ли равно́ для меня́?" (И. Турге́нев, *Дворянское гнездо*)

"她听母亲的话，"他想，"她会嫁给潘申；<u>不过即使她拒绝了他</u>，——对我来说，还不是反正一样吗？"（非琴 译）

【译法分析】上例中，éсли 和 да́же 连用，比和 и 连用更能直观地表现条件 – 让步意义。

19) — **Да́же éсли бы вы носи́ли обруча́льное кольцо́**, вы всё равно́ не за́мужем. У вас взгляд незаму́жней же́нщины. (В. Черных, *Москва слезам не верит*)

"<u>即使您戴着结婚戒指</u>，您还是没有结婚。您的目光是没有结过婚的女人才有的。"（李溪桥 译）

【原文释疑】

незаму́жний：未出嫁的，未结婚的。

20) **Да́же е́сли мужчи́на в глубине́ свое́й души́ по́нял и осозна́л свои́ оши́бки — он не расска́жет об э́том никому́.**

就算男人内心里明白而且意识到自己错了，他也不会跟任何人讲的。

【原文释疑】

осозна́ть：清楚地意识到。

21) **Но да́же е́сли де́ти живу́т в го́роде, где нет вопро́сов с Интерне́том**, то мо́жет возни́кнуть сло́жность с до́ступом к га́джетам в се́мьях, где дво́е и́ли бо́лее дете́й-шко́льников.

但就算孩子们生活在城市，没有上网难的问题，那些有两个或更多孩子上学的家庭，会碰到设备使用上的困难。

【原文释疑】

сло́жность：难以解决。до́ступ：*к чему́* 利用、获得……可能。га́джет：小设备，小器具（这里指能够上网的设备）。

四、连接对比句的翻译

连接词 е́сли 除了可以连接表示潜在条件、虚拟条件和现实条件等意义的条件从句之外，还可以连接对比句（属于并列复合句）。此时，句子结构是固定的，即 е́сли 所在的分句在前面，то 所在的分句在后面。翻译时，е́сли 不译，把 то 译成"而"。例如：

22) **Е́сли в нача́ле го́да «чёрное зо́лото» торгова́лось вы́ше $65 за ба́ррель, то уже́ в ма́рте котиро́вки ма́рки Brent проби́ли отме́тку в $30.**

年初，石油的销售价格每桶高于 65 美元，而到了 3 月，布伦特原油价格就跌到了 30 美元。

【原文释疑】

чёрное зо́лото：乌金（指石油或煤）。торгова́ться：被出售。котиро́вка：牌价。Brent：布伦特。ба́ррель：桶（英美容量单位）。

【译法分析】上例中，е́сли 连接的分句和 то 连接的分句，都表示实际存在的情形，两者之间是对比关系，不是主从关系，所以 е́сли 在这里不表示条件意味，不能用"如果""假如""要是"等词来翻译，用"如果说"倒是可以，但必须有个"说"字。上面这个译文没有翻译 éсли，先直接表达 éсли 连接的分句的内容，然后用"而"字连接 то 所连接的分句的内容，使得前、后句形成对比关系。

23) Но **éсли** на реáльную дохóдность рублёвых вклáдов окáзывает влияние лишь одúн фáктор — инфляция, **то** доходность валютных вклáдов завúсит как от ýровня цен, так и от курсовóй динáмики.

可是影响卢布存款实际收入的因素只有一个，即通货膨胀，<u>而</u>外币存款的收入取决于价格水平和汇率变化。

【原文释疑】

курсовóй：курс（汇率）的形容词。динáмика：〈文语〉动态。

五、其他用法的翻译

éсли 连接的从句，主句有时会以"то (éто) потóму, что"或者"то (éто) благодаря тому, что"与之接应。在这种情况下，从句表示某个事实，而主句则是解释这个事实发生的原因。这时，éсли 可以翻译成"如果说"或者"之所以"。例如：

24) **Éсли** Англия мóжет указáть в воéнной истóрии на сáмые блестящие кавалерúйские делá, **то** тóлько **благодаря томý**, что онá исторúчески развивáла в себé éту сúлу живóтных и людéй. (Л. Толстой, *Анна Каренина*)

<u>如果说</u>英国在军事史上可能举出最辉煌的骑兵战例，<u>那么只是因为</u>英国在历史上发展了这方面的力量，人和牲畜的力量。（李忠清、余一中　译）

【原文释疑】

кавалерúйский：骑兵的。живóтное：牲畜（这里指马）。

25) **Éсли** Ленингрáд не сдáли врагý, **то это благодаря тем**, кто пропáл без вéсти.

列宁格勒<u>之所以</u>没有落入敌人手中，<u>要归功于</u>那些失踪的人。

⚠ 本讲结语

在翻译 éсли 连接的从句时，最重要的是要根据上下文，准确理解从句与主句之间的逻辑关系，不能一概地用"如果"来翻译。而在翻译 éсли 连接的条件从句时，要特别注意现实条件句所包含的原因意义或让步意义的理解与传达。

✍ **翻译练习**

1. 翻译下列句子，注意 éсли 所表示的条件类型。

1) **Éсли вы тóчно имéет нуждý в деньгáх или в чём другóм**, то я готóв служи́ть сию́ мину́ту. (Н. Гоголь, *Ревизор*)

如果您真需要钱，或是别的什么东西的话，我马上可以为您效劳。（芳信　译）

说明：éсли 表示一般潜在条件，可译作"如果""假如"等。另外，句中 тóчно 是语气词、口语词，意思是"的确，真的"；сей 是一个旧词，意思是"这，此"；сию́ мину́ту 是固定短语，意思是"马上，立刻"。

2) **И éсли кри́зис бýдет усугубля́ться**, то товарооборóт ещё бóльше упадёт.

要是危机加深的话，贸易额还会进一步下滑。

说明：éсли 表示一般潜在条件，可译作"要是""如果"等。另外，句中 усугубля́ться 的意思是"加重，加深，更加厉害"；товарооборóт 的意思是"贸易（额）"。

3) **Éсли все стрáны провóдят откры́тую экономи́ческую поли́тику, то их ждёт совмéстное экономи́ческое процветáние, а éсли все провóдят закры́тую экономи́ческую поли́тику, то их ждёт экономи́ческий спад.**

各国经济，相通则共进，相闭则各退。

4) **Но éсли мы хоти́м получи́ть официáльный отвéт**, то должны́ обрати́ться с запрóсом в посóльство Респýблики Казахстáн в Москвé.

然而如果我们想得到正式答复，就应该找哈萨克斯坦驻莫斯科使馆。

说明：éсли 表示一般潜在条件，可译作"如果""假如"等。另外，句中 обрати́ться *кудá* с запрóсом *о ком-чём* 的意思是"向……查询……"。

5) — Онá чужáя емý?

— Да, но онá готóва вы́йти за негó зáмуж, **éсли тóлько э́то даст ей возмóжность остáться при нём**. (Л. Толстой, *Воскресение*)

"她不是他的亲属吗？"

"不是，不过她已经准备嫁给他了，只要这样能让她留下来照料他的话。"（汝龙　译）

说明：éсли тóлько 表示充分条件，译作"只要"。另外，句中 чужáя 作名词，意思是"外人"。

6) Курс до́ллара мо́жет заме́тно вы́расти, **то́лько е́сли бу́дут каки́е-то рециди́вы кри́зиса**.

<u>只要危机复发</u>，美元汇率就会明显上升。

说明：то́лько е́сли 表示充分条件，译作"只要"。另外，句中 рециди́в 的意思是"（不良现象、毛病等的）重发，再犯"。

7) Одна́ко вопро́с о примене́нии каки́х-либо мер [са́нкций] бу́дет рассма́триваться **то́лько в том слу́чае, е́сли поста́вки ору́жия действи́тельно произойду́т**.

然而有关采取制裁措施的问题，<u>只有真的出售武器了</u>，才会得到研究。

说明："то́лько в том слу́чае, е́сли"表示必需条件，译作"只有"。另外，句中 са́нкция 是法律术语，常用复数形式，意思是"制裁"。

2. **翻译下列句子，注意 éсли 表达虚拟条件的汉语翻译。**

1) — На про́шлой неде́ле умерла́ от ро́дов Анна, а **е́сли бы побли́зости был медици́нский пункт**, то она́ оста́лась бы жива́. (А. Чехов, *Дом с мезонином*)

"上个星期安娜难产死了，<u>如果附近有个诊疗所</u>，她就会活下来。"（汝龙 译）

说明：句中 ро́ды 是复数名词，意思是"分娩"。

2) Бог ве́дает, чем бы разреши́лась э́та схва́тка ме́жду двумя́ врага́ми, **е́сли бы Сипя́гин не прекрати́л её в са́мом нача́ле**. (И. Тургенев, *Новь*)

［译文一］<u>要不是西皮亚金一开始就把他们劝开</u>，真不知这两个仇人之间的争吵如何收场。（龚刚 译）

［译文二］天知道两个仇敌之间的这场争吵将如何收场，<u>幸亏西皮亚金在他们刚开火之时就出面加以制止</u>。（陆肇明 译）

说明：原文从句提供的是一个否定的虚拟条件。译文一用"要不是……"来表达，非常到位。译文二没有采取常规译法，而是把 е́сли бы не 译成"幸亏……"，同样表达了原文的意思。另外，句中 ве́дать 的意思是"知道，晓得"；схва́тка 用作口语词，意思是"争吵，口角"。

3) **Е́сли бы он тепе́рь пошевельну́лся и вы́дал своё прису́тствие**, э́то сто́ило бы ему́ жи́зни. (Б. Пастернак, *Доктор Живаго*)

<u>如果他现在动一下，暴露了自己</u>，就可能送命。（蓝英年、张秉衡 译）

说明：这句话也可译作"要是……就……了"的结构，如"要是他现在动一动，暴露了自己，那可就没命了"。另外，句中 пошевельну́ться 表示一次动作，意思是"动一下"。

3. 翻译下列句子，注意 е́сли 连接的现实条件句所包含的原因或让步等意义。

1) Но я счита́ю: е́сли проигра́л — уйди́, сформиру́й свою́ конце́пцию.

然而我认为，既然你输了，那就走吧，建立自己的理念去吧。

说明：е́сли 表示条件－原因意义，译作"既然"。另外，句中 конце́пция 的意思是"（系统的）见解，看法，观点"。

2) Но кака́я же она́ америка́нка, е́сли её оте́ц, Михаи́л Чумаче́нко, роди́лся в Донба́ссе в селе́ Зайци́вка, а её мать — под Ки́евом в селе́ Ли́пки?

［译文一］可是既然她的父亲米哈伊尔·丘马琴科出生在顿巴斯的宰齐夫卡村，母亲出生在基辅郊外的利普基村，那她哪里是个美国人啊？

［译文二］可她哪里是个美国人啊？要知道，她的父亲米哈伊尔·丘马琴科出生在顿巴斯的宰齐夫卡村，母亲出生在基辅郊外的利普基村。

说明：е́сли 连接的从句表示条件－原因意义，用来解释"她"根本不是美国人的原因。原文是一个反问句。译文一用通常的句式"既然……就……"来翻译，虽然可行，但是由于从句较长，稍稍冲淡了原句的反问语气。译文二作了调整，先将主句单独译成反问句，然后把 е́сли 译成"要知道"，使得后面的内容成为"她不是美国人"的证据，更好地传达了原文的意思。

3) — Да ведь е́сли он и убьёт вас, я его́ оправда́ю. (Б. Пастернак, *Доктор Живаго*)

"就是他把你们宰了，我也认为他无罪。"（蓝英年、张秉衡 译）

说明：е́сли 连接的从句表示条件－让步意义。上面这个译文使用了"就是……也……"的结构，表达了原文的让步意义。

4) По оце́нке Алексе́я Кудрина́, да́же е́сли из фо́нда извлеку́т 100 – 150 млрд, инфля́ция вы́растет на 1%.

据阿列克谢·库德林估计，就算从基金里取出 1000～1500 亿，通货膨胀仍然会增加 1%。

说明：е́сли 连接的从句表示条件－让步意义。另外，句中 извле́чь 的意思是"取出"。

5) — **Если б вы даже и умерли**, вы всё-таки вышли бы из вашего скверного положения. (И. Тургенев, *Мой сосед Радилов*)

"您就是死了，那也是走出了困境。"（**力冈 译**）

说明：éсли 连接的从句表示条件－让步意义。另外，скверный 在句中用作口语词，意思是"坏的，糟糕的"。

4. 翻译下列句子，注意 éсли 表达的对比关系。

1) Так, например, **если** в декабре 2003 года 34% россиян надеялись, что правительство сможет в ближайшее время добиться улучшения положения в стране, **то** в декабре 2004 такую надежду выражали 25%.

例如，2003 年 12 月，34%的俄罗斯人希望政府能在近期改善国内状况，而到了 2004 年 12 月，表达这种希望的人只有 25%。

2) **Если** в конце 1986 года национальный долг составлял 269 миллиардов долларов, **то** к концу 1987 года — 368 миллиардов, а к 1992 году — 3,5 триллиона долларов.

如果说 1986 年底国债是 2690 亿美元，那么 1987 年年底前为 3680 亿，而到 1992 年之前则是 3.5 万亿美元。

说明：句中 триллион 的意思是"万亿"。

3) **Если** раньше экономическое развитие Китая характеризовалось чрезмерной зависимостью от инвестиций и экспорта, **то** теперь оно всё больше опирается на внутренний спрос, в частности потребительский спрос.

中国经济发展正在从以往过于依赖投资和出口拉动向更多依靠国内需求特别是消费需求拉动转变。

чтóбы 连接的从句的翻译

↰ 本讲导言

чтóбы 连接的常见从句包括目的从句、说明从句、限定从句、限定－疏状从句等。翻译时，要准确理解 чтóбы 连接的从句的类型及其含义。

☀ 课前思考

1. чтóбы 除了可以译成"为了"之外，还有哪些译法？

   解答：чтóбы 翻译成"为了"，仅仅是它连接目的从句时的一种译法。除此之外，根据连接的从句的类型，如说明从句、限定从句、限定－疏状从句等，чтóбы 还有很多其他的翻译方法。

2. 下句中 чтóбы 的翻译是否恰当？为什么？

   Достáточно мáтери стрóго взгляну́ть, **чтóбы** сын пóнял, что сдéлал плóхо.

   母亲非常严厉地看了一眼，想让儿子明白他自己做错了。

   解答：不恰当。这是一个固定句型，意思是"只要……就……"。详细的解释可参看"技法学习"中的例 30。

📖 技法学习

作为连接词，чтóбы 可以连接不同类型的从句，还形成了一些固定的句型，具有各种各样的含义。翻译时，要结合上下文，准确把握 чтóбы 的含义，并根据汉语的习惯，用恰当的手段把它表达出来。

一、连接目的从句的翻译

чтóбы 连接目的从句可能是大家最熟悉的用法。根据从句所表达的目的意义的强弱，可以把 чтóбы 翻译成"为了""以（便）""要""让"等词语，有时也可译为"使""想""来""去"等表示目的意义的词。如果 чтóбы 连接的目的从句是否定句，可以把 чтóбы 和语气词 не 合译成"以免""免得""为了不"等形式。例如：

1) "Это дóлжен быть Врóнский", — подýмал Лéвин и, **чтоб убедúться в э́том**, взгляну́л на Ки́ти. (Л. Толстой, *Анна Каренина*)

   "想必这就是伏伦斯基了，"列文想道。<u>为了证实这一点</u>，他朝吉娣望了望。（力冈　译）

2) И профéссор тóтчас же приéхал, **чтóбы столковáться [с ним]**. (Л. Толстой, *Анна Каренина*)

   于是教授立即赶来，<u>要和他谈谈</u>。（力冈　译）

   【原文释疑】

   столковáться：〈口语〉商量好，商妥。

3) Этот вопрóс обсуждáется столéтиями. Тепéрь комáнда учёных из Великобритáнии и ЮАР применúла нóвый мéтод исслéдования, **чтóбы найтú отвéт**.

   这个问题讨论几百年了。如今，来自英国和南非的一个科学家团队采用新的研究方法，<u>以便找到答案</u>。

4) Онá взгляну́ла на мýжа, **чтоб узнáть, знáет ли он Врóнского**. (Л. Толстой, *Анна Каренина*)

   她向丈夫瞟了一眼，<u>想知道他是不是认识伏伦斯基</u>。（草婴　译）

5) Карéнина опя́ть вошлá в вагóн, **чтóбы простúться с графúней**. (Л. Толстой, *Анна Каренина*)

卡列尼娜又回到车厢里来同伯爵夫人道别。（李忠清、余一中　译）

6) Мне пона́добилось о́коло полуго́да, **что́бы подстро́иться к но́вой обстано́вке и менталите́ту ме́стных жи́телей.**

我需要大约半年时间来适应新环境和当地人的思维方式。

【原文释疑】

подстро́иться: *к чему́* 使自己……适应于。менталите́т: 思维方式。

7) Возвратя́сь в спа́льню, он заста́л свою́ жену́ в посте́ли и на́чал моли́ться шёпотом, **что́бы её не разбуди́ть.** (И. Тургенев, *Отцы и дети*)

回到卧室里，他看见妻子已经睡下，便轻轻地祷告，免得把她吵醒。（磊然　译）

【原文释疑】

возвратя́сь: возврати́ться 的副动词。

8) — Ка́жется, я всё де́лаю, **что́бы не отста́ть от ве́ка.** (И. Тургенев, *Отцы и дети*)

"为了不落后于时代，我似乎已竭尽全力。"（石枕川　译）

9) Ма́льчики тепе́рь не отпуска́ли его́ одного́ на у́лицу и всё следи́ли за ним, **что́бы он не упа́л.** (А. Чехов, *Анна на шее*)

现在男孩们不放他一个人上街去，总是跟着他，生怕他跌倒。（汝龙　译）

10) Фи́рма отказа́лась сотру́дничать с Росси́ей, **что́бы не попа́сть под са́нкции.**

这家公司拒绝与俄罗斯合作，以免受到制裁。

11) Ва́жно соблюда́ть определённые зако́ны, **что́бы не навреди́ть органи́зму.**

重要的是遵循一定的规律，免得损害身体。

【原文释疑】

навреди́ть: *кому́-чему́* 损害，使受损害。

二、连接说明从句的翻译

что́бы 在连接说明从句时，要根据主句中谓语的意义来灵活翻译，如"让""要""使"等，有时也可不译，把从句译成汉语兼语式中的主谓结构部分，或者译成分句形式。例如：

12) Зна́чит, на́до, **что́бы они́ его́ уви́дели, а он их вро́де не заме́тил?** (Б. Васильев, *А зори*

здесь тихие...)

就是说，应当让他们看见他，而他假装着没发现他们？（施钟　译）

13) Глáвное, **чтóбы э́то пошлó на пóльзу дéлу, чтóбы выпускáлись хорóшие фи́льмы, чтóбы там давáли дорóгу лю́дям талáнтливым.**

重要的是，这要对事业有利，要拍出好电影，要让那儿的人才有发展的道路。

14) Ей хотéлось, **чтóбы я ввёл её в óбласть вéчного и прекрáсного.** (А. Чехов, *Дом с мезонином*)

她希望我把她领到永恒和美的领域里去。（汝龙　译）

【译法分析】上面这个译文中，"希望我（把她）领到……"是兼语式结构，原文中的从句被翻译成这个结构中的主谓结构部分。此外，译文还可以使用"希望我领着（她进入）……"这样的兼语式结构。

15) Емý и в гóлову не приходи́ло, **чтóбы моглó быть чтó-нибудь дурнóе в егó отношéниях к Ки́ти.** (Л. Толстой, *Анна Каренина*)

他连想也没想过，在他跟吉娣的关系中会有什么不好的地方。（力冈　译）

【译法分析】上例中，原文如果翻译成汉语的兼语式，也是可以表达出来的，如"他压根儿没想到有什么不好的事情会在他跟吉娣的关系中发生"，但是这样的译文有点累赘。上面这个译文没有使用兼语式，而是将 чтóбы 连接的从句译成了分句，同样准确地表达了原文的意思。

16) Порфи́рий нетерпели́во ждал, **чтóбы прошёл Раскóльников.** (Ф. Достоевский, *Преступление и наказание*)

波尔菲里急不可耐地等着拉斯科利尼科夫走开。（非琴　译）

17) Онá реши́тельно не хóчет, **чтоб я познакóмился с её мýжем.** (М. Лермонтов, *Герой нашего времени*)

她坚决不让我和她丈夫结识。（冯春　译）

18) Плю́щенко бýдет настáивать, **чтóбы Косторнóй разреши́ли поменя́ть клуб в ви́де исключéния.**

普柳先科将坚持希望作为一个例外，准许科斯托尔娅更换俱乐部。

19) Гость кури́л у вхóда, и онá серди́то сказáла, **чтóбы он не вздýмал закури́ть на сеновáле.** (Б. Васильев, *А зори здесь тихие...*)

客人在门口抽烟呢。于是她气呼呼地说，在干草棚里可别抽烟。（施钟　译）

【原文释疑】

вздумать:〈口语〉（忽然）想要，打算。сеновал: 干草棚，干草房。

【译法分析】上例中，谓语动词是"说"，难以构成兼语式结构，所以上面这个译文将从句译成了分句，非常合理。

20) — Гла́вная зада́ча филосо́фии всех веко́в **состои́т** и́менно **в том, что́бы** найти́ ту необходи́мую связь, кото́рая существу́ет ме́жду ли́чным интере́сом и о́бщим. (Л. Толсто́й, *Анна Каренина*)

"千百年来哲学的主要任务就<u>在于</u>找到个人利益和公共利益之间存在的那种必然联系。"（李忠清、余一中　译）

【译法分析】上例是 что́бы 连接说明从句时常见的一种句子，它的基本结构是"состои́т (заключа́ется) в том, что́бы..."，通常翻译成"在于……""是要……""是……"等。

需要注意的是，当主句谓语是表示"害怕""担心""不安"等意义的动词，从句是由 что́бы не 连接时，что́бы не 的意思与 как бы не 同义，当中的 не 不表示否定。翻译时，方法同上，只是从句部分对应的译文必须是肯定的。例如：

21) Ему́ со́вестно бы́ло оставля́ть бра́та одного́ по це́лым дням, и он боя́лся, **что́бы брат не посмея́лся над ним за э́то.** (Л. Толсто́й, *Анна Каренина*)

他不好意思把哥哥一个人整天留在家里，而且他也<u>害怕哥哥因此而笑话他</u>。（李忠清、余一中　译）

【原文释疑】

посмея́ться *над кем-чем*：嘲弄，嘲笑。

【译法分析】上例中，原文从句中的 не 不表示否定意义，因此不能译成"（害怕）哥哥因此不笑话他"，否则意思就完全反了。

三、连接限定从句的翻译

что́бы 在连接限定从句时，主句中被限定的名词之前常有指示词 тако́й 修饰。翻译时，что́бы 可以省略不译，把从句译成汉语修饰语"……的"，或者译成汉语的分句。例如：

22) — Мы в дере́вне стара́емся привести́ свои́ ру́ки в тако́е положе́ние, **чтоб удо́бно**

было ими рабо́тать; для э́того обстрига́ем но́гти, засу́чиваем иногда́ рукава́. (Л. Толсто́й, *Анна Каренина*)

［译文一］"在乡下我们尽量使自己的手处在<u>能够用来干活</u>的状态。为此我们常常剪指甲，有时还卷起袖子。"（李忠清、余一中　译）

［译文二］"我们在乡下总是尽可能使自己的手<u>利落些</u>，<u>便于干活儿</u>。因此我们经常剪指甲，有时还卷袖子。"（**力冈**　译）

【原文释疑】

　　обстрига́ть：〈口语〉剪，剪掉。засу́чивать：卷起，卷上（袖子等）。

【译法分析】上例中，译文一将 чтобы 连接的从句译成了修饰语。译文二将主句中的 тако́е положе́ние 具体化翻译成"利落些"，并将从句译成分句，同样可行。

23）"Мы должны́ созда́ть тако́й режи́м, **чтобы да́льше [госуда́рственной] грани́цы подозри́тельные това́ры не пуска́ть**".

"我们应当建立一种制度，<u>使可疑商品过不了境。</u>"

四、连接限定－疏状从句的翻译

чтобы 连接的限定－疏状从句主要包括方式句、程度句等。它们的翻译方法基本相同：或者把从句译成带"得"字的程度补语，或者把从句译成汉语的分句。例如：

24）Пред отъе́здом в Москву́ она́ ... отдала́ моди́стке для переде́лки три пла́тья. Пла́тье ну́жно бы́ло так переде́лать, **чтоб их нельзя́ бы́ло узна́ть и они́ должны́ бы́ли быть гото́вы уже́ три дня тому́ наза́д.** (Л. Толсто́й, *Анна Каренина*)

在去莫斯科之前，她把三套衣裙交给时装裁缝去改做，她要求把衣裙改<u>得让别人认不出是改做的</u>，<u>三天前这些衣裙就应当改好的</u>。（李忠清、余一中　译）

【原文释疑】

　　моди́стка：〈旧〉（设计制作女衣、女帽的）女时装师。переде́лка：переде́лать（改做，改制）的动名词。

【译法分析】上例中，чтобы 连接的是方式句，里面包含两个句子。前一个句子被翻译成了带"得"字的程度补语，后一个句子被译成了汉语的分句。

25）— На́до бы так устро́ить жизнь, **чтобы ка́ждое мгнове́ние в ней бы́ло значи́тельно,**

— произнёс заду́мчиво Арка́дий. (И. Тургенев, *Отцы и дети*)

"应该好好地安排生活，使它的每一瞬间都过得有意义。"阿尔卡季深思地说。
（磊然 译）

【译法分析】上例中，что́бы 连接的是方式句。上面这个译文将方式句译成了分句。在译成分句时，通常要根据上下文，将主句中指示词 так 的具体意思揭示出来，如上例中的 так 就被具体化译成了"好好地"。

26) — Вы мне отвеча́ете так, **что́бы отде́латься от меня́**, потому́ что вы не име́ете никако́го дове́рия ко мне. (И. Тургенев, *Отцы и дети*)

"您这样回答我，无非是为了搪塞我，因为您一点不信任我。"（磊然 译）

【原文释疑】

　　отде́латься：〈口语〉*от кого́-чего́* 摆脱开。

【译法分析】上例中，что́бы 连接的是方式句。上面这个译文把从句处理成了分句，并把"так...，что́бы..."翻译成了"这样……是为了……"的结构。

27) Впро́чем, он никогда́ не быва́л так пьян, **что́бы теря́ть власть над собо́й**. (Л. Толстой, *Анна Каренина*)

［译文一］其实他从来没有醉得丧失自制力。（草婴 译）

［译文二］其实他从来没有醉到无法控制自己的地步。（力冈 译）

【译法分析】上例中，что́бы 连接的是程度句。在翻译程度句时，有人习惯使用"如此……以至于……"这样的结构。这当然是可行的，但并非每个程度句都要译成这种结构，否则翻译腔就会比较明显。上例中，译文一把从句译成带"得"字的程度补语，译文二则译成"到……地步"，都是可行的，要是译成"……如此的醉，以至于无法控制自己"，反倒有点啰嗦。

28) А боя́лся ли он высоты́ — нельзя́ сказа́ть, потому́ что не́ был он так пустоголо́в, **что́бы ла́зить на го́ры и́ли на ска́лы**. (А. Солженицын, *Раковый корпус*)

至于他怕不怕登高，这很难说，因为他不是那么没有头脑，会冒险去爬山或攀登悬崖峭壁。（姜明河 译）

【原文释疑】

　　пустоголо́вый：〈口语〉头脑糊涂的，没头脑的。

【译法分析】上例中，что́бы 连接的是程度句。上面这个译文将从句处理成了分句，并把"так...，что́бы..."译成"那么……会……"的结构。

五、带 чтóбы 的常见句型的翻译

带 чтóбы 的句型有很多，这里主要介绍几个常见句型的翻译方法。

（一）достáточно (недостáточно)..., чтóбы...

句型 "достáточно..., чтóбы..." 可译成 "足以……" "只要……就……"
等。"недостáточно..., чтóбы..." 可译成 "不足以……" "还不够……" 等。例如：

29) **Достáточно** бы́ло нéскольких долетéвших слов, **чтóбы** Юрий Андрéевич пóнял, что
услáвливаются о чём-то тáйном, противозакóнном. (Б. Пастернак, *Доктор Живаго*)

传到尤里·安德烈耶维奇耳朵里的几句话足以使他明白有几个人正在图谋不轨。

（蓝英年、张秉衡 译）

【原文释疑】

долетéть：（声音、气味、消息等）传到（某处）。услáвливаться：〈口
语〉商量。противозакóнный：违法的，不法的。

30) **Достáточно** мáтери стрóго взглянýть, **чтóбы** сын пóнял, что сдéлал плóхо.

［译文一］※母亲非常严厉地看了一眼，想让儿子明白他自己做错了。

［译文二］只要母亲严厉地看一眼，儿子就明白自己做得不好。

【译法分析】上例中，原文是一个固定句型。译文一把 чтóбы 连接的从句理解成
目的从句了，并不正确。译文二用 "只要……就……" 来翻译，准确地传达了原
文的意思。

31) Емý казáлось, что он **достáточно** научéн гóрьким óпытом, **чтóбы** называ́ть их
[жéнщин] как угóдно. (А. Чехов, *Дама с собачкой*)

他认为他已经受够了沉痛的经验教训，可以随意骂她们了。（汝龙 译）

【原文释疑】

научи́ть：教会。

【译法分析】原文 "достáточно..., чтóбы..." 所在句子的字面意思是 "他被痛苦的
经验教得足以……"，不过这样表达比较累赘。上面这个译文作了变通处理，
用 "（受）够……可以……" 来表达，简洁而又明了。另外，называ́ть их как
угóдно 的字面意思是 "随便怎么称呼她们"，上面这个译文根据原句所在的上下
文，将 называ́ть 引申翻译成 "骂" 了。

32) Конéчно, э́того **недостáточно**, **чтóбы** имéть прáво суди́ть о теáтре, но я скажý о нём

немного. (А. Чехов, *Скучная история*)

当然，这还<u>不足以</u>使我有权利评断戏剧，不过我还是想说几句。（汝龙 译）

（二）сли́шком..., что́бы...

这个句型中的从句表示否定意义，可以译成"太（十分、非常、很、过于）……不能（不会、无法、不宜）……""……得无法……"等。例如：

33) По́сле дождя́ бы́ло **сли́шком** мо́кро, **что́бы** идти́ гуля́ть. (Л. Толстой, *Анна Каренина*)

雨后地面<u>太</u>湿，<u>不能</u>出去散步。（草婴 译）

34) Си́львио был **сли́шком** умён и о́пытен, **что́бы** э́того не заме́тить и не уга́дывать тому́ причи́ны. (А. Пушкин, *Выстрел*)

西尔维奥是个<u>非常</u>精明和老练的人，<u>不可能</u>看不出这一点，也<u>不可能</u>猜不出其中原因。（力冈 译）

35) Всё э́то ка́жется лёгким, но без зна́ния языка́ зада́ча усложня́лась в не́сколько раз. Мой у́ровень кита́йского тогда́ был **сли́шком** ни́зким, **что́бы** поня́тно изъясня́ться.

这一切看似简单，但不懂语言，事情就难了好几倍。我的汉语水平那时<u>太</u>低了，<u>无法</u>讲清楚。

【原文释疑】

　　изъясня́ться：说明意思；（用某种语言）说，谈话。

（三）на́до (ну́жно) быть..., что́бы...

这个句型通常译作"只有……才能（会）……""除非……才……"等结构。例如：

36) — Вы сме́лый челове́к, Жо́зеф Я́ковлевич, — сказа́л Ма́лышев. — **На́до быть** сме́лым и му́жественным, **что́бы** назва́ть тако́й срок.

"约瑟夫·雅科夫列维奇，您是一个勇敢的人，"马雷舍夫说道，"<u>只有</u>勇敢、刚毅的人<u>才会</u>说出这样的期限。"

37) **Ну́жно быть** нече́стным и́ли сли́шком легкомы́сленным, **что́бы** пода́ть вам хотя́ бы ка́плю наде́жды на успе́х. (А. Чехов, *Русский уголь*)

<u>只有</u>不诚实的或者过于轻率的人，<u>才能</u>让您觉得这件事会有一丝一毫成功的希望。（汝龙 译）

【原文释疑】

ка́пля:〈转，口语〉*чего́* 少许，一点点。

㈣ **вме́сто того́, что́бы...**

这个句型具有否定从句内容、肯定主句内容的意义，可译成"没有（不）……而是……""不但不……反而……""本应……可是却……"等结构形式。例如：

38) **Вме́сто того́ что́бы** идти́ в гости́ную, из кото́рой слышны́ бы́ли голоса́, он останови́лся на терра́се и, облокоти́вшись на пери́ла, стал смотре́ть на не́бо. (Л. Толсто́й, *Анна Каренина*)

他没有到传来说话声的客厅去，而是在凉台上站住，倚在栏杆上，仰望着天空。

（李忠清、余一中　译）

【原文释疑】

облокоти́ться: 靠着，倚着，倚靠。

39) Серге́й Ива́нович Ко́знышев хоте́л отдохну́ть от у́мственной рабо́ты и, **вме́сто того́ чтоб** отпра́виться, по обыкнове́нию, за грани́цу, прие́хал в конце́ ма́я в дере́вню к бра́ту. (Л. Толсто́й, *Анна Каренина*)

谢尔盖·伊凡诺维奇·柯兹雪夫想休息一下脑力，却没有像往常那样出国，而是在五月底来到乡下弟弟家里。（力冈　译）

40) Получа́я разли́чные вы́платы от федера́льных власте́й и власте́й отде́льных шта́тов, америка́нцы **вме́сто того́, что́бы** аккумули́ровать э́ти де́ньги на чёрный день, мгнове́нно тра́тят их.

美国人收到联邦政府和一些州政府发的各种钱后，不是把这些钱攒起来以备不时之需，而是立刻花掉。

【原文释疑】

вы́плата: 支付，发。аккумули́ровать: 积蓄，积累。чёрный: 困难的（指日子、时间）。

㈤ **на то и..., чтоб (что́бы)...**

这是一个熟语性结构的口语句型。主句的核心是"на то（＋主语）＋и＋名词谓语"，从句固定后置，由"чтоб (что́бы)＋不定式"组成，表示最典型、最重要的职责（指人）或用途（指物）。这类句型可译为"是……就该……""……嘛，就是用来……的"等。例如：

41) **На то** он **и** врата́рь, **что́бы** исправля́ть оши́бки защи́тников.

他是守门员，就该纠正后卫的错误。

【原文释疑】

врата́рь：〈运动〉守门员。защи́тник：〈运动〉后卫。

42) **На то и** фо́рум, **что́бы** обме́ниваться мне́ниями.

论坛嘛，就是用来交流看法的。

【原文释疑】

фо́рум：（网络）论坛。

43) Фильм хоро́ший, я счита́ю, снят добро́тно, коне́чно, не без переги́бов, но **на то** оно́ **и** кино́, **что́бы** зри́тель смотре́л.

电影很好，我觉得拍得很棒，当然也有些过火的地方，但是电影嘛，就是让观众看的。

【原文释疑】

добро́тно：质量好。переги́б：〈转〉过火，偏激，极端。кино́：〈口语〉电影，影片。

本讲结语

что́бы 含义丰富，用法广泛，每一种用法既有基本翻译方法，也有其他处理方式，要根据上下文来定。只有吃透 что́бы 在具体语境中的含义，才能在基本译法的基础上进行灵活处理。

翻译练习

1. 将下列句子翻译成汉语，注意 что́бы 连接的目的从句的翻译。

1) **Что́бы сохрани́ть свои́ посты́**, изра́ильскому и палести́нскому ли́дерам придётся развива́ть ми́рный проце́сс.

为了保住各自的位子，巴以双方领导人将不得不推进和平进程。

2) **Для тогó чтóбы отвозúть тудá детéй**, райóнные влáсти вы́делили автóбусы.

为了把孩子们送到那儿，区政府派了几辆大轿车。

说明：отвозúть 的意思是"（用交通工具）运送到"。

3) Я началá снимáться с восьмú лет, и мáма дéлала всё возмóжное, **чтóбы я моглá продолжáть занимáться тем, что любúла бóльше всегó.**

我从 8 岁开始拍电影。妈妈竭尽全力，以便我能继续做我最爱做的事情。

说明：снимáться 在句中的意思是"（担任某一角色）演电影（电视片）"。

4) Правúтельство сдéлало всё возмóжное, **чтóбы обеспéчить нормáльное проведéние вы́боров.**

政府做好了一切准备，以保障选举正常进行。

5) Нáдо провестú инвентаризáцию страны́, **чтóбы мы знáли, что имéем.**

应当清点一下国家资产，好让我们知道自己有什么。

说明：инвентаризáция 在句中的意思是"清点，盘存"。

6) Стóроны должны́ прилагáть совмéстные усúлия для скорéйшей реализáции плáна, **чтóбы послéдующее десятилéтие стáло ещё бóлее я́рким в истóрии китáйско-европéйских отношéний.**

双方应该一道努力，尽早把蓝图变为现实，让未来 10 年的中欧关系更加美好。

7) Он подъéхал к бесéдкам в сáмое вы́годное врéмя для тогó, **чтóбы не обратúть на себя́ ничьегó внимáния.** (Л. Толстой, *Анна Каренина*)

为了不引起任何人的注意，他在最恰当的时候，才驱车来到那些凉亭前面。（李忠清、余一中　译）

8) И, **чтóбы не заплáкать**, онá отвернýлась и вы́шла из гостúной. (А. Чехов, *Ионыч*)

她掉转身去，走出休息室，免得自己哭出来。（汝龙　译）

说明：гостúная 在句中作名词，意思是"休息室，接待室"。

2. 将下列句子翻译成汉语，注意 чтóбы 连接的说明从句的翻译。

1) Емý хотéлось, **чтóбы Лéвин был вéсел.** (Л. Толстой, *Анна Каренина*)

他想让列文快活快活。（力冈　译）

2) Желáтельно, **чтóбы при рабóте над проéктом федерáльного бюджéта на 2006 год дáнная проблéма былá окончáтельно решенá.**

希望在制订 2006 年联邦预算草案时，这个问题能得到彻底解决。

3) Ну́жно, **что́бы в ми́ре бы́ло бо́льше дви́жущих сил мирово́го экономи́ческого ро́ста.**

需要有更多国际力量来推动世界经济的增长。

4) Пре́жде всего́, я хочу́, **что́бы всё прошло́ гла́дко.**

首先，我希望一切进展顺利。

5) Созда́ние тако́й мирово́й эконо́мики тре́бует, **что́бы стра́ны-чле́ны «Гру́ппы двадцати́» подде́рживали ме́жду собо́й бо́лее те́сные отноше́ния экономи́ческого партнёрства и возлага́ли на себя́ до́лжную отве́тственность.**

塑造这样的世界经济，需要二十国集团各成员建设更加紧密的经济伙伴关系，肩负起应有的责任。

说明：Гру́ппа двадцати́：二十国集团（G20）。

6) Встре́тил [он] их, предупреди́л, **чтоб пома́лкивали,** и про кисе́т спроси́л. (Б. Васильев, *А зори здесь тихие...*)

他一看见她们，先警告她们不要出声，紧接着就要烟荷包。（施钟 译）

说明：пома́лкивать 的意思是"不做声，不说话"；кисе́т 的意思是"（装烟丝、烟斗、火柴等的）烟荷包"。

7) Пото́м он позвони́л и сказа́л, **что́бы ему́ принесли́ ча́ю.** (А. Чехов, *Дама с собачкой*)

后来他摇铃，吩咐送茶来。（汝龙 译）

说明：句中 позвони́ть 用作旧义，意思是"按（摇）铃召唤来"。

8) Еди́нственное сре́дство вы́йти из э́того положе́ния **состоя́ло в том, что́бы** уе́хать. (Л. Толстой, *Воскресение*)

摆脱这种局面的唯一办法就是一走了事。（汝龙 译）

9) Тепе́рь она́ боя́лась, **что́бы Вро́нский не ограни́чился одни́м уха́живаньем за её до́черью.** (Л. Толстой, *Анна Каренина*)

现在，她害怕的是弗龙斯基只是向她女儿献献殷勤。（李忠清、余一中 译）

说明：уха́живание 是 уха́живать 的动名词，在句中的意思是"（向女性）献殷勤"。

3. 将下列句子翻译成汉语，注意 что́бы 连接的限定从句的翻译。

1) Спусти́лся [он] пони́же. Вы́брал месте́чко, **чтоб и песо́к был, и вода́ глубо́кая, и кусты́**

кругóм. (Б. Васильев, *А зори здесь тихие...*)

他朝下走，找了一个有沙滩、水深，四周都是矮树丛的地方。（施钟　译）

2) — Да рáзве вы не слыхáли? Был такóй укáз, **чтоб прáпорщиков вóвсе нé было**. (А. Чехов, *Упразднили!*)

"难道您没听说吗？有过一道命令，宣布准尉这个官衔完全不用了。"（汝龙　译）

说明：这句话中的从句如果译作修饰语，可以是"有过一道宣布准尉这个官衔根本不用了的命令"。上面这个译文将从句译作分句，表达上更加简练。另外，句中 укáз 的意思是"命令"；прáпорщик 指"（旧俄陆军）准尉"。

4. **将下列句子翻译成汉语，注意 чтóбы 连接的限定－疏状从句的翻译。**

1) Алексéй Алексáндрович сел в карéту и углубúлся в неё так, **чтóбы не видáть и не быть вúдимым**. (Л. Толстой, *Анна Каренина*)

［译文一］卡列宁坐上马车，坐得很深，使自己看不见人，人家也看不到他。（草婴　译）

［译文二］卡列宁坐上马车，坐到尽里面，这样他就看不到人，别人也看不到他了。（力冈　译）

说明：чтóбы 连接的是方式句，上面两个译文都将从句译成了分句，并且都将主句中的指示词 так 作了具体化处理："很深"和"尽里面"。另外，句中 карéта 的意思是"四轮轿式马车"，Алексéй Алексáндрович 指 Карéнин。

2) Нóвый швейцáрский автомобúль чýвствует своегó владéльца и постоя́нно подстрáивается так, **чтóбы успокáивать егó**.

瑞士一款新车能感觉到自己的主人，并能不断自我调整，使得主人舒服自在。

说明：чтóбы 连接的是方式句。另外，句中 владéлец 的意思是"占有者；物主"。подстрáиваться 的意思是"使自己适应于……"。

3) Дéло нéсколько улýчшилось, но не настóлько, **чтóбы мóжно бы́ло сказáть: проблéма решенá**.

事情有些好转，但是还没好到可以说"问题解决了"的程度。

说明：чтóбы 连接的是程度句，从句可以用"（好）到……程度"来表达。

4) — Я не знáю, наскóлько в душé твоéй есть ещё любвú к нему. Это ты знáешь, —

наст0лько ли есть, **чт0бы м0жно бы́ло прости́ть**. Если есть, то прости́! (Л. Толстой, *Анна Каренина*)

"我不清楚，你心里还存留着多少对他的爱情。这只有你知道，是否还有<u>足够的爱情来宽恕他</u>。如果有，那就宽恕吧！"（李忠清、余一中　译）

说明：чт0бы 连接的是程度句。"наст0лько..., чт0бы..."的字面意思是"……到这种程度，以至于……"。上面这个译文没有采用这种结构，而是换了一个说法，更加有利于原文意思的传达。

5.　将下列句子翻译成汉语，注意带 чт0бы 的句型的翻译。

1) Це́ны на нефть, хотя́ и пони́зились в после́днее вре́мя, остаю́тся **доста́точно** высо́кими, **чт0бы** обеспе́чить Росси́и постоя́нный прито́к нефтедо́лларов.

石油价格最近虽然降了，但仍然很高，<u>足以</u>保障俄罗斯有源源不断的石油美元收入。

说明：прито́к 在句中的意思是"（大量）流入，涌入"；нефтедо́ллар 的意思是"石油美元"，指出售石油而获得的美元。

2) Неуже́ли э́того **недоста́точно, чт0бы** относи́ться к нему́ снисходи́тельно? (А. Чехов, *Дуэль*)

难道这还<u>不足以</u>使人用宽容的态度对待他吗？（汝龙　译）

说明：снисходи́тельно 的意思是"宽容地"。

3) У него́ **недоста́точно** о́пыта, **чт0бы** возглавля́ть гига́нтское полице́йское управле́ние.

他的经验还<u>不够</u>领导庞大的警察局。

4) Я **сли́шком** был сча́стлив, **чтоб** храни́ть в се́рдце чу́вство неприя́зненное. (А. Пушкин, *Капитанская дочка*)

我<u>太</u>幸福了，心里<u>没办法</u>保留敌意了。（力冈　译）

说明：неприя́зненный 的意思是"不友好的，没有好感的"。

5) "**Чт0бы** люби́ть её, **ну́жно быть** и́ли мной, и́ли сумасше́дшим, что, впро́чем, одно́ и то же". (А. Чехов, *Он и она*)

"<u>必得</u>是我，或者是疯子，<u>才会</u>爱她，不过呢，我也就是疯子。"（汝龙　译）

说明：这个句子中，что 连接的是接续从句，用来代替前面主句"ну́жно быть и́ли мной, и́ли сумасше́дшим"，что 可译成"这"。从句的字面意思是"不过呢，这是一回事"。上面这个译文在这儿稍微作了调整，表达成了"我也就是疯子"，并没有违背原文的意思。

6) Ки́ти, **вме́сто того́ что́бы** вы́йти из ко́мнаты, как намерева́лась, се́ла у две́ри и, закры́в лицо́ платко́м, опусти́ла го́лову. (Л. Толстой, *Анна Каренина*)

她［吉蒂］没有像她本来打算的那样走出房间，而是在房门旁坐了下来，用手帕捂着脸，低下了头。（李忠清、余一中　译）

说明：намерева́ться 的意思是"打算，想"。

7) — А я, **вме́сто того́ что́бы** е́хать отыска́ть его́, пое́хал обе́дать и сюда́. (Л. Толстой, *Анна Каренина*)

"而我没有去找他，却去吃饭，又到这儿来。"（草婴　译）

说明：句中的 и 是并列连接词（"和、与"），不是起加强语气作用的语气词（"甚至"或者"也"）。

8) **На то и** обя́занности, **что́бы** их выполня́ть.

义务嘛，就是用来履行的。

9) **На то вы и** смельчаки́, **что́бы** не боя́ться никаки́х приме́т и неожи́данностей.

你们是胆子大的人，就该不怕任何迷信兆头和意外情况。

说明：смельча́к 的意思是"大胆的人"；приме́та 在句中指"（迷信中的）预兆，兆头"。

长难句的翻译

📤 本讲导言

　　长难句之所以在翻译中会造成困难，是因为它结构复杂，当中附加成分多，各种短语多，各种从句多，修饰关系复杂。前面 5 讲里，我们介绍了几种短语和从句的翻译，这是翻译长难句的基础，但并不是全部。要翻译好长难句，先要准确理解句中各个组成部分的含义、它们之间的语法关系和逻辑关系，然后根据汉语的表达习惯，选择恰当的翻译方法，将原文的意思用汉语准确、清晰、流畅地表达出来。这一讲主要介绍长难句翻译的基本方法。

💡 课前思考

　　1. 你在翻译实践中有没有遇到过长难句？你是如何处理的？

　　解答：翻译长难句的基本思路是：分析清楚原文的语法关系，领会原文的叙述思路，表达时先尝试运用顺序法，或在顺序法的前提下进行适当微调。如果原文内容明显有主次之分，那么可采用分译法。只有当原文叙述思路与汉语表达习惯完全相反时，才使用逆序法来翻译。

技法学习

根据俄语长难句中各个组成部分在翻译成汉语后，其位置是否变动以及变动的方式，长难句的翻译包括以下几个基本方法：顺序法、调位法、逆序法和分译法。翻译长难句时，一般先用顺序法。如果遇到顺序法难以解决的问题，可利用调位法进行微调。对于内容包含有主有次的句子，可采取分译法，按先主后次或先次后主的方式进行翻译。至于逆序法，只有原文的叙述思路与汉语完全相反时才会使用，实际运用的机会并不多。

一、顺序法

有些俄语长句虽然附加成分较多，但是叙述的思路与汉语表达习惯大体相同。这时，可以利用顺序法来翻译，保留原文各组成部分的位置，由前到后，顺序而下，必要时，可加上适当的词语，以使句子和句子之间语气连贯，上递下接。例如：

1) Подъезжа́я ко двору́[①], Чи́чиков заме́тил на крыльце́ самого́ хозя́ина[②], кото́рый стоя́л в зелёном сюртуке́[③], приста́вив ру́ку ко лбу в ви́де зо́нтика над глаза́ми[④], что́бы рассмотре́ть полу́чше подъезжа́вший экипа́ж[⑤]. (Н. Гоголь, *Мёртвые души*)

奇奇科夫驱车走近大院的时候[①]，看到主人恰好站在台阶上[②]，身穿绿毛料外套[③]，把手弯成伞状，贴在前额遮着阳光[④]，以便更清楚地分辨出远处驶来的马车[⑤]。

（陈殿兴、刘广琦　译）

【原文释疑】

сюрту́к：（旧日欧洲男子上身穿的）常礼服（双排扣，紧腰，长底襟）。

приста́вить：把……紧贴……。экипа́ж：轻便马车。

【译法分析】上例中，原文是一个带限定从句的主从复合句。①②部分构成主句，③④⑤部分属于кото́рый连接的限定从句。主句中，副动词短语①相对于②当中的谓语动词заме́тил而言，具有时间意义。从句中，副动词短语④相对于③中谓语动词стоя́л而言，起次要谓语作用，并含有一个что́бы连接的目的从句⑤。原文叙述脉络清晰，和汉语的表达习惯差不多。上面这个译文便利用顺序法，按照原文的顺序进行了翻译。需要注意的是，由于кото́рый连接的从句不起纯限定作用，而只起扩展叙述作用，因此不必译成修饰语，可以翻译成分句形式，кото́рый 可译成"主人""他"，也可以像上面这个译文那样，利用汉语意合的特点，省略不译。

2) Для ку́рса до́ллара на у́ровне 27,5 рубля́^① ну́жно^②, что́бы е́вро сто́ил 1,5 до́ллара^③, что навря́д ли случи́тся^④, поско́льку вы́зовет огро́мные пробле́мы для эконо́мики Евро́пы^⑤.

要使美元汇率达到 27.5 卢布^①，就需要^②1 欧元能兑换 1.5 美元^③。这不见得会发生^④，因为会给欧洲经济造成巨大问题^⑤。

【原文释疑】

навря́д ли：［语气］〈俗〉未必，不一定，不见得。

【译法分析】上例中，原文是一个带说明从句的主从复合句。①②部分构成主句，③④⑤部分构成由 что́бы 连接的说明从句。主句中，①是状语，②是谓语。从句中，存在一个由 что 连接的接续从句④⑤，而这个接续从句中又包含一个由 поско́льку 连接的原因从句⑤。虽然原文是一个多项复句，但是叙述思路与汉语习惯大体相同。上面这个译文，将主句中的状语①翻译成一个小句，将主句中的谓语②与从句主干部分③合译成一个小句。接着依次而下，不需要调整④⑤部分的次序，就将整个句子翻译了出来。这是顺序法运用的结果。

3) Он до того́ был сбит и спу́тан^①, что, уже́ придя́ домо́й^② и бро́сившись на дива́н^③, с че́тверть часа́ сиде́л^④, то́лько отдыха́я^⑤ и стара́ясь хоть ско́лько-нибудь собра́ться с мы́слями^⑥. (Ф. Достоевский, *Преступление и наказание*)

他是那么心烦意乱，那么困惑不解^①，回到家里^②，倒在沙发上^③，就这样坐了一刻钟的样子^④，只不过是在休息^⑤，竭力想让思想多少集中起来^⑥。（非琴 译）

【原文释疑】

сбит：сбить（使慌神，使不知所措）的被动形动词短尾。спу́тан：спу́тать（〈口语〉弄糊涂，使迷乱）的被动形动词短尾形式。собра́ться：（*с чем* 或无补语）集中精力、思想、意志等，собра́ться с мы́слями 指"集中思想"。

【译法分析】上例中，原文是一个带限定－疏状从句的主从复合句。①构成主句，②③④⑤⑥部分构成由 что 连接的限定－疏状从句（程度句）。从句中，相对于主要部分④中的谓语动词 сиде́л 而言，②③两个副动词短语具有时间意义，是先发生的动作；⑤⑥两个副动词短语起次要谓语的作用，并含有目的意味。上面这个译文运用了顺序法，将主句①译成了两个小句，将②③两个副动词短语分别译成小句，将从句主干部分④译成一个小句，再将⑤⑥两个副动词短语各译成一个小句，并且排列顺序也与原文完全相同，意思准确，行文流畅。

二、调位法

　　俄语中有些长难句，完全采用顺序法可能难以翻译。这时，可尝试运用调位法，根据原文的内容及其逻辑关系和重点，调整句子中某些部分的位置，按照汉语的习惯进行重新组合。必要时，可添加一些起衔接作用的词语，以实现句子间的连贯。例如：

4) Де́ло в том①, что лю́ди②, да́же са́мые у́мные③, мо́гут пове́рить клевете́④, е́сли она́ маскиру́ется в оде́жды пра́вды⑤.

原因在于①如果诽谤披上真理的外衣⑤，那么不管是谁②，就算是最聪明的人③也会信以为真④。

【原文释疑】

клевета́：诬蔑，中伤，诽谤。маскирова́ться：穿假面化装服。

【译法分析】上例中，原文是一个带说明从句的主从复合句。что 连接的说明从句又包含一个由 е́сли 连接的条件从句。如果利用顺序法，可能会译成"原因在于一些人，即使是最聪明的人，可能会相信诽谤，如果它披上真理的外衣的话"，虽然也能基本传达原文的意思，但是表达上略有生硬之感。上面这个译文采取了调位法，将条件从句⑤的位置作了调整，更符合汉语的表达习惯。

5) Анна непохо́жа была́ на све́тскую да́му и́ли на мать восьмиле́тнего сы́на①, но скоре́е походи́ла бы на двадцатиле́тнюю де́вушку② по ги́бкости движе́ний, све́жести и установи́вшемуся на её лице́ оживле́нию, выбива́вшемуся то в улы́бку, то во взгляд③, е́сли бы не серьёзное, иногда́ гру́стное выраже́ние её глаз, кото́рое поража́ло и притя́гивало к себе́ Ки́ти④. (Л. Толстой, *Анна Каренина*)

安娜不像上流社会的贵夫人，也不像是有个八岁孩子的母亲①。要不是她眼睛里有一种使吉娣吃惊和倾倒的既严肃又时而显得忧郁的神情④，凭她动作的轻灵，模样的妩媚，以及忽而通过微笑忽而通过目光流露出来的勃勃生气③，她看上去很像一个二十岁的姑娘②。（草婴　译）

【原文释疑】

све́тский：（资产阶级）上流社会的。ги́бкость：ги́бкий（柔软的，柔韧的）

的名词。свéжесть：容光焕发，面色红润，气色好。оживлéние：оживи́ться（〈面部表情〉变得更活泼）的名词。выбивáться：流出。притя́гивать：吸引。

【译法分析】上例中，原文是一个繁化简单句，含有两个同等谓语，即непохóжа былá 和 походи́ла，并通过对别连接词 но 实现连接。其中，后一个述谓结构是一个带条件从句的主从复合句，éсли 连接的从句④中又包含一个 котóрое 连接的限定从句。整个这句话的表达顺序与汉语习惯不尽相同，又不是完全相反，所以采取顺序法不易表达，逆序法也难以使用，并且全句的内容也没有明显的主次之分，所以分译法也用不上。上面这个译文采取了调位法：先将原文④，即 éсли 连接的条件从句置于①之后；再将原文③，也就是带有 по 的较长的前置词短语（当中含一个形动词短语），放在原文②，即第二个述谓结构之前；最后翻译原文②的内容。这使得原文四个部分的排列顺序变成了①④③②，从而更符合汉语的表达习惯。

三、分译法

俄语中有些长句之所以会长，是因为"枝节"较多。这些"枝节"相对于句子"主干"而言，是附加的、补充说明的内容，相对次要一些。遇到这类长句，可运用分译法，将句子的主要部分和次要部分分开处理，并根据上下文连贯性的要求，或先次后主，或先主后次。必要时，可添加一些词语，以便保持句子之间的连贯性。例如：

6) Несмотря́ на то что① ещё в а́вгусте② спрос на мета́лл [зóлото] упа́л③, так как инвéсторы посчита́ли④, что пора́ фикси́ровать при́быль⑤, очеви́дная сла́бость дóллара вновь подняла́ котирóвки⑥.

早在 8 月份②，由于投资者认为④该确定收益了⑤，黄金的需求就下降了③。尽管①如此，美元明显疲软重又抬高了金价⑥。

【原文释疑】

　　фикси́ровать：确定。котирóвка：牌价，行市。

【译法分析】上例中，原文是一个带让步从句的主从复合句。主句是⑥，①②③④⑤构成从句部分，当中包含 так как 连接的原因从句④⑤，其中⑤是这个原因从句中所包含的由 что 连接的说明从句。翻译时，如果仍然按照"虽然……但是……"的结构来表达，会因从句部分"枝节"较多而难以分清主次。

上面这个译文采取了分译法：先将从句部分的①，即连接词 несмотря на то что 不译，而将其他内容，即②③④⑤部分单独译出，然后再来翻译①，并添加"如此"一词来替代前面的内容，最后把主句⑥翻译出来。这样，译文中的②④⑤③形成次要部分，译文①⑥构成主要部分，先次后主，层次分明，重点突出。

7) Он [Грушни́цкий] из тех люде́й①, кото́рые на все слу́чаи жи́зни име́ют гото́вые пы́шные фра́зы②, кото́рых про́сто прекра́сное не тро́гает③ и кото́рые ва́жно драпиру́ются в необыкнове́нные чу́вства, возвы́шенные стра́сти и исключи́тельные страда́ния④. (М. Лермонтов, *Герой нашего времени*)

有些人不管遇到什么场合，总能发表一些冠冕堂皇的套话②，纯朴美好的事物不能打动他们的心③，他们却能一本正经地装出一副天生具有非凡的情操、崇高的志向和受苦受难的样子④，格鲁什尼茨基就是这样一个人①。（冯春 译）

【原文释疑】

прекра́сное：［用作名词］美。ва́жно：妄自尊大地，傲慢地。драпирова́ться：披上（宽大的衣服等）；〈转〉装作……样子。возвы́шенный：〈转，雅〉高尚的，崇高的。исключи́тельный：特殊的，异常的，罕见的。

【译法分析】上例中，原文是一个带限定从句的主从复合句。кото́рые 连接的限定从句起纯限定作用，通常应当译作定语，然而原文中有三个 кото́рый 连接的限定从句，如果翻译成"他属于……人当中的一个"，那么三个从句所形成的定语就会过于庞杂，难以卒读。上面这个译文使用了分译法：先把②③④这三个从句单独翻译出来，然后再来翻译主句①，并通过添加"这样"一词，实现和上文的衔接。译文形成先次后主的顺序，思路清晰，结构合理。对于上例这种情况，也有人会译成"他是这样一种人，他们……"的结构，这也是可行的。

四、逆序法

俄语中有些长句的叙述思路与汉语表达习惯完全相反，翻译时如果采取顺序法，就很难准确而清晰地表达原文意思。这时，可使用逆序法，打破原文的叙述顺序，由后向前，将组成长句的各个部分重新排列成文，必要时，可以添加一些词语，增强前后句的连贯性。例如：

8) Пребыва́ние Черномо́рского фло́та Росси́йской Федера́ции на украи́нской террито́рии противоре́чит национа́льным интере́сам[1], заяви́л глава́ Слу́жбы безопа́сности Украи́ны Алекса́ндр Турчи́нов в четве́рг в эфи́ре украи́нского телеви́дения[2], сообща́ет "Интерфа́кс"[3].

据国际文传电讯社报道[3]，乌克兰安全局局长亚历山大·图尔钦诺夫星期四在乌克兰电视上称[2]，俄罗斯联邦的黑海舰队在乌克兰境内逗留，损害了乌克兰国家利益[1]。

【原文释疑】

пребыва́ние：пребыва́ть（逗留）的名词。Черномо́рский флот：黑海舰队。противоре́чить *кому́-чему́*：相矛盾，相抵触。Интерфа́кс：国际文传电讯社。

【译法分析】上例中，原文是一则新闻，由三个句子构成。句子①是新闻的主要内容，句子②指出句子①是谁说的，而句子③则是这则新闻的来源。汉语在报道新闻时，消息来源通常置于消息本身的前面，所以原文中的③翻译成汉语后，要放在开头。这样一来，原文②这一部分也要相应地调到①之前，否则译文会很别扭。可见，要翻译好这则新闻，需要将原文这三句话的顺序完全颠倒过来，以符合汉语的表达习惯。这便是逆序法使用的结果。

9) Подгото́вка опера́ции осложня́лась тем[1], что ни на мину́ту нельзя́ бы́ло ослабля́ть внима́ния к оборо́не го́рода[2]: враг продолжа́л здесь я́ростные ата́ки[3].

敌人继续在这里猛烈攻击[3]，城市防御一刻也不能放松[2]，战役准备因此变得复杂起来[1]。

【原文释疑】

я́ростные：猛烈的。

【译法分析】上例原文中，第①部分（战役准备变得复杂起来）是结果，其原因是第②部分（城市防御一刻也不能放松），而造成第②部分的原因是第③部分（敌人继续在这里猛烈攻击）。也就是说，第②部分既是第①部分的原因，也是第③部分的结果。全句的逻辑是"结果——原因/结果——原因"。对于这种包含多重因果关系的句子，如果像原文那样，把原因都放在结果后面，不太符合汉语的习惯，因此可以按先因后果顺序进行调整。

本讲结语

> 　　长难句的翻译是俄汉翻译中的难点。要翻译好长难句，前提是要吃透原句的意思，理清句中各成分、各部分之间的语法关系和逻辑关系，抓住原文叙述的脉络，分清主次，明确重点，再根据汉语表达习惯，选取恰当的翻译方法将原文表达出来：或顺序法，或调位法，或分译法，或逆序法。无论采用哪种方法，目的都是为了使译文层次分明，语气连贯，重点突出，意思完整。

翻译练习

1. 试用顺序法将下列句子翻译成汉语。

1) Одна́ко мно́гие же́нщины, попро́бовавшие тако́й труд до́ма, говоря́т, что э́то тяжёлый хлеб — для того́ что́бы зарабо́тать да́же небольши́е де́ньги, потре́буется гора́здо бо́льше уси́лий, чем при рабо́те в о́фисе.

然而很多尝试这种在家工作的女性，都说这块面包不好挣，因为就算挣点小钱，也要比在办公室工作付出多得多的努力。

说明：原文中，破折号表达原因意义，翻译时宜用词语将这个意义明示出来。

2) Хотя́ Пеки́н и заявля́ет, что сня́тие эмба́рго в бо́льшей сте́пени явля́ется полити́ческим ша́гом и не приведёт к неме́дленному заключе́нию кру́пных контра́ктов на поста́вки ору́жия, Ва́шингтон опаса́ется, что из Евро́пы в Кита́й так и́ли ина́че потеку́т нове́йшие образцы́ те́хники, наприме́р, рада́ры и систе́мы наведе́ния раке́т.

虽然北京也声称，取消禁运在更大程度上只是政治性的一步，不会立即签订大批售武合同，但是华盛顿仍然担心，一些最新的技术装备，如雷达和导弹瞄准系统，不管怎样都会从欧洲流入中国的。

说明：这是一个带让步从句的主从复合句。从句在前，主句在后，符合汉语表达习惯。虽然主句和从句各带一个由 что 连接的说明从句，但都是补语从句，也和汉语动词在前、宾语在后的表达习惯一致。可见，这句话完全可以利用顺序法，依次译出，不需要调整。另外，句中 сня́тие 是 снять（撤消，取消）的名词。эмба́рго 是不变格的中性名词、法律术语，意思是"禁止出口或入口；禁运"。так и́ли ина́че

的意思是"无论如何，不管怎样，反正"。техника 是集合名词，指"技术设备（装备）"。радáр 的意思是"雷达"。наведéние 是 навести的动名词，在句中的意思是"瞄准"。

2. **试用调位法将下列句子翻译成汉语。**

1) "Человéк был бы хýже, чем он есть, éсли бы, начинáя с Гомéра и до сегóдняшнего дня, не существовáло худóжественного твóрчества, котóрое всё-таки дéлает мир лýчше".

   "从荷马时代到今天，要是没有艺术创作的话，人类就会达不到现在的状态，毕竟艺术创作还是将世界变得更好了。"

   说明：这个句子是一个带条件从句的主从复合句。主句中包含一个由 чем 连接的比较从句。从句由 éсли бы 连接，表示虚拟条件，当中既有 начинáя с 连接的前置词短语，也有 котóрое 连接的限定从句。翻译这句话时，顺序法、逆序法和分译法都难以组织句子。上面这个译文利用调位法，较为清晰地表达了原文的意思。另外，句中 Гомéр[мэ] 指古希腊诗人荷马。

2) Как отмечáет печáть, éсли процéсс рóста курящих не бýдет останóвлен, 50 миллиóнов сегóдняшних детéй ждёт судьбá тех 2 миллиóнов курильщиков, котóрые умирáют ежегóдно в странé от болéзней, связанных с курéнием.

   据报刊称，该国每年有 200 万烟民死于和吸烟有关的疾病，如果吸烟人数的增长势头得不到遏制，那么今天的 5000 万儿童，以后的命运将和这 200 万烟民一样。

   说明：这句话中，как 连接的是插入句，指出其后内容的来源；éсли 连接的是条件从句，表示潜在条件。主句中，котóрые 连接的是限定从句，在这里起纯限定作用，通常应翻译成定语。这句话如果使用顺序法，主句部分可能会译成"……那么等待今天的 5000 万儿童的将是那些该国每年死于和吸烟有关的疾病的 200 万烟民的命运"。这样的表达比较繁冗，难以理解。上面这个译文采取了调位法，先将"每年有 200 万烟民死于和吸烟有关的疾病"这一事实单独表达出来，再翻译条件从句，最后翻译主句。在翻译主句时，可重复"200 万烟民"，并利用指示代词"这"加以限定，以达成前后连贯。另外，句中 печáть 的意思是"报刊，刊物"；курильщик 的意思是"吸烟者"。

3. 试用分译法将下列句子翻译成汉语。

1) Он [Трýмэн] же пóсле Потсдáмской конферéнции, где былá достúгнута окончáтельная
договорённость о вступлéнии СССР в войнý с Япóнией, в своём дневникé записáл:
"Когдá это случúтся — япóнцам конéц".

波茨坦会议达成了苏联参加对日作战的最终协议。会后，杜鲁门在日记中写
道："一旦这实现了，日本人就完了。"

说明：这个句子中，где 连接的从句是附加说明的内容，可作为次要部分先单独翻
译出来，其他部分作为主要部分后翻译出来。译文形成先次后主的顺序，以便更
清晰地传达原文的意思。另外，句中 Трýмэн 是美国第 33 届总统杜鲁门（1884～
1972），Потсдáмская конферéнция 指波茨坦会议（1945 年）。

2) Средú причúн катастрóфы самолёта Ан-24, разбúвшегося 16 мáрта в Нéнецком
автонóмном óкруге и унёсшего жúзни 29 человéк, всё бóльшее подтверждéние
нахóдит вéрсия "человéческого фáктора".

这架安－24 飞机 3 月 16 日在涅涅茨自治区坠毁，造成 29 人死亡。失事的原因越
来越倾向于"人为因素"。

说明：这句话主要是报道飞机失事原因的，当中 разбúвшегося 和 унёсшего 两个形
动词短语是介绍飞机失事的时间与地点以及失事后果的，属于附加信息。因此，
翻译时可使用分译法，先将两个形动词短语所表达的附加信息翻译出来，再将主
要信息翻译出来，形成先次后主的顺序。另外，句中 разбúться 的意思是"（因摔
而）破碎"，句中指"（飞机）坠毁"；Нéнецкий автонóмный óкруг 是俄罗斯的
涅涅茨自治区。

4. 试用逆序法将下列句子翻译成汉语。

1) Отéц не мóжет заставлять сына помогáть мáтери, éсли сам лежúт на дивáне, покá
женá мóет стеклянную посýду.

妻子在洗玻璃餐具时，丈夫要是自个儿躺在沙发上，就不能要儿子去帮助他母亲。

说明：这句话有人译成"父亲不能逼迫儿子去帮母亲，如果在妻子洗餐具的时候
他自己还躺在沙发上"，显得头绪过多，意思含混。实际上，这句话是一个带时
间从句的主从复合句，从句是由 покá连接的，主句中包含一个由 éсли 连接的条件
从句（表示潜在条件）。汉语习惯上要把时间从句放在主句前面，并且通常也将

条件从句放在主句前面，所以上面这句话，应当先表达时间从句，再表达条件从句，最后表达主句的内容。其结果是将原文这三部分的次序完全颠倒，形成逆序翻译。

2) Россия́не же пока́ с осторо́жностью отно́сятся к европе́йской валю́те, предпочита́я ей америка́нский до́ллар, несмотря́ на его́ нестаби́льное положе́ние.

尽管美元并不稳定，但是俄罗斯人仍然喜欢美元，不喜欢欧元，对欧元的态度暂时还很谨慎。

说明：这个句子虽然不是复合句，但是副动词短语 предпочита́я ей америка́нский до́ллар 和带 несмотря́ 的前置词短语使这个句子变得复杂了。副动词短语具有原因意味，而前置词短语则表示让步意义，是对副动词短语的说明。根据汉语的习惯，让步从句通常要在主句之前，而原因从句也多在主句之前，所以上面这个句子可采取逆序法进行翻译。另外，句中 европе́йская валю́та（欧洲货币）指的是欧元。

第十六讲

句组的翻译

📩 **本讲导言**

　　句子是最小的交际单位，但是在文本当中，句子不是孤立存在的，它总是和其他句子发生联系，从而形成连贯性话语。比句子更大的单位是句组，它至少由两个句子构成。实践中，只注重单个句子的翻译是不够的，还需要注意句组的翻译。为什么呢？因为句组可以体现篇章的一个重要特征，即衔接与连贯。我们知道，原文是连贯的，译文也必须是连贯的，否则就无法阅读。然而译文连贯性的构建是一个十分复杂的问题，这一讲我们可以通过句组的翻译来了解俄语中一些基本的衔接手段与连贯方式。

💡 **课前思考**

1. 比较下面两个译文，指出它们的区别。

   Хозя́йством она́ ма́ло занима́ется.

   a) 她很少管家务事。

   b) 家务事她很少管。

   解答：译文 b 强调"很少管"，译文 a 则体现不出这一点。详细的解释可参阅"技法学习"中的例 2。

2. 选择恰当的译文形式。

   Ру́дин бро́сился к ней, взял её за́ руки. **Они́** бы́ли хо́лодны, как лёд.

   罗亭赶紧迎上去，握住了她的双手。＿＿＿＿＿＿冰凉冰凉。

   a) 他们

b) 它们

c) 她的手

解答：译文 c 最为恰当。具体的解释可见"技法学习"中的例 15。

3. 下面这个译文在衔接上是否存在问题？

Наполео́н проигра́л войну́. Но у́зник о́строва Свято́й Еле́ны не сдава́лся.

拿破仑输掉了战争，但是圣赫勒拿岛上的囚徒并没有认输。

解答：这个译文给人以不连贯的感觉。具体的原因可参阅"技法学习"中的例 20。

4. 下面两个译文在处理原文黑体词上有什么不同？哪个更好？为什么？

— Пода́й-ка тря́пку. **И отвёртку**, — послы́шалось из-под маши́ны.

a)"把抹布和螺丝刀递给我，"车下的人说。

b)"递块抹布来，还有螺丝刀，"只听有人在车底下说了一句。

解答：译文 a 将原文两句话翻译成一句话，而译文 b 则译成了两个小句。译文 b 更好，因为它保留了原文接续语句所体现的口语特点。详细的解释可参看"技法学习"中的例 24。

📖 技法学习

根据句组中句子与句子之间的逻辑联系，句组可分为三类：链式联系句组、平行式联系句组和接续式联系句组。在介绍这三类句组的翻译之前，有必要了解一下句子中信息重点的翻译问题。

一、句子信息重点的翻译

我们知道，俄语中的词序比较自由，但文本中句子的词序又相对固定，服从于具体的交际任务。根据具体的交际任务，一个句子往往可以切分成两个部分：一部分是说话的出发点，属于已知信息（изве́стное），通常是听话人所知道的内容，或者根据语境能猜测出来的内容；另一部分是对前一部分的说明，包含句子的主要交际内容，属于新信息（но́вое），通常是听话人所不知道的内容，也就是句子的信息重点。如果用术语概括一下，那么句子中属于已知信息的那个部分可称作主位（тéма），属于新信息的那个部分可称作述位（рéма）。通常情况下，说话的逻辑是从已知到新知，也就是说，主位在前，述位在后。正是在这个意义上，俄语句子中的词序虽然自由，但也是相对固定的。

既然俄语句子包含主位和述位两个部分，并且述位是句子的信息重点，那么翻译中就需要突出原文述位这个信息重点。需要强调指出的是，俄语句子中任何一个成分都有可能充当述位，因此翻译时一定要具体情况具体分析，不可一味照搬原文的句子成分，并按照汉语主谓宾的顺序来组织句子。

1) Нас встрéтил **молодóй пáрень, лет двадцатú, высóкий и красúвый**. (И. Тургенев, *Хорь и Калиныч*)

　　［译文一］※<u>一个二十来岁、高个头、漂亮的年轻人</u>迎接了我们。

　　［译文二］迎接我们的是<u>一个年轻小伙子，</u><u>二十来岁，</u><u>高高的个头儿，</u><u>长相很漂亮</u>。（力冈　译）

　　【译法分析】上例中，原句有主语、谓语和补语。译文一复制了原句的各个成分，并按主谓宾的顺序排列了，并不妥当，因为原句中的信息重点（述位）是主语，这在译文一中没有得到体现。译文二通过变通原句的成分，突出了原句主语的信息，非常恰当。

2) Хозяйством онá **мáло занимáется**. (И. Тургенев, *Татьяна Борисовна и её племянник*)

　　［译文一］※她很少管家务事。

　　［译文二］家务事她很少管。（力冈　译）

　　【译法分析】上例中，原文虽然有主语、谓语和补语，但是像译文一那样复制原文每个成分并按主谓宾排列的做法并不可取，因为原句所要强调的重点是谓语部分 мáло занимáется，只有调整译文词序，像译文二那样才能准确传达原句的信息重点。

3) Эти послéдние словá Касьян произнёс **скороговóркой, почтú невнятно**. (И. Тургенев, *Касьян с Красивой мечи*)

　　［译文一］※卡西扬几乎含含糊糊地迅速说完了这最后几句话。

　　［译文二］这最后几句话卡西扬<u>说得很快，</u><u>几乎叫人听不清</u>。（力冈　译）

　　【原文释疑】

　　　скороговóрка：急语，说得很快的话，скороговóркой 用作副词，指"说得很快，说得很急"。невнятно：невнятный（听不明白的，听不清楚的）的副词。

【译法分析】上例中，原文的述位是修饰谓语 произнёс 的方式状语，译文一没有考虑到这一点，仍然按照汉语中副词修饰动词的习惯，即副词在前、动词在后的顺序来表达，显得重点不突出。译文二则不然，它对原文的成分进行了变通，将原句中的方式状语译成汉语带"得"字的补语，从而突出原句状语所要表达的信息。

4) Приéхал я к немý **лéтом, часóв в семь вéчера**. (И. Тургенев, *Два помещика*)

　［译文一］※夏天，<u>晚上七点钟左右</u>，我来到他家里。

　［译文二］我来到他家里<u>是在夏天，晚上七点钟左右</u>。（力冈　译）

【译法分析】上例中，原句的信息重点是时间状语，强调"我来到他家里"的时间。译文一虽然将原句每个词的意思都表达出来了，但是词序排列不很妥当。它把时间状语放在句首，起不到突出时间的作用。译文二则采用了另一种表达方式，它通过"是"字句，将原句中的述位，即时间状语强调了出来。

5) Штабс-капитáн вошёл в кóмнату в то врéмя, **когдá я ужé надевáл шáпку**. (М. Лермонтов, *Герой нашего времени*)

　［译文一］※<u>在我已经戴上帽子的时候</u>，上尉走进了屋子。

　［译文二］上尉走进屋子的时候，<u>我已经戴上帽子了</u>。（冯春　译）

【原文释疑】

　　штабс-капитáн：（旧俄及某些国家步兵、炮兵、工兵的）上尉。

【译法分析】上例中，原文虽然是一个带时间从句的主从复合句，但是全句的述位并不是主句，而是从句，强调上尉是什么时候走进屋子的。译文一忽略了这一点，只是复制了原文的主句和从句，并将从句置于主句之前，没有起到强调时间从句的作用。译文二颠倒了原文中主句和从句的地位，将主句译成了时间状语，将从句译成了主要部分，从而突出了原句的信息重点。

6) — Сáмый приятный дом для меня тепéрь **мой**, — сказáл я, зевáя, и встал, чтоб идти. (М. Лермонтов, *Герой нашего времени*)

　［译文一］※"现在对我来说，<u>我的家</u>是最令人愉快的家，"我打了个哈欠说，站起来要走。

　［译文二］"对我来说，现在最令人愉快的是<u>我自己的家</u>，"我打了个哈欠说，站起来要走。（冯春　译）

【原文释疑】

zeвáть：打哈欠。

【译法分析】上例中，原句中的述位是物主代词 мой。译文一没有体现这一信息重点，译文二则很好地传达了原文所要强调的内容。

需要指出的是，在大多数情况下，俄语词序的排列方式是主位在前、述位在后。这种排列方式可称为中性词序（нейтра́льный поря́док слов）。与之对应的是表情词序（экспресси́вный поря́док слов）。在表情词序中，述位位于主位之前。除了词序之外，俄语还可以通过语气词 и 和 то́лько 来强调述位。翻译时，需要注意这些语气词，以便准确地将原文的信息重点翻译出来。例如：

7) Че́рез полчаса́ и я отпра́вился. (М. Лермонтов, *Герой нашего времени*)

［译文一］※过了半小时，我动身了。

［译文二］过了半小时，我也动身了。（冯春　译）

【译法分析】上例中，强调语气词 и 位于 я 之前，表明 я 是被强调的对象。译文一没有体现 и 的强调作用；译文二把 и 翻译成了"也"，完全正确。и 这个词虽然不很起眼，但是不可忽视。译文中有没有这个"也"字，意思是有很大区别的。

二、链式联系句组的翻译

所谓链式联系（цепна́я связь），是指句组中第一句中的新信息在第二句中变成了已知信息，第二句中的新信息在第三句中又成了已知信息，如此延续下去，不断带出新信息，像一根链子一样，一环扣着一环，推动思想内容的发展。链式联系作为逻辑联系的一种，不仅是适用于俄语句组，也适用于汉语句组。例如：

从前有座山，山上有个庙，庙里住着一个老和尚和一个小和尚……

上面这三个句子中，第一句中的新信息（述位）是"山"，到了第二句，"山"变成了已知信息（主位），并引出新信息"庙"，而这个新信息到了第三句又成了已知信息，并又引出新信息"住着一个老和尚和一个小和尚"。这样便构成了链式联系句组。在这类句组中，主位和述位的位置是相对固定的，随意调整会造成衔接不畅。上面这三句话，如果把第二句中的主位"山上"改成述位，并把述位"有个庙"变成主位，就会形成下面这样的说法：

从前有座山，有个庙在山上，庙里住着一个老和尚和一个小和尚……

不难看出，改动后，三句话的连贯性明显被削弱甚至遭到了破坏。可见，"山上有个庙"和"有个庙在山上"虽然表达的事实完全相同，但是侧重点不同，在特定的上下文当中往往只能选用其中的一种。

通过这个例子我们可以看出，翻译中，不能仅仅满足于表达句子的基本意思，还要注意句子是如何被表达出来的，哪部分是主位，哪部分是述位。只有正确处理好主位和述位的先后顺序，才能有利于前后句的衔接与连贯。

俄语链式联系句组实现衔接的手段包括词汇重复、代词和同义词。

一 利用词汇重复实现衔接的翻译

利用词汇重复实现衔接，是指后句主位中的词语是前句中充当述位的词语的重复。在翻译后句中重复的词语时，多数情况下可以直接保留。如果直接保留难以指代清楚，可以添加指示代词加以限定。例如：

8) Голени́щев не пропуска́л слу́чая внуша́ть **Миха́йлову** настоя́щие поня́тия об иску́сстве. Но **Миха́йлов** остава́лся одина́ково хо́лоден ко всем. (Л. Толсто́й, *Анна Каренина*)

高列尼歇夫则抓紧一切机会向米哈伊洛夫灌输高明的艺术见解。可是米哈伊洛夫依然对所有的人一样冷淡。（力冈　译）

【原文释疑】

внуша́ть：使相信。

【译法分析】上例中，原文后句通过重复人名 Миха́йлов 实现与前句衔接，译文保留了原文的这一特点。

9) Мы вы́шли в **коридо́р**. В конце́ **коридо́ра** была́ отво́рена дверь в боку́ю ко́мнату. (М. Лермонтов, *Герой нашего времени*)

我们走到走廊上。走廊尽头侧面房间的门开着。（冯春　译）

【原文释疑】

отвори́ть：开，打开（门、窗等）。

【译法分析】上例中，原文通过重复 коридо́р 实现衔接，译文也通过重复"走廊"一词实现前后衔接。

10) Ле́вин серди́то махну́л руко́й, пошёл к амба́рам взгляну́ть **овёс** и верну́лся к

конюшне. **Овёс** ещё не испортился. (Л. Толстой, *Анна Каренина*)

列文怒气冲冲地挥了挥手，走进谷仓去看燕麦，然后回到马厩那里去。燕麦还没有坏。（草婴 译）

【原文释疑】

амбар：粮仓，谷仓。конюшня：马厩，马房。овёс：燕麦。

【译法分析】上例中，овёс 在前句中充当述位的一部分，后句主位是前句中 овёс 的重复，并以此实现链式联系。翻译时，完全可以保留原文的这一特点。

11) Но толпы бегут, не замечая ни его, ни **тоски**... **Тоска** громадная, не знающая границ. (А. Чехов, *Тоска*)

然而人群奔走不停，谁都没有注意到他，更没有注意到他的苦恼。……那种苦恼是广大无垠的。（汝龙 译）

【原文释疑】

толпа：一群人，人群。

【译法分析】上例中，原文通过重复 тоска 一词构成链式联系句组。上面这个译文在把后句中 тоска 翻译成"苦恼"的同时，还添加了指示代词"那（种）"。这样更能明确原文的意思，即后句中的 тоска 指的就是前句中的那个 тоска。译文如果不加"那种"，只说"苦恼是广大无垠的"，似乎成了关于"苦恼"的泛泛之说，并不特指前句中"他的苦恼"。

（二）利用代词实现衔接的翻译

利用代词进行衔接，是指后句的主位利用代词指称前句述位中的词语。在翻译这个起衔接作用的代词时，可以直接保留，可以把它还原成名词，还可以根据汉语意合的特点省略不译。例如：

12) Проезжая через деревню, увидел я буфетчика **Васю**. **Он** шёл по улице и грыз орехи. (И. Тургенев, *Два помещика*)

我的车子经过村子的时候，我看到了管餐室的瓦夏。他在街上走，啃着核桃。（力冈 译）

【原文释疑】

буфетчик：小吃店或食品小卖部的服务员。грыз：грызть（咬，啃，嗑）的过去时形式。

【译法分析】上例中，原文后句利用代词 он 指代前句中的 Вáся，从而实现前后衔接，并构成链式联系。译文把 он 翻译成了"他"，保留了原文利用代词进行衔接的特点。

13) Вошлá и **Анна Сергéевна**. **Онá** сéла в трéтьем рядý. (А. Чехов, *Дама с собачкой*)

安娜·谢尔盖耶芙娜也走进来了。她坐在第三排。（汝龙　译）

【译法分析】上例中，译文和原文一样，利用代词实现衔接，所指对象十分明确。

14) Мéжду тем лунá началá одевáться тýчами и на мóре поднялся **тумáн**; едвá сквозь **негó** светúлся фонáрь на кормé блúжнего корабля. (М. Лермонтов, *Герой нашего времени*)

这时月亮已渐渐被乌云遮住，海上起了雾；近处一艘大船的艄灯在雾中隐隐闪现。（冯春　译）

【原文释疑】

светúться：（光源）发出柔和的、不强烈的光。кормá：船尾，舰尾。

【译法分析】上例中，前后两句用分号隔开，反映了链式联系也存在于句子内部。原文后句中的 негó 指的是前句中的 тумáн，如果用"它"来翻译，就成了用"它"来指代前句中的"雾"，不符合汉语表达习惯，所以上面这个译文将代词 негó 还原成了名词"雾"，使得前后句的衔接更为顺畅。

15) Рýдин брóсился к ней, взял её зá **руки**. **Онú** бýли хóлодны, как лёд. (И. Тургенев, *Рудин*)

罗亭赶紧迎上去，握住了她的双手。她的手冰凉冰凉。（徐振亚　译）

【译法分析】上例中，原文后句中 онú 的指代对象很明确，即前句中的 рýки，因此不能译成"他们"，但是译成"它们"的话，意思上虽然没错，却比较别扭。上面这个译文没有照搬原文利用代词进行衔接，而是将 онú 还原成它的所指对象，即"她的手"，更符合汉语的表达习惯。

16) — Я сказáл вáше **úмя**... **Онó** бýло ей извéстно. (М. Лермонтов, *Герой нашего времени*)

"我说出您的名字……她说她听说过。"（冯春　译）

【译法分析】上例中，原文后句中的代词 онó 是指前句中的 úмя。如果保留原文利用代词进行衔接的特点，把原文译成"我说出您的名字……她是知道它的"，那么这当中的"它"就显得比较生硬了。如果把 онó 还原成所指代的名词，将后句译作"您的名字她知道"，倒是完全可行。上面这个译文利用汉语意合的特点，将 онó 省略不译，意思也能表达清楚，因为"她说她听说过"指的就是"她说她听说过您的名字"。

（三）利用同义词实现衔接的翻译

利用同义词实现衔接，是指后句的主位利用同义词指称前句述位中的词语。在翻译后句中的同义词时，要确保它能指向前句中与之同义的那个词。如果直接翻译无法明确所指对象，就需要变通处理，如重复前句中的那个词，利用指示代词进行限定等。例如：

17) Я соскочи́л с дро́жек и подошёл к крыльцу́ **фли́геля. Жили́ще** господи́на Чертопха́нова явля́ло вид весьма́ печа́льный. (И. Турге́нев, *Чертопханов и Недопюскин*)

我跳下马车，走到<u>厢房</u>的台阶前。契尔托普哈诺夫先生<u>住</u>的<u>房子</u>的样子相当凄凉。（力冈 译）

【原文释疑】

дро́жки：［复］轻便敞篷马车。фли́гель：〈建〉侧翼，侧屋，厢房，耳房。явля́ть：〈文语〉表现出，显示出。

【译法分析】上例中，原文 жили́ще 与 фли́гель 构成同义关系。上面这个译文对这两个词作了照直翻译，没有影响前后连贯，完全可行。

18) В э́то вре́мя че́рез бесе́дку проходи́л высо́кий **генера́л.** Прерва́в речь, Алексе́й Алекса́ндрович поспе́шно, но досто́йно встал и ни́зко поклони́лся проходи́вшему **вое́нному.** (Л. Толсто́й, *Анна Каренина*)

这时一位身材高大的<u>将军</u>从亭子前面走过。阿历克赛·亚历克山德洛维奇连忙停止讲话，郑重其事地站起身来，向<u>这位</u>过路的<u>军人</u>鞠了个躬。（智量 译）

【原文释疑】

поспе́шно：匆忙地，慌忙地。

【译法分析】上例中，вое́нный 与 генера́л 是上下义关系，构成语境同义词。如果把 вое́нный 简单地翻译成"军人"，就会指代不清。上面这个译文添加了指示代词"这（位）"，对"军人"一词进行了限定，从而指明了所指对象，即前句中的"将军"。

19) Из осо́бенной, мно́ю сперва́ не заме́ченной, коню́шни вы́вели **Павли́на**. Могу́чий тёмно-гнедо́й **конь** так и взви́лся все́ми нога́ми на во́здух. (И. Тургенев, *Лебедянь*)

别佳从我先前没有注意到的一个特别马厩里牵出了<u>孔雀</u>。<u>这匹强壮的深枣红色马</u>四条腿一直在空中飞腾。（**力冈 译**）

【原文释疑】

сперва́:〈口语〉起初，最初。павли́н: 孔雀，句中以大写字母开头，是指一匹马的名字。гнедо́й: 枣红色的（指马）。взви́ться:（马）直立起来。

【译法分析】上例中，Павли́н 是一匹马的名字，后句中的 конь 是一个上义词，实际指的就是 Павли́н。这两个词在这里构成语境同义词。翻译时，不能把 конь 简单地译成"马"，否则，读者很难领会它指的是前面的"孔雀"。上面这个译文在把 конь 译作"马"的同时，添加了指示代词"这"及相应的量词"匹"，既明确了所指，又实现了前后连贯。

20) **Наполео́н** проигра́л войну́. Но **у́зник о́строва Свято́й Еле́ны** не сдава́лся.

<u>拿破仑</u>输掉了战争，但是<u>这个圣赫勒拿岛上的囚徒</u>并没有认输。

【原文释疑】

о́стров Свято́й Еле́ны: 圣赫勒拿岛。

【译法分析】上例中，要理解 у́зник о́строва Свято́й Еле́ны 和 Наполео́н 之间的同义关系，需要有相关的文化背景知识，即拿破仑在滑铁卢战役失败后被流放到了圣赫勒拿岛。翻译 у́зник о́строва Свято́й Еле́ны 时，既要译出它的基本意思，即"圣赫勒拿岛上的囚徒"，还要添加指示代词"这（个）"来加以限定，以明确所指对象。可见，遇到这类同义词时，如果缺乏相关的文化背景知识，理解起来就会有一定的困难。

三、平行式联系句组的翻译

在平行式联系（паралле́льная связь）句组中，后句不是由前句发展而来，而是与前句进行对比。翻译时，应当尽量保留原文的平行关系。例如：

21) Арка́дий Па́влыч веле́л со стола́ прибира́ть и се́на принести́. Камерди́нер постла́л нам про́стыни, разложи́л поду́шки. (И. Тургенев, *Бурмистр*)

阿尔卡季·巴甫雷奇吩咐把饭桌上的家什撤了，拿干草来。侍仆为我们铺好床铺，放好枕头。（力冈 译）

【原文释疑】

прибира́ть: *кого́-что*（或无补语）〈口语〉收拾，整理；收拾一下，整理一下。се́но:（做饲料的）干草。камерди́нер:（贵族社会中侍候男主人的）近侍，贴身男仆。постла́ть: 铺上，铺盖上。разложи́ть: 分置，分放在各处。

【译法分析】上例中，原文两句都是双部句，结构基本一致，都是主语在前，谓语在后。其表达顺序与汉语思维一致，因此完全可以照直翻译，保留原文的平行式联系。

22) Побледне́ли и затума́нились звёзды... Ко́е-где́ послы́шались голоса́... Из дереве́нских труб повали́л си́зый, е́дкий дым. (А. Чехов, *Петров день*)

天空的繁星，颜色发白，开始黯淡。……有些地方响起了说话声。……从乡间烟囱里冒出刺鼻的蓝灰色浓烟。（汝龙 译）

【原文释疑】

затума́ниться: 变得模糊不清。повали́ть:（烟等）开始滚滚上升。си́зый: 瓦灰色的，灰蓝色的。е́дкий: 刺激（性）的，刺鼻的。

【译法分析】上例中，原文三句构成平行式联系句组，每个句子都是谓语在前，主语在后。上面这个译文保留了原文的联系特点。

23) "Ани о́чень больна́, до́ктор говори́т, что мо́жет быть воспале́ние. Я одна́ теря́ю го́лову". (Л. Толстой, *Анна Каренина*)

"安妮病得很重。医生说可能是肺炎。我一个人心乱如麻。"（周扬、谢素台 译）

【原文释疑】

теря́ть го́лову: 张皇失措。

【译法分析】上例中，原文是由两个独立句构成的平行式联系句组。上面这个译文将原文第一句翻译成两个独立句。这样，译文就包含三个独立句，而这三个独立句之间都保持平行关系。

四、接续式联系句组的翻译

在接续式联系（присоедини́тельная связь）句组中，后句往往不是独立的，只是前句的补充或说明，离开前句就无法理解。前句被称作主体语句（основно́е выска́зывание），后句被称作接续语句。这种联系具有鲜明的口语特色，翻译中要准确理解接续语句的意思，并在不违背汉语表达习惯的前提下，尽量保留原文接续联系的特点。例如：

24) — Пода́й-ка тря́пку. **И отвёртку**, — послы́шалось из-под маши́ны. (Е. Носов, *Портрет*)

〔译文一〕※ "把抹布<u>和螺丝刀</u>递给我，" 车下的人说。

〔译文二〕"递块抹布来，<u>还有螺丝刀</u>，" 只听有人在车底下说了一句。

【原文释疑】

-ка：〔语气〕〈口语〉接在命令式或其他表示祈使的词之后，使语气变得缓和、委婉。отвёртка：改锥，螺丝刀。

【译法分析】上例中，原文 "И отвёртку" 虽然起补语作用，但它是一个独立的接续语句，体现了说话人的无准备性。这种充当某一成分的接续结构被称作成分接续结构。译文一改变了原文的这一特点，虽然一气呵成，却没有必要。译文二保留了原文接续式联系的特点，将原文两个句子翻译成两个小句，并且后句与前句之间仍然是一种接续关系，完全可行。

25) — Ра́зве ты то́же не де́лаешь для други́х? **И твои́ хутора́, и твоё хозя́йство, и твоя́ кни́га**? (Л. Толстой, *Анна Каренина*)

〔译文一〕※ "你不是也在为别人工作吗？<u>你的田庄，你的庄稼，你写的书，都不算吗？</u>"

〔译文二〕"难道你不也是在为其他的人们工作吗？<u>你的小村子，你的田庄经营，你的书</u>？"（靳戈　译）

【原文释疑】

ху́тор：庄园，田庄。

【译法分析】上例中，后句是接续语句，起主语的作用，与前句中 ты 的地位相同。译文一通过添加 "都不算吗"，将这个接续语句翻译成完整的句子，方便了读者理解，但也失去原文接续的特点。译文二在翻译接续语句时，没有添加任何成分，只是照直翻译了，与前句同样保持接续关系，而且并不影响读者的理解。

26)　— [Я была́ у графи́ни Ли́дии и хоте́ла ра́ньше прие́хать, но засиде́лась.] У ней был сэр Джон. **Очень интере́сный**. (Л. Толстой, *Анна Каренина*)

　　［译文一］"［我到莉季娅伯爵夫人那儿去过，我本想早一点来的，但一坐下就忘记了。］约翰先生在她那儿。<u>他是一个很有意思的人</u>。"（李忠清、余一中　译）

　　［译文二］"［我刚才在李迪雅伯爵夫人家，本想早点来的，可是一坐就坐了老半天。］约翰爵士在她那儿。<u>这人很有意思</u>。"（力冈　译）

　　［译文三］"［我到莉吉娅伯爵夫人那里去了，想早点来，可多坐了一会儿。］琼爵士在她家。<u>一个很有意思的人</u>。"（靳戈　译）

　　［译文四］"［我去利季娅伯爵夫人家了，原想早点来，可是坐过头了。］她家里来了位约翰爵士。<u>很有意思的一个人</u>。"

　【原文释疑】

　　　засиде́ться：〈口语〉坐得过久。сэр：先生；爵士。Джон：约翰（John）。

　【译法分析】上例中，接续语句"Очень интере́сный"起定语作用，如果完全按字面翻译成"很有意思的"，前后难以连贯。译文一在翻译这一句时，添加了主语"他"、谓语"是"和宾语"一个人"。译文二则把这个句子译成谓语形式，添加主语"这人"。这两种译法都对原文接续关系进行了调整，以方便读者理解。译文三在翻译接续语句时，只添加了被修饰语"（一个）人"，后句本身也不是一个完整的句子，只有和前句放在一起才可以理解，因此同样具有接续关系。译文四的翻译结果也是体现了原文接续的特点，并且为了使译文后句与前句衔接得更加紧凑，原文主体语句"У ней был сэр Джон"被翻译成"她家里来了位约翰爵士"，使得"很有意思的一个人"与它的指代对象"约翰爵士"离得更近一些，更利于理解。

27)　— Зо́я э́того не уви́дит. **Никогда́**. (Л. Космодемьянская, *Повесть о Зое и Шуре*)

　　"卓娅不能看见这个了。<u>永远不能看见了</u>。"（尤侠　译）

　【译法分析】上例中，接续语句"Никогда́"起状语作用。译文没有仅仅翻译为"永远"，而是添加了"不能看见了"，以便明确原文的意思。

28)　— Так заче́м же вы э́то де́лаете? **Если прямо́й убы́ток**? (Л. Толстой, *Анна Каренина*)

　　［译文一］"<u>既然是纯粹亏本的买卖</u>，您何必还要干呢？"（草婴　译）

　　［译文二］"<u>如果纯粹是亏本的事</u>，那么您为什么还要干呢？"（周扬、谢素台　译）

［译文三］"那您为什么还干这个呢？<u>要是直接亏损的话</u>？"（靳戈 译）

［译文四］"那您干吗这样做呢？<u>既然纯粹是亏本的</u>？"（智量 译）

【原文释疑】

убы́ток：亏损，损失。

【译法分析】上例中，接续语句"Если прямо́й убы́ток?"所起的作用不是句子成分，而是从句，所以被称作从句接续结构。上面四个译文中，译文一、二对这种结构进行了调整，按照汉语通常的习惯，把从句放在了主句前面，以利于读者理解；译文三、四基本上保留了原文接续结构的特点，将原文接续语句翻译成一个独立的疑问句，同样可以接受。

顺便指出，单句内部也存在接续式联系，接续部分一般位于语句结尾处，被称作补续成分。翻译时，接续特点能保留的尽量保留，不能保留的也不要硬保留。例如：

29) Сама́ княги́ня вы́шла за́муж три́дцать лет тому́ наза́д, **по сватовству́ тётки**. (Л. Толсто́й, *Анна Каренина*)

公爵夫人本人是在三十年前结的婚，<u>由她姑母作的媒</u>。（周扬 译）

【原文释疑】

сватовство́：说媒，做媒。тётка：姑母。

【译法分析】上例中，по сватовству́ тётки 是状语补续成分，起状语作用。上面这个译文保留了原文接续式联系的特点。

30) Константи́н Ле́вин вздохну́л, огля́дывая в э́то вре́мя ко́мнату, **мра́чную и гря́зную**. (Л. Толсто́й, *Анна Каренина*)

［译文一］列文这时环顾着这个<u>阴暗肮脏的</u>房间，叹了一口气。（草婴 译）

［译文二］康士坦丁·列文叹了口气，同时环顾这<u>又黑又脏的</u>房间。（靳戈 译）

［译文三］列文这时打量着<u>阴暗而肮脏的</u>房间，叹了一口气。（力冈 译）

［译文四］康斯坦丁·列文这时把这间<u>阴暗而肮脏的</u>房间扫了一眼，叹息一声。（智量 译）

［译文五］康斯坦丁·列文叹了口气，同时朝这<u>阴暗龌龊的</u>房间环顾着。（周扬 译）

【译法分析】上例中，原文 мра́чную и гря́зную 是定语补续成分，翻译成汉语时，这一接续特点难以保留，上面五个译文都作了调整，把它翻译成定语的形式，以方便理解。

⚠ 本讲结语

> 　　句组是篇章翻译的基础，而处理好单个句子的信息重点又是句组翻译的基础。实践中，要区分句子中的主位和述位，把握述位所表达的句子信息重点，并将它以恰当的方式准确传达出来。不能将已知信息表述成新信息，也不能把新信息当作已知信息来表达，以免破坏原文的叙述逻辑与顺序。
>
> 　　在句组翻译中，如果是链式联系句组，要体现链式联系环环相扣的特点，并注意俄汉衔接手段的异同，必要时应作适当调整；如果是平行式联系句组，要体现平行式联系彼此对比的特点；如果是接续式联系句组，要注意接续式联系句断意连的特点，在条件允许的情况下，能复制原文特点就尽量复制，不能复制也不可勉强复制，但是要努力体现接续式联系所具有的口语色彩。

✍ 翻译练习

1. **翻译下列句子，注意黑体词所表达的信息重点的翻译。**

   1) Вме́сте с А́нной Серге́евной вошёл и сел ря́дом **молодо́й челове́к с небольши́ми ба́кенами, о́чень высо́кий, суту́лый**. (А. Чехов, *Дама с собачкой*)

      跟安娜·谢尔盖耶芙娜一同走进来、坐在她旁边的<u>是一个身量很高的年轻人，留着小小的络腮胡子，背有点驼</u>。（汝龙　译）

      说明：这句话的述位是主语，译文利用"是"字句将原句的这个信息重点传达了出来。另外，句中 ба́кены 是一个旧词，同 бакенба́рды，意思是"络腮胡子，连鬓胡子"；суту́лый 的意思是"拱肩缩背的，背有点驼的"。

   2) В не́скольких шага́х от меня́ **стоя́ла гру́ппа мужчи́н**. (М. Лермонтов, *Герой нашего времени*)

      离我几步远的地方<u>站着一伙男人</u>。（冯春　译）

      说明：这句话的述位是谓语和主语，如果译成"一伙男人站在离我几步远的地方"，句子的信息重点就变成了地点状语"离我几步远的地方"。这就体现不了原句的信息重点。

   3) Говори́т он **ско́ро и вы́чурно**. (М. Лермонтов, *Герой нашего времени*)

他说起话来又快又做作。（冯春　译）

说明：这句话的述位是状语，如果译成"他又快又做作地说"，信息重点就不突出了。另外，句中 вы́чурно 的意思是"过分华丽（指语言、文体等）"。

4) Стра́нный старичо́к говори́л **о́чень протя́жно**. (И. Тургенев, *Касьян с Красивой мечи*)

这奇怪的小老头儿说话声调<u>拖得很长</u>。（力冈　译）

说明：这句话中的述位是方式状语 о́чень протя́жно。上面这个译文将这个成分转换成了谓语，从而同样起到述位的作用。另外，句中 протя́жно 的意思是"拖长声"。

5) — Па́па, а почему́ зимо́й не быва́ет гро́ма?

Он объясни́л **и** э́то. (А. Чехов, *Дама с собачкой*)

"爸爸，为什么冬天不打雷呢？"

关于这个问题他<u>也</u>解释了一下。（汝龙　译）

说明：上面这句话利用语气词 и 突出了述位。翻译时，需要把 и 译成"也"，以达到相同的效果。

2. 翻译下列句子，注意链式联系的转换。

1) Лет во́семь тому́ наза́д прожива́л у Татья́ны Бори́совны ма́льчик лет двена́дцати, кру́глый сирота́, сын её поко́йного бра́та, **Андрю́ша**. У **Андрю́ши** бы́ли больши́е све́тлые, вла́жные глаза́, ма́ленький ро́тик, пра́вильный нос и прекра́сный возвы́шенный лоб. (И. Тургенев, *Татьяна Борисовна и её племянник*)

七八年前，塔吉雅娜·鲍里索芙娜家里住过一个十二三岁的父母双亡的孤儿，是她已故的哥哥的儿子，名叫<u>安得留沙</u>。<u>安得留沙</u>有一双水汪汪的明亮的大眼睛、小小的嘴巴、端正的鼻子和漂亮的高高的额头。（力冈　译）

说明：这个句组中，前后句通过重复 Андрю́ша 一词实现衔接，翻译时可以直接保留。另外，句中 поко́йный 的意思是"已故的，去世的"；пра́вильный 的意思是"端正的"。

2) Но Да́рья Алекса́ндровна ви́дела, и́ли ей каза́лось, что ви́дела, восхище́ние, возбужда́емое её **детьми́** и е́ю. **Де́ти** не то́лько бы́ли прекра́сны собо́й в свои́х наря́дных пла́тьицах, но они́ бы́ли ми́лы тем, как хорошо́ они́ себя́ держа́ли. (Л. Толстой, *Анна Каренина*)

但是，达丽娅·阿列克山德罗夫娜发现，或者说她好像发现人们为她的<u>孩子们</u>及她所表现出的赞赏。<u>孩子们</u>不只是因为穿着漂亮的衣服而显得美丽，他们良好的行动举止，也让人觉得可爱。（靳戈　译）

说明：这个句组实现衔接的手段是词汇重复，所重复的词语是 дети，翻译时可直接保留。另外，句中 платьице 的意思是"小女孩穿的连衣裙"。

3) Спустя́ часа́ полтора́, Ио́на сиди́т уже́ о́коло большо́й гря́зной **пе́чи**. На **печи́**, на полу́, на скамья́х храпи́т наро́д. (А. Чехов, *Тоска*)

大约过了一个半钟头，姚纳已经在一个肮脏的大火炉旁边坐着了。<u>炉台上</u>，地板上，长凳上，人们鼾声四起。（汝龙　译）

说明：句中 храпе́ть 的意思是"打鼾，发出鼾声"。

4) Карта́сов, то́лстый плеши́вый господи́н, беспреста́нно огля́дываясь на Анну, стара́лся успоко́ить **жену́**. Когда́ **жена́** вы́шла, муж до́лго ме́длил, оты́скивая глаза́ми взгля́да Анны и, ви́димо, жела́я ей поклони́ться. (Л. Толстой, *Анна Каренина*)

卡尔塔索夫是个肥胖秃顶男人，他不停地向安娜这边望，竭力想让他<u>妻子</u>安静。<u>等这位妻子</u>走出去了，这位丈夫还拖延了很久，他的眼睛在寻找安娜的目光，看样子，是想向她鞠躬致意。（智量　译）

说明：这个句组利用词汇重复实现链式联系。为了更好地实现衔接，上面这个译文在翻译后句中的 жена́ 时，添加了指示代词"这（位）"来进行限定。另外，句中 плеши́вый 的意思是"秃顶的"；беспреста́нно 的意思是"不断地，不停地"；ме́длить 的意思是"（在某处）滞留"。

5) Он сошёл вниз в парте́р и напра́вился пря́мо к **бенуа́ру** Анны. У **бенуа́ра** стоя́л Стре́мов и разгова́ривал с не́ю:

— Теноро́в нет бо́льше. (Л. Толстой, *Анна Каренина*)

他下楼走到正厅里，一直向安娜的<u>包厢</u>走去，斯特列莫夫站在<u>那个包厢</u>边上，正跟她谈话：

"再好的男高音是没有啦。"（智量　译）

说明：这个句组中，后句中 бенуа́р 指的就是前句中的 бенуа́р。上面这个译文在翻译后句中 бенуа́р 时，为了明确所指，添加了指示代词"那（个）"。另外，原文中 парте́р [тэ] 的意思是"正厅，池座"；бенуа́р 指"（剧场）楼下两侧的厢座"；те́нор 的意思是"男高音（歌手）"。

6) У входно́й две́ри послы́шались шаги́, и княги́ня Бе́тси, зна́я, что э́то Каре́нина, взгляну́ла на **Вро́нского**. **Он** смотре́л на дверь, и лицо́ его́ име́ло стра́нное но́вое выраже́ние. (Л. Толсто́й, *Анна Каренина*)

门外响起脚步声。培特西公爵夫人知道这是安娜到了，就看了看<u>伏伦斯基</u>。<u>他</u>望着门口，脸上出现了一种很奇怪的新的表情。（力冈 译）

说明：这个句组中，作为衔接手段的人称代词 он 可以直接翻译成"他"。句中 Каре́нина 是 Анна（安娜）的姓。

7) Ны́нче я ви́дел **Ве́ру**. **Она́** замучи́ла меня́ свое́ю ре́вностью. (М. Ле́рмонтов, *Геро́й нашего времени*)

今天我见到了<u>维拉</u>。<u>她</u>的嫉妒使我受不了。（冯春 译）

说明：这个句组中，后句中的 она́ 可以直接翻译成"她"。

8) Для меня́ одно́ и одно́ — э́то твоя́ **любо́вь**. Если **она́** моя́, то я чу́вствую себя́ так высоко́, так твёрдо, что ничто́ не мо́жет для меня́ быть унизи́тельным. (Л. Толсто́й, *Анна Каренина*)

对于我来说，唯一所有的——就是你的爱了。如果<u>这个爱</u>还是属于我的，那么我会觉得自己那样的崇高，那样的坚强，任何事对我都不可能是屈辱的。（智量 译）

说明：这个句组中，后句中作为衔接手段的 она́ 如果直接翻译成"它"，就不太符合汉语的习惯。上面这个译文把 она́ 还原成它指代的对象"爱"，并添加指示代词"这（个）"加以限定，从而明确了指代对象。另外，句中 унизи́тельный 的意思是"有损尊严的，伤害自尊心的，侮辱（性）的"。

9) **Горихво́стки, ма́ленькие дя́тлы** одни́ ещё сонли́во посви́стывают... Вот и **они́** умо́лкли. (И. Турге́нев, *Ермолай и мельничиха*)

只有<u>红尾鸲和小啄木鸟</u>还在无精打采地叫着……终于<u>红尾鸲和小啄木鸟</u>也安静了。（力冈 译）

说明：这个句组中，如果把后句中充当衔接手段的 они́ 译作"它们"，似乎也能讲得通。不过，为了更加明确所指对象，上面这个译文还是将 они́ 还原成它所指代的两个名词了。另外，句中 горихво́стка 的意思是"红尾鸲"，дя́тел 指"啄木鸟"，сонли́во 的意思是"无精打采地"，посви́стывать 的意思是"（鸟）不时轻轻啼啭"。

10) Княги́ня сиде́ла в кре́сле мо́лча и улыба́лась; **князь** сел по́дле неё. Ки́ти стоя́ла у

кре́сла **отца́**, всё не выпуска́я его́ ру́ку. (Л. Толсто́й, *Анна Каренина*)

公爵夫人坐在安乐椅里，默默地微笑着；<u>公爵</u>坐在她旁边。基蒂站在<u>父亲</u>的椅子旁，仍旧拉着他的手。（周扬　译）

说明：这个句组中，后句中的 оте́ц 和前句中的 князь 构成同义关系，指的是同一个人。因为有上下文作保障，可以照直翻译，并不影响指代关系的理解。

11) Покупа́тель вошёл в магази́н и растеря́лся, уви́дев дли́нные ряды́ кронште́йнов с **костю́мами**. От э́того коли́чества **това́ров** ряби́т в глаза́х.

顾客走进商店，看到长长的架子上挂满<u>西装</u>就慌了神。这么多的<u>衣服</u>让他眼花缭乱。

说明：这个句组中，后句中的 това́ры 虽然是前句中 костю́мы 的上义词，但是指的就是 костю́мы，它们构成语境同义词。如果把 това́ры 直接翻译成"商品"，衔接上会有些不畅，难以让读者把它同前句中的"西装"等同起来，译作"衣服"会更好一些。另外，句中 кронште́йн [тэ́]的意思是"托架，托臂"；ряби́ть 常用作无人称形式，并与 в глаза́х 连用，表示"眼里冒金星，眼花缭乱"。

12) **Ста́рая деви́ца** вы́сидела у **Татья́ны Бори́совны** три часа́, не умолка́я ни на мгнове́нье. Она́ стара́лась растолкова́ть *но́вой* свое́й *знако́мой* со́бственное её значе́нье. То́тчас по́сле ухо́да **нежда́нной го́стьи** *бе́дная поме́щица* отпра́вилась в ба́ню, напила́сь ли́пового ча́ю и легла́ в посте́ль. (И. Тургенев, *Татьяна Борисовна и её племянник*)

<u>老处女</u>在塔吉雅娜·鲍里索芙娜家里坐了三个钟头，嘴一刻也没有停过。她拼命向<u>这位新相识</u>说明自己的身价。<u>这位不速之客</u>一走，<u>晦气的女主人</u>立刻去洗了澡，喝了不少椴树茶，又躺到床上。（力冈　译）

说明：这个句组讲的是 ста́рая деви́ца 来到 Татья́на Бори́совна 家同她结识的情形。第二句中的 но́вая знако́мая 是第一句中 Татья́на Бори́совна 的语境同义词，第三句中的 нежда́нная го́стья 是第一句中 ста́рая деви́ца 的语境同义词，而 бе́дная поме́щица 和前面的 Татья́на Бори́совна 形成语境同义关系。为了明确各自的所指，上面这个译文在翻译 но́вая знако́мая 和 нежда́нная го́стья 时，都添加了指示代词"这（位）"，并把 поме́щица（女地主）改译成"女主人"，以便更好地实现前后衔接。另外，句中 деви́ца 是旧词，意思是"女郎"；вы́сидеть 是口语词，指"坐（若干时间）"；растолкова́ть 的意思是"解释清楚，讲明白"；го́стья 指

гость（客人）的女性；ли́повый 的意思是"椴树的"。

3. **翻译下列句子，注意平行式联系的转换。**

1) Ло́шадь покоси́лась сильне́е, оска́лилась и прижа́ла у́хо. Англича́нин помо́рщился губа́ми, жела́я вы́разить улы́бку над тем, что поверя́ли его́ седла́нье. (Л. Толстой, *Анна Каренина*)

那马更使劲地瞟了他一眼，龇了龇牙，竖起一只耳朵。英国人皱了皱嘴唇，想对检查他装鞍的人表示讥笑。（力冈　译）

说明：句中 покоси́ться 是口语词，意思是"斜视，瞟，斜眼看"；оска́литься 的意思是"露齿，张口露齿"；прижа́ть 的意思是"使紧贴"；что 在句中连接限定从句，与 кото́рые 同义；поверя́ть 用作旧义，指"检查"；седла́нье 是 седла́ть（把鞍套在……上）的名词。

2) Доро́га шла по круто́му бе́регу Яи́ка. Река́ ещё не замерза́ла, и её свинцо́вые во́лны гру́стно черне́ли в однообра́зных берега́х, покры́тых бе́лым сне́гом. (А. Пушкин, *Капитанская дочка*)

道路顺着雅伊河陡峭的河岸向前延伸。河面还没有结冰，那铅灰色的河水，夹在单调的、白雪皑皑的两岸当中，显得黑郁郁的。（力冈　译）

说明：Яи́к：亚伊克河，乌拉尔河（Ура́л）的旧称；замерза́ть 的意思是"结冰"；однообра́зный 的意思是"总是一样的，单调的"。

3) Со́лнце се́ло, но в лесу́ ещё светло́; во́здух чист и прозра́чен; пти́цы болтли́во лепе́чут; молода́я трава́ блести́т весёлым бле́ском изумру́да... (И. Тургенев, *Ермолай и мельничиха*)

太阳落山，但树林里还很明亮，空气明净而清彻，鸟儿叽叽喳喳地叫着，嫩草闪烁着绿宝石般悦目的光彩……（力冈　译）

说明：句中 лепета́ть 的意思是"含糊不清地说"；изумру́д 的意思是"纯绿宝石，祖母绿"。

4. **翻译下列句子，注意接续式联系的转换。**

1) — Там прекра́сный Тинторе́тто есть. **Из его́ после́дней эпо́хи.** (Л. Толстой, *Анна Каренина*)

"那里面有丁托列托的杰作。是他的晚期作品。"（力冈　译）

说明：这个句组中的接续语句翻译成汉语后可以得到保留。除了上面这个译法，还可以更加简练地表达成"他晚期的"。另外，Тинторéтто 是意大利画家丁托列托（1518～1594），文艺复兴后期威尼斯画派的代表，句中指他的作品。

2) По слýжбе у них тóже делá пошлú хорошó. **Прáвда, не срáзу**.

工作上他们也开了个好头。<u>当然，也不是一下子就这样的。</u>

说明：这个句组中，接续语句如果译成"当然，不是一下子"，不太符合汉语习惯，因此需要调整一下，加上"就这样的"便可理解了。

3) Онá писáла егó [письмó] как смоглá. **По пáмяти. Не вúдя, а чýвствуя стрóчки**.

她是尽全力写的，<u>凭着记忆</u>，<u>凭着感觉</u>，<u>根本看不见每一行字</u>。

说明：上句是说"她"眼睛受伤看不见后仍然努力写信的情形。这个句组包含三个独立的句子，后两个句子都是接续语句。第一个接续语句可以直接保留，第二个则需要适当调整。

❶ 俄语字母与拉丁字母转写对照表

俄语字母→拉丁字母

俄语字母	拉丁字母
А	A
Б	B
В	V
Г	G
Д	D
ДЖ	J
ДЗ	Z
Е	E, IE, JE 或 YE
Ё	IO, JO 或 YO
Ж	J 或 ZH
З	Z
И	I 或 J
ИЙ	I 或 J
ИО	IO, JO 或 YO
Й	I 或 J
К	K 或 C
КС	X
Л	L
М	M
Н	N
О	O
П	P
Р	R
С	S
СЬ	S
Т	T

俄语字母	拉丁字母
У	U
УЙ	UI
Ф	F
Х	H 或 KH
Ц	C 或 TS
Ч	CH, CT 或 TCH
Ш	SH 或 CH
Щ	SC, SCH, SHCH, STCH 或 SHTCH
Ъ	不译
Ы	Y
ЫЙ	Y
Ь	J 或不译
Э	E
ЭЙ	EI
ЭКС	X
ЭН 或 ЭНЬ	EN
Ю	IU, JU 或 YU
Я	IA, JA 或 YA

俄语标点符号	拉丁字母
,	ZPT
.	TCHK, TTCHK 或 STOP

拉丁字母→俄语字母

拉丁字母	俄语字母
A	А
B	Б
C	К 或 Ц
CH	Ч 或 Ш
CT	Ч
D	Д
E	Е 或 Э
EI	ЭЙ
EN	ЭН 或 ЭНЬ
F	Ф
G	Г
H	Х
I	И, Й 或 ИЙ
IA	Я
IE	Е
IO	Ё 或 ИО
IU	Ю
J	Ж, ДЖ, И, Й 或 ИЙ
JA	Я
JE	Е
JO	Ё 或 ИО
JU	Ю
K	К
KH	Х
L	Л
M	М
N	Н
O	О
P	П
R	Р
S	С 或 СЬ

拉丁字母	俄语字母
SH	Ш
SC, SCH, SHCH, STCH, SHTCH	Щ
T	Т
TCH	Ч
TS	Ц
U	У
UI	УЙ
V	В
X	КС 或 ЭКС
Y	Ы 或 ЫЙ
YA	Я
YE	Е
YO	Ё 或 ИО
YU	Ю
Z	З 或 ДЗ
ZH	Ж

❷ 俄汉译音表

元音 \ 辅音	汉字	б	п	д	т	г	к	в	ф	з дз	с	ж	ш	дж	ч тч дч	щ сч	ц дц тц дс тс цс	х	м	н	л	р
		布	普	德	特	格	克	夫(弗)	夫(弗)	兹	斯	日	什	季	奇	希	茨	赫	姆	恩	尔(勒)	尔(勒)
a	阿	巴(芭)	帕	达	塔	加	卡	瓦(娃)	法	扎	萨	扎	沙(莎)	贾	恰	夏	察	哈	马(玛)	纳(娜)	拉	拉
я	亚(娅)	比亚	皮亚	佳	佳	吉亚	基亚	维亚	菲亚	贾	夏	扎	沙(莎)	贾			齐亚	希亚	米亚	尼亚	利亚	里亚
э/эй	埃	贝	佩	代(黛)	泰	盖	凯	韦	费	泽	塞	热	舍	杰	切		采	海/黑(亥)	梅	内	莱	雷(蕾)
e	耶(叶)	别	佩	杰	捷	格	克	韦	费	泽	谢	热	舍	杰	切	谢	采	赫	梅	涅	列	列
ы/ый	厄	贝	佩	德	特	格	克	维	菲	济	瑟	日	希	吉	奇		齐	黑	梅	内	雷(蕾)	雷(蕾)
и ий ы ь	伊	比	皮	季	季	吉	基	维	菲	济	西(锡)	日	希	吉	奇	希	齐	希	米	尼(妮)	利(莉)	里(丽)
o	奥	博	波	多	托	戈	科	沃	福	佐	索	若	绍	焦	乔	晓	措	霍	莫	诺	洛	罗(萝)
ё йо	约	比奥	皮奥	焦	乔	吉奥	基奥	维奥	菲奥	焦	肖	若	绍	焦	乔	晓		晓	苗	尼奥	廖	廖
y	乌	布	普	杜	图	古	库	武	富	祖	苏	茹	舒	朱	丘	休	楚	胡	穆	努	卢	鲁
ю юы	尤	比尤	皮尤	久	秋	久	丘	维尤	菲尤	久	休(秀)	茹	舒	久	丘	休	秋	休	缪	纽	柳	留
ай аи	艾	拜	派	代(黛)	泰	盖	凯	瓦伊	法伊	宰	赛	扎伊	沙伊	贾伊	柴	夏伊	采	海(亥)	迈	奈	莱	赖
ay ao	奥	包	保	道	陶	高	考	沃	福	藻	绍	饶	绍	焦	乔	肖	曹	豪	毛	瑙	劳	劳
уй	维	布伊	普伊	杜伊	图伊	圭	奎	维	富伊	祖伊	绥	瑞	舒伊	朱伊	崔	休伊	崔	惠	穆伊	努伊	卢伊	鲁伊
ан ань	安	班	潘	丹	坦	甘	坎	万	凡	赞	桑	然	尚	占	昌	先	灿	汉	曼	南(楠)	兰	兰
ян янь	扬	比扬	皮扬	江(姜)	强	吉扬	基扬	维扬		江(姜)	相	让	尚	江(姜)	强			希扬	米扬	尼扬	良	良
ен ень	延	边	片	坚	坚	根	肯	文	芬	津	先	任	申	真(珍)	琴	先	岑	亨	缅	年	连	连
эн энь ын ынь	恩	本	彭	登	滕	根	肯	文	芬	曾	森	任	申	真(珍)	琴	欣	岑	亨	门	嫩	伦	伦
ин инь	因	宾	平	金	京	金	金	温	芬	津	辛	任	申	金	钦	辛	钦	欣	明	宁	林(琳)	林(琳)
он онь	翁	邦	蓬	东(栋)	通	贡	孔	翁	丰	宗	松	容	雄	忠	琼	雄	聪	洪	蒙	农	隆	龙
ун унь	温	本	蓬	敦	通	贡	昆	文	丰	尊	孙	容	顺	准	春	逊	聪	洪	蒙	嫩	伦	伦
юн юнь	云			久恩	琼	久恩	穹			久恩	雄							雄	敏	纽恩	柳恩	留恩

◦ **说 明** ◦

1. м 在 б 和 п 前按 н 译写。

2. 以 -его, -ого 结尾的形容词、代词和序数词，его, ого 中的 го 按"沃"译写。

3. 辅音组 чт 中 ч 发 ш 的音，译作"什"；辅音组 гк 中 г 发 х 的音，译作"赫"。

4. -ей 和 -ой 分别按 е 行汉字和 о 行汉字加"伊"译写。

5. 词首的 р 和 л 后面跟着辅音时，р 和 л 译"勒"。如：ржиха 译"勒日哈"。

6. н 的双拼：

　　① 词干以 -н 结尾，其后缀又以元音开头，为保持汉语译名的系统性，н 按双拼处理。

　　　如：Иван 伊万→Иванов 伊万诺夫→Ивановск 伊万诺夫斯克；

　　② 其他情况下 н 不按双拼处理。如：ненец 译"涅涅茨"。

7. (栋)(楠)(锡)用于地名开头，(亥)(姜)用于地名结尾。

8. (娅)(芭)(玛)(娜)(莉)(丽)(莎)(娃)(蕾)(秀)(妮)(琳)(珍)(萝)(黛)等用于女性姓名。

9. (叶)(弗)用于人地名开头。

10. ya, oa 译"瓦(娃)"。

11. 几个固定词尾：-город "哥罗德"，-град "格勒"，-поль "波尔"，-цов "佐夫"。

参考文献

[1] 阿纳尼耶夫. 没有战争的年代（第二卷）［M］. 刘登科，徐光雄，译. 上海：上海译文出版社，1984.

[2] 草婴. 我与俄罗斯文学——翻译生涯六十年［M］. 上海：文汇出版社，2003.

[3] 高尔基. 母亲［M］. 夏衍，译. 北京：人民文学出版社，2002.

[4] 戈尔巴朵夫. 不屈的人们［M］. 水夫，译. 上海：时代出版社，1952.

[5] 格列科娃. 教研室风波［M］. 王俊义，译. 北京：外国文学出版社，1987.

[6] 果戈理. 果戈理选集（一）［M］. 满涛，译. 北京：人民文学出版社，1983.

[7] 果戈理. 钦差大臣［M］. 芳信，译. 北京：作家出版社，1954.

[8] 果戈理. 死农奴［M］. 陈殿兴；刘广琦，译. 长沙：湖南文艺出版社，1991.

[9] 果戈理. 死农奴［M］. 娄自良，译. 上海：上海译文出版社，2007.

[10] 黑龙江大学俄语语言文学研究中心辞书研究所. 大俄汉词典（修订版）［M］. 北京：商务印书馆，2001.

[11] 科斯莫杰米扬斯卡娅. 卓娅和舒拉的故事［M］. 尤侠，译. 北京：中国青年出版社，1954.

[12] 拉斯普京. 活着，可要记住［M］. 李廉恕，任达莘，译. 北京：中国社会科学出版社，1978.

[13] 莱蒙托夫. 当代英雄［M］. 草婴，译. 上海：上海译文出版社，1978.

[14] 莱蒙托夫. 当代英雄［M］. 冯春，译. 上海：上海译文出版社，2002.

[15] 莱蒙托夫. 当代英雄［M］. 吕绍宗，译. 南京：译林出版社，1994.

[16] 莱蒙托夫. 莱蒙托夫全集. 第五卷，小说. 散文. 书信［M］. 力冈，等译. 石家庄：河北教育出版社，1996.

[17] 列夫·托尔斯泰. 安娜·卡列尼娜［M］. 草婴，译. 上海：上海译文出版社，1982.

[18] 列夫·托尔斯泰. 安娜·卡列尼娜［M］. 李忠清，余一中，译. 福州：海峡文艺出版社，2002.

[19] 列夫·托尔斯泰. 安娜·卡列尼娜［M］. 力冈，译. 杭州：浙江文艺出版社，1992.

[20] 列夫·托尔斯泰. 安娜·卡列宁娜［M］. 靳戈，译. 西安：陕西人民出版社，1998.

[21] 列夫·托尔斯泰. 安娜·卡列宁娜［M］. 智量，译. 南京：译林出版社，1996.

[22] 列夫·托尔斯泰. 安娜·卡列宁娜［M］. 周扬，谢素台，译. 北京：人民文学出版

社，1989.

[23] 列夫·托尔斯泰. 复活［M］. 草婴，译. 上海：上海译文出版社，1990.

[24] 列夫·托尔斯泰. 列夫·托尔斯泰文集. 第五卷，战争与和平（一）［M］. 刘辽逸，译. 北京：人民文学出版社，1986.

[25] 列夫·托尔斯泰. 列夫·托尔斯泰文集. 第六卷，战争与和平（二）［M］. 刘辽逸，译. 北京：人民文学出版社，1986.

[26] 列夫·托尔斯泰. 列夫·托尔斯泰文集. 第七卷，战争与和平（三）［M］. 刘辽逸，译. 北京：人民文学出版社，1987.

[27] 列夫·托尔斯泰. 列夫·托尔斯泰文集. 第八卷，战争与和平（四）［M］. 刘辽逸，译. 北京：人民文学出版社，1988.

[28] 列夫·托尔斯泰. 列夫·托尔斯泰文集. 第十一卷，复活［M］. 汝龙，译. 北京：人民文学出版社，1989.

[29] 林煌天. 中国翻译词典［M］. 武汉：湖北教育出版社，1997.

[30] 尼·奥斯特洛夫斯基. 钢铁是怎样炼成的［M］. 黄树南，等译. 桂林：漓江出版社，1994.

[31] 帕斯捷尔纳克. 日瓦戈医生［M］. 顾亚铃，白春仁，译. 长沙：湖南人民出版社，1987.

[32] 帕斯捷尔纳克. 日瓦戈医生［M］. 蓝英年，张秉衡，译. 桂林：漓江出版社，1997.

[33] 帕斯特尔纳克. 日瓦戈医生［M］. 力冈，冀刚，译. 桂林：漓江出版社，1986.

[34] 普希金. 普希金全集. 第五卷，中短篇小说. 游记［M］. 力冈，亢甫，等译. 杭州：浙江文艺出版社，1997.

[35] 普希金. 普希金抒情诗选集（下）［M］. 查良铮，译. 南京：江苏人民出版社，1982.

[36] 普希金. 普希金小说集［M］. 戴启篁，译. 长沙：湖南人民出版社，1983.

[37] 契诃夫. 变色龙：契诃夫短篇小说选［M］. 汝龙，译. 上海：上海译文出版社，2002.

[38] 契诃夫. 契诃夫小说全集（1－10）［M］. 汝龙，译. 上海：上海译文出版社，2000.

[39] 切尔内赫，梅列日科. 莫斯科不相信眼泪. 女人的心［M］. 李溪桥，李湄，译. 北京：中国电影出版社，1982.

[40] 索尔仁尼琴. 癌症楼［M］. 姜明河，译. 桂林：漓江出版社，2001.

[41] 屠格涅夫. 处女地［M］. 巴金，译. 北京：人民文学出版社，1978.

[42] 屠格涅夫. 处女地［M］. 陆肇明，译. 南京：译林出版社，2001.

[43] 屠格涅夫. 父与子［M］. 黄伟经，译. 南昌：百花洲文艺出版社，1994.

[44] 屠格涅夫. 父与子［M］. 石枕川，译. 南京：译林出版社，1995.

[45] 屠格涅夫. 贵族之家［M］. 非琴，译. 南京：译林出版社，1994.

[46] 屠格涅夫. 罗亭. 贵族之家［M］. 磊然，译. 北京：人民文学出版社，1996.

[47] 屠格涅夫. 前夜. 父与子［M］. 丽尼，巴金，译. 北京：人民文学出版社，1986.

[48] 屠格涅夫. 屠格涅夫全集. 第一卷，猎人笔记［M］. 力冈，译. 石家庄：河北教育出版社，1994.

[49] 屠格涅夫. 屠格涅夫全集. 第二卷，罗亭. 贵族之家［M］. 徐振亚，林纳，译. 石家庄：河北教育出版社，1994.

[50] 屠格涅夫. 屠格涅夫全集. 第三卷，前夜. 父与子［M］. 智量，磊然，译. 石家庄：河北教育出版社，1994.

[51] 屠格涅夫. 屠格涅夫全集. 第四卷，烟. 处女地［M］. 徐振亚，冀刚，译. 石家庄：河北教育出版社，1994.

[52] 屠格涅夫. 初恋：屠格涅夫中短篇小说集［M］. 黄伟经，译. 贵州：贵州人民出版社，1986.

[53] 陀思妥耶夫斯基. 双重人格. 地下室手记［M］. 臧仲伦，译. 南京：译林出版社，2004.

[54] 陀思妥耶夫斯基. 罪与罚［M］. 非琴，译. 南京：译林出版社，1993.

[55] 瓦西里耶夫. 这里的黎明静悄悄［M］. 李钧学，张敬铭，译. 天津：百花文艺出版社，1997.

[56] 瓦西里耶夫. 这里的黎明静悄悄……［M］. 施钟，译. 沈阳：辽宁人民出版社，1978.

[57] 王超尘，黄树南，信德麟等. 现代俄语通论［M］. 北京：商务印书馆，1983.

[58] 王育伦. 俄译汉教程［M］. 哈尔滨：黑龙江教育出版社，1993.

[59] 王佐良. 翻译：思考与试笔［M］. 北京：外语教学与研究出版社，1989.

[60] 肖洛霍夫. 肖洛霍夫文集. 第一卷，中短篇小说［M］. 草婴，译. 北京：人民文学出版社，2000.

[61] 新华通讯社译名室. 俄语姓名译名手册（第2版）［M］. 北京：商务印书馆，2021.

[62] 徐启慧，叶华屏. 俄语同根近音异义词小词典［M］. 北京：商务印书馆，1993.

[63] 阎德胜. 俄汉科技翻译技巧——翻译新探［M］. 天津：天津科技翻译出版公司，1992.

[64] 杨仕章. 文化翻译论略［M］. 北京：军事谊文出版社，2003.

[65] 杨仕章. 篇章翻译概要［M］. 哈尔滨：黑龙江人民出版社，2004.

[66] 杨仕章，孙岚，牛丽红. 俄汉误译举要［M］. 北京：国防工业出版社，2008.